地球信息科学基础丛书

建设用地立体空间拓展与优化配置研究

张　丽　蒋金豹　李　通　著

科 学 出 版 社
北　京

内 容 简 介

本书系统介绍建设用地“山海原”一体化立体规划的理念、技术框架、方法模型。全书分为7章。第1章阐明“山海原”一体化立体规划与优化配置的概念和技术思路。第2、3章分别对低效用地、低丘缓坡地和滨海滩涂地空间拓展定量评价和适宜性进行介绍。第4章讲述建设用地“上山”“下海”“挖潜”空间范围探索的理论与方法。第5章阐述建设用地优化配置的核心模型。第6章列举立体规划与优化配置技术在福建省、晋江市、邵武市的应用。第7章介绍面向地块的建设用地空间拓展定量综合评价原型系统和建设用地一体化立体规划与优化配置系统。

本书是关于土地规划领域的应用性参考著作。可供从事遥感研究、“3S”技术应用、土地空间规划、城市空间拓展研究等方面的科研和教学人员使用；也可供国土规划行业人员使用；并可当做遥感、土地规划、信息技术等高校师生的参考用书。

审图号：阅S〔2018〕60号

图书在版编目（CIP）数据

建设用地立体空间拓展与优化配置研究/张丽，蒋金豹，李通著.—北京：科学出版社, 2018.5
（地球信息科学基础丛书）
ISBN 978-7-03-056623-2

Ⅰ.①建… Ⅱ.①张… ②蒋… ③李… Ⅲ. ①城乡建设–土地利用–研究–中国 Ⅳ.①F293.2

中国版本图书馆CIP数据核字(2018)第038181号

责任编辑：苗李莉 李 静 / 责任校对：何艳萍
责任印制：徐晓晨 / 封面设计：陈 敬

科学出版社 出版
北京东黄城根北街16号
邮政编码：100717
http://www.sciencep.com
北京虎彩文化传播有限公司 印刷
科学出版社发行 各地新华书店经销
*
2018年5月第 一 版 开本：787×1092 1/16
2019年11月第二次印刷 印张：9 1/4
字数：220 000
定价：99.00元

(如有印装质量问题，我社负责调换)

前　言

改革开放以来，我国经历了人类历史上规模最大、速度最快的城镇化过程，城镇化率从 1978 年的 18%上升到 2016 年的 57%。《国家新型城镇化发展规划（2014~2020 年）》指出，到 2020 年，我国城镇化率将达到 60%，城镇用地将进一步增长。然而传统的“摊大饼”式土地扩张不但破坏了生态环境，也使得土地利用效率下降，建设用地空间受到刚性阻碍，土地资源稀缺已经成为制约城市经济社会发展的瓶颈问题。2017 年 1 月，《全国国土规划纲要（2016~2030 年）》印发。纲要提出坚持“节约优先与高效利用”相统一的国土规划基本原则，并创新性地指出了集聚开发与均衡发展相协调、陆域开发与海域利用相统筹、节约优先与高效利用相统一的规划思路，这为我国国土资源空间开发指明了方向。

建设用地空间规划是国土规划的重要组成。在当前努力推进供给侧结构性改革的时代背景下，建设用地空间拓展面临史上最为严峻的挑战：要满足当下经济社会发展对土地资源的合理需求，又要减少未来发展对土地资源的严重依赖，同时还需要确保生态红线不被破坏。有效解决建设用地规划供需矛盾，妥善处理当前需求与长远发展的资源供给，这需要科学合理的开展国土空间规划。近年来，地理信息技术和遥感技术的快速发展，为土地空间规划提供了方便有效的科学方法。人工智能、大数据等技术的应用，使得智能化、智慧化的土地规划成为可能，有力地推动建设用地空间规划朝着宏观、动态、快速、精准的方向发展。如何借助遥感、地理信息等技术手段，有效配置各类土地资源，更好地服务新时代经济社会发展需求，这将是当代国土资源规划工作者需要进一步努力的方向。

福建省位于我国东南沿海，隶属海西经济区，是“21 世纪海上丝绸之路”的核心区。随着“一带一路”国家倡议的提出，福建省经济发展速度逐渐加快，建设用地需求量与日俱增。但受制于福建省“八山一水一分田”的地形特点，山地丘陵占全省土地面积的 80%以上，可用于开发的土地面积资源不到全省土地面积的 10%，建设用地供需矛盾突出。本书以破解该区域建设用地供需矛盾为主线，以“为海西战略实施提供技术支撑”“为我国其他国家级区域战略土地空间拓展探索经验”为目标，系统研究了建设用地空间拓展的理论基础和技术方法，在福建全省和晋江、邵武两地进行了应用示范，详细阐明了建设用地“山海原”一体化立体规划与优化配置技术。

全书共 7 章内容。第 1 章绪论，梳理了当前建设用地空间拓展规划理论及其发展趋势，阐明了“山海原”一体化立体规划与优化配置的概念和技术思路（由张丽撰写）。第 2 章低效用地（原）空间拓展定量评价，对低效建设用地空间拓展做了适宜性定量评价（由蒋金豹撰写）。第 3 章低丘缓坡地（山）和滨海滩涂地（海）空间拓展定量评价，对低丘缓坡地（山）和滨海滩涂地（海）空间拓展适宜性开展定量评价研究（由蒋金豹撰写）。第4章“山海原”立体规划理论与技术，讲述了建设用地“上山”“下海”“挖潜”空间范围探索的方法，并以福建全省进行示范（由张丽、李通撰写）。第5章建设用地优化配置理论与技术，阐述了建设用地优化配置的理论基础，并针对不同尺度的研究区，建立“山海原”一体化的优化配置模型（由张丽、李通撰写）。第6章建设用地优化配置案例，在建立的方法模型基础上，以福建全省、晋江市、邵武市为研究区，对“山海原”一体化优化配置技术进行示范（由张丽、李通撰写）。第7章建设用地规划系统的设计与实现，从系统框架、数据库框架、系统功能等方面，介绍面向地块的建设用地空间拓展定量综合评价原型系统和建设用地一体化立体规划与优化配置系统的设计与实现（由蒋金豹、李通撰写）。

在本书的编写过程中，得到了各行同仁及项目其他课题的支持。同时，得到了福建省国土资源勘测规划院、晋江市国土资源局、邵武市国土资源局等单位的大力支持和指导；感谢福建省国土资源勘测规划院李相一研究员、肖金华同志在项目执行，以及本书编写过程中提供的帮助；感谢北京师范大学陈云浩教授、宫阿都副教授、岳建伟高级工程师，以及中国人民大学叶剑平教授为本书中实验案例提供的数据支持和理论支撑。全书由张丽统稿，尤笛、郭海强、杨莹、韩向旭等参与了部分章节中文字和图幅的编制工作。

由于编写时间仓促，作者水平有限，不妥之处恳请读者批评指正。

张　丽

2017年10月

目　录

第1章 绪 论

国土是生态文明建设的空间载体和空间规划的物质基础。改革开放以来，我国经历了人类历史上规模最大、速度最快的城镇化过程，城镇化率从1978年的18%上升到2016年的57%。《国家新型城镇化发展规划（2014~2020年）》指出，到2020年，我国城镇化率将达到60%，城镇建设用地及区域性基础设施用地将进一步增长。同时，我国现已进入全面建成小康社会的决胜阶段，经济发展进入了新常态，供给侧结构性改革正在加快推进，国土开发和保护面临着诸多新情况、新矛盾和新挑战。

国务院在2017年1月3日印发了《全国国土规划纲要（2016~2030年）》（以下简称《规划纲要》）。这是我国首个全国性的国土开发与保护的战略性、综合性、基础性规划，覆盖了我国全部的陆域和海域国土（本次规划暂未含港澳台地区）。《规划纲要》强调了国土开发、保护、整治的指导思想、基本原则和主要目标，确立了国土集聚开发、分类保护与综合整治“三位一体”总体格局，完善了以用途管制为主要手段的国土空间开发保护制度，并围绕美丽国土建设的主要目标，部署了集聚开发、分类保护、综合整治、联动发展和支撑保障体系建设等重点任务。《规划纲要》的编制实施，有利于提高能源资源保障能力、加快形成合理的空间规划体系，为快速城市化过程中的土地利用提供重要支撑。其中，《规划纲要》提出坚持“节约优先与高效利用”相统一的国土规划基本原则，创新性地指出了集聚开发与均衡发展相协调、陆域开发与海域利用相统筹、节约优先与高效利用相统一的规划思路；同时，《规划纲要》还强调了要以承载力评价促进国土开发利用方式的转变。在《规划纲要》的指导下，研究符合时代发展并能够健康引导土地扩张的新技术，是实现安全、和谐、开放、协调、富有竞争力和可持续发展的美丽国土的重要保障。

我国地形复杂多样，山地、丘陵和高原共占66%，平原、盆地约占我国陆地面积的34%，全国56%的县市区、1/3的人口、40%的耕地都分布在山区。同时，我国沿海滩涂分布也十分广泛，北起辽宁鸭绿江口，南至广西北仑河口，四大海域，沿海11个省区市（不包括台湾省）共有滩涂2.17万km^2。在我国高速城镇化的过程中，出现了经济发展速度与土地扩张程度不协调的问题。如建设用地的增长速度（土地的城镇化）远高于城镇人口的增长过程，建设用地增长粗放、集约利用程度下降，土地开发强度与经济发展发展结构不符，形成了大量的低效建设用地。低丘缓坡地和滩涂资源是我国六大后备土地资源，具有较大的开发利用潜力，低效建设用地具有重新开发利用价值，也是一种建设用地后备资源。在福建省这种多山多丘陵并且拥有大量沿海滩涂资源的沿海发达地区，将低丘缓坡地、沿海滩涂地、低效建设用地三者结合起来，并合理配置建设用地开发强度，可以在土地扩张的情况下获取更广阔的建设用地空间，为区域经济发展提供保障。

发展是解决我国所有问题的基础和关键，建设用地扩张不能仅追求数量的增长，更要与生态环境相协调。如何在保障生态环境的前提下，利用好低效建设用地、低丘缓坡地、沿海滩涂地，探索一种既能够提高已有建设用地利用效率，又能够合理配置建设用地开发强度的规划方法，是国土管理部门现阶段亟须解决的问题（叶剑平和高峰，2016），也是本书的研究重点。

1.1　建设用地空间规划理论发展

《中华人民共和国土地管理法》第一章总则中的第四条规定：国家编制土地利用总体规划，规定土地用途，将土地分为农用地、建设用地和未利用地。其中，农用地是指直接用于农业生产的土地，包括耕地、林地、草地、农田水利用地、养殖水面等；建设用地是指建造建筑物、构筑物的土地，包括城乡住宅和公共设施用地、工矿用地、交通水利设施用地、旅游用地、军事设施用地等；未利用地是指农用地和建设用地以外的土地。

国土资源部办公厅文件（国土资厅发〔2009〕51号）《国土资源部办公厅关于印发市县乡级土地利用总体规划编制指导意见的通知》（以下简称《指导意见》）进一步明确了土地分类体系，并将建设用地、农用地、未利用地并列为一类用地。建设用地包括三个二级地类，分别是城乡建设用地、交通水利用地和其他建设用地。其中，城乡建设用地又包括城市、建制镇、农村居民点、采矿用地和独立建设用地；交通水利用地包括铁路、公路、民用机场、港口码头、管道运输、水库水面和水工建筑用地；其他建设用地包括风景名胜设施、特殊用地、盐田。土地分类标准如图1-1所示。

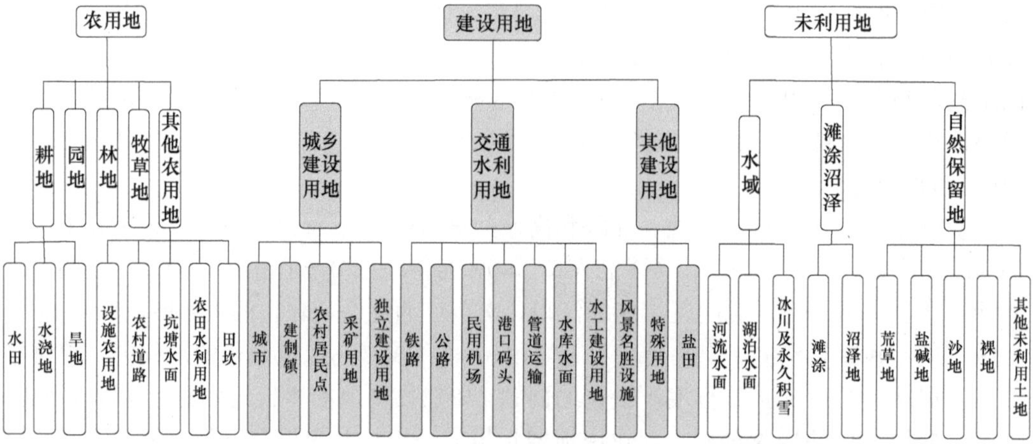

图1-1　土地规划分类体系

本书的建设用地概念采用《指导意见》中的建设用地分类体系，定义其中的三级类土地利用方式的所有用地类型为建设用地。

1.1.1　建设用地空间扩张理论

建设用地是经济社会活动中的基础性要素，与经济发展和城市化之间存在协调关系，与城市生态环境空间存在着竞争关系（赵可和张安录，2011）。城市的发展和建设用地空间密不可分，城市人口的不断增加促进了建设用地不断的向外扩充，建设用地后备资源的充足促进了城市化的发展速度。然而，土地资源是一个区域或国家的宝贵财富，合理分配城市空间布局是城市发展的重要前提。要实现城镇体系可持续发展就要在不损害城镇体系生态进程的前提下，结合区域特点优化配置建设用地的开发强度，达到土地集约利用程度高，生态环境与经济发展相协调的目的。

研究建设用地的优化配置，首先应了解建设用地的扩张规律。早在19世纪20年代初期，人们就开始探索合理的城市空间布局。建设用地经历了先前的“摊大饼”模式扩张，发展到今天的“精明增长”模式扩张。

1）“摊大饼”式增长

摊大饼式发展方式是指城市的建设发展采用围绕一个核心，以同心圆的方式不断向外扩张的模式（丁成日，2005）。古往今来，几乎所有的大城市和特大城市都是通过这种方式来扩张的。大城市圈扩展模式是由于第二次世界大战后大城市迅速膨胀，城市地域空间结构日趋复杂所产生的（徐东云等，2009）。从整个大城市地域的发展过程来看，城市中心区的扩大和功能的集聚性，使得外围出现大城市的副中心和众多的卫星城市，形成了更大地域范围的城市向心环形的地域结构，慢慢的像一张大饼一样，不断扩大。

“摊大饼”是很多城市发展的必经之路，对推进城市化有一定优势。摊大饼式的发展方式产生的集聚力是非常明显的，能够快速有效地增加城市集聚力；城市相应的功能、配套设施、建筑规模都可以得到提高与完善；能够快速有效地吸引大批的人才，提高城市科研教育实力，这有利于城市综合实力的提升。但城市的发展越迅猛，“摊大饼”式发展模式的弊端就越加显著（丁成日，2005）。首先其采用的“单中心+环线”的扩张模式会引发城市交通弊端。土地利用不合理，道路、交通规划无条理，突出表现在城市整体用地结构与布局形式未充分考虑整体交通的组织，造成部分交通资源的无端浪费。其次，城市“摊大饼”式发展，短时间内造成人口的大规模涌入，无限制扩展城市规模造成人口过度拥挤，大量的人口涌入会带来很多生态问题，如垃圾处理、水资源供应等，这有违生态城市建设理念。另外，由于城市发展和扩张还受到地理、环境等方面的限制，在城市结构和布局上总会出现不合理的现象。

2）建设用地“精明式”增长方式

第二次世界大战之后，城市摊大饼式的发展模式弊端逐渐暴露，大量农用地和绿地转化为建设用地，生态环境问题日益突出，合理规划建设用地空间拓展成为人们研究的重点。精明增长能够在提高土地利用效率的基础上控制城市扩张，在保护生态环境的基础上为经济发展服务，可促进城乡协调发展并提高人们的生活质量。1989年欧洲社区委员会（CEC）首次公开提出“紧凑城市”的城市形态；1997年美国马里兰州州长首次提出了“精明增长”的概念。建设用地精明增长主要是充分利用城市已有的存量空间，减少建设用地向城市周围扩张的速度；加强现有建设用地资源的集约利用，提高土地使用效率，重新开发废弃的工业用地和采矿用地；使得建筑物相对集中，让城市空间更加紧凑；加强公共基础服务设施建设，提高居民生活环境的舒适度和便利性；保护开放的空间，创造舒适的环境，实现社会发展、经济增长、环境保护协调的可持续发展。

精明增长最直接的目的就是控制城市蔓延，其具体目标有以下四个方面：①保护农地；②保护环境，包括自然生态环境和社会人文环境两个方面；③繁荣城市经济；④提高城乡居民生活质量。精明增长是在拓宽容纳社会经济发展用地需求途径的基础上控制土地的粗放利用，改变城市资源浪费的不可持续发展模式，促进城市的健康发展。城市增长的“精明”主要体现在两个方面：一是增长的效益；二是容纳城市增长的途径。增长的效益应该是服从市场经济规律、自然生态条件，以及人们生活习惯的增长，城市的发展不但能繁荣经济，还能保护环境和提高人们的生活质量；容纳城市增长的途径依次为：现有城区的再利用-基础设施完善、生态环境许可区域的开发-生态环境许可之外的其他区域开发。通过土地开发的时空顺序控制，将城市边缘带农田的发展压力转移到城市或基础设施完善的城市区域。因此，精明增长是一种高效、集约、紧凑的城市发展模式。

1.1.2 建设用地拓展与城市扩张模型发展

在建设用地由“摊大饼”式发展到“精明式”增长过程中，人们不断探索美好城市的意识形态，同时也创建了城市扩张模型，为城市空间科学的发展打下基础。城市空间拓展理论的研究是一门多方面的综合性学问，随着社会经济的发展、城市的扩大、人类居住环境的复杂化，城市规划的思想得到不断发展。特别是在社会变革时期，旧的城市结构不能适应新的社会生活要求的情况下，城市规划理论和实践往往出现飞跃。城市空间扩张模型的起源可以追溯到 19 世纪末 20 世纪初英国社会改革家埃比尼泽•霍华德提出的“田园城市”理论，后来，随着规划技术和规划手段的不断提高，城市扩张模型经历了静态模型和动态模型的过程，建设用地空间拓展有了“摊大饼”式和“精明增长”模式。通过参考大量的城市空间规划理论著作（张占录和张正峰，2006；王万茂和王群，2010），发现城市空间模型的发展和建设用地空间拓张的进程没有明确的时间分水岭。为了能更好地理解城市空间拓展模型与建设用地空间拓展方式之间的匹配关系，找到当前城市空间发展模型应当符合的建设用地空间发展方式，通过时间轴线的方式，总结了建设用地拓展方式和城市空间拓展模型匹配关系，如图 1-2 所示。

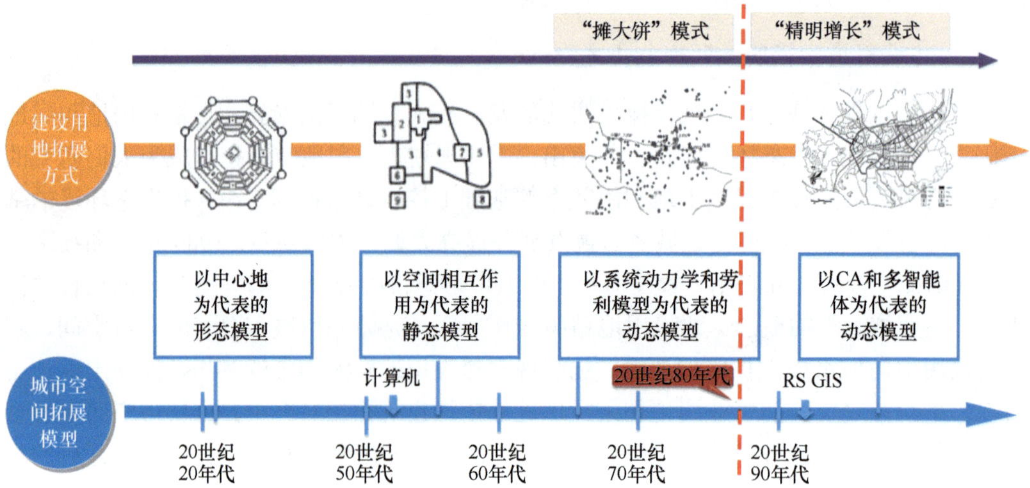

图 1-2 建设用地拓展模式和城市空间拓展模型

20 世纪 20 年代出现的以中心地为代表的形态学模型强调城市呈圆形、六边形图、扇形或多核心形。形态学模型揭示了城市土地利用的价值分带：中心商务区土地利用层次最高，越靠近中心商务区，土地利用集约程度越高。在形态学模型中，不同的区位承担着不同的职能角色。但随着产业革命的进行，城市内部结构发生了根本的变化，促使人们从理论上研究城市的结构和形态，寻求最佳模式。

20 世纪 50 年代中后期，在军事及工业应用中，系统分析、预测及模拟（仿真）技术有了很快的发展。特别是高速计算机的出现及广泛使用，使预测及对预测结果的检验方法更为可行。在这些发展中，城市空间模型中加入了空间要素之间的相互作用，如交通条件影响着人们居住区域的分布，地形条件又对交通网络产生影响。但这种相互作用的模型的构建难度较大，进展曲折，模型的发展最终停留在静态模型层面。

20 世纪 70 年代，随着城市化进程的发展，以空间相互作用为代表的静态模型不能满足城市动态发展的研究与监测，地理学者将重心转移到对城市动态模型的研究。其中最具代表性的为系统动力学模型和劳利模型。由美国福瑞斯特（Jay W. Forrester）提出了系统动力学方法，该方法利用计算机对模型进行模拟仿真。1969 年福瑞斯特将该理论应用于城市扩展研究中，建立了城市系统动力学模型，实现了城市动态模拟。1971 年，Wilson 对劳利模型进行改进，建立了第一个城市动态模型。随着计算机模拟技术的提高，城市动态模型的研究也进一步发展。这种动态模型只是加入了城市动力学，并开始尝试利用计算机来模拟解决城市空间发展，依然没有改变建设用地“摊大饼”模式发展的状况。

20 世纪 90 年代以后，互联网信息时代随之到来，城市扩展理论的研究得到了再次发展。城市空间规划已经与许多其他学科建立了密切的联系，成了多门学科的一种交叉学科。以空间相互作用为代表的静态模型和以 CA 及多智能体为代表的动态模型中涉及多个优秀理论，能够结合多种城市发展引导因素，科学合理的模拟城市空间拓张方向（张荣天和张小林，2012）。由于动态模型更多地考虑了影响城市发展的其他因素，并加入了可持续发展的理念，这也促使建设用地空间拓张有了“精明式”的增长特点。

我国土地利用规划体系是在 20 世纪 50 年代提出来的，当时是农村土地利用规划为主，并参考苏联土地规划的体系，分为企业间土地规划和企业内土地规划，即以不同类型的经济区、自然区域为范围进行土地规划。随着农村经济体制改革的进行和不断深入，以农业企业为范围进行的土地规划已不适应农村经济发展的客观要求。为此，农村土地规划逐步转为按行政管理体制进行土地利用总体规划。进入 21 世纪后，伴随着“西部大开发”等国家层面国土开发战略、国际大都市（都市圈）等区域开发策略、重大建设工程实施等一系列因素的影响，加之中国经济快速增长，导致中国城乡建设用地快速扩张。快速的城市化及城市土地利用空间结构的不同配置方式对城市环境变化的影响较大，其中城市空间布局不紧凑导致对基础设施的需求增加，土地集约利用程度减少，建设用地占用耕地现象严重等问题已经制约了生态环境的可持续发展。

因此，在遥感技术、地理信息技术、大数据技术、智能计算技术快速发展的今天，建设用地空间扩张既要顺应“精明式”增长的特点，又要符合我国的基本国情。在扩张模式上，应当综合考虑政策、哲学、人口学、经济学、社会学、政治学、地理学和管理学等多种要素，使得建设用地扩张向着“智慧式”的方向发展。在扩张区域上，应当考虑已有建设用地空间再利用、低丘缓坡地开发、沿海滩涂地合理开发等方式，使得建设用地从平面二维空间向三位立体空间扩张。在规划方法上，要不断结合新理论、新技术、新模型，使得建设用地空间扩张模拟与现实需求更加符合，力争在复杂的多要素影响下，探索科学的建设用地空间扩展之路。

1.2 “山海原”一体化立体规划与优化配置概述

根据当前时代背景对建设用地空间拓张提出的高要求和新挑战，本书提出了“山海原”一体化立体规划与优化配置的建设用地空间扩张规划的新方法。“山海原”一体化建设用地立体规划与优化配置技术是一个系统的土地空间拓展技术，包含建设用地拓展空间的适宜性评价研究、“山海原”立体规划和建设用地优化配置研究三个过程。其中，适宜性评价是为了研究建设用地空间拓展的条件，引导建设用地合理扩张；立体规划是为了探明建设用地规划空间，为建设用地空间拓展提供保障；优化配置是为了合理分配建设用地开发强度。

1. 概念

传统的建设用地拓张依附于城市“摊大饼”的发展模式，建设用地以城中心为核心，以同心圆的方式不断向外扩张（丁成日，2005），这是一种盲目的、无序的扩张状态。“山海原”一体化建设用地立体规划技术旨在以“上山”“下海”“挖潜”三个方向为导向，结合研究区的土地现状、生态环境、经济社会等建设用地扩张要素，在充分评价土地资源适宜性的基础上，探索低丘缓坡（坡度小于25%的山丘（刘卫东和严伟，2007））、沿海滩涂（沿海大潮高潮位与低潮位之间的潮浸地带（李贵东，2007））、低效建设用地（利用效率较低的旧城镇、旧村庄、旧厂房等地类（张科，2015））三类土地资源转化为建设用地的潜在空间，按需规划建设用地空间开发强度，满足城市建设用地的需求。

“上山”是指在对低丘缓坡地形进行科学评价的基础上，有序推进坡地开发，规划低丘缓坡地转化为有效建设用地的范围及其开发强度。“下海”是指在对海岸带及沿海滩涂环境评价的基础上，探索沿海滩涂适宜开发区域及其开发强度，突破沿海地区土地空间的束缚。“挖潜”是指在社会经济等要素指导下，对建成区土地利用效率进行科学评价，探索具有继续开发潜力的内在空间，提高低效建设用地的用地效率。最后，根据研究区对建设用地供给量的需求，对“上山”“下海”“挖潜”三个立体方向上可拓展的建设用地进行“一体化”规划，分配建设用地空间开发强度，达到提高土地资源集约利用的目的。以福建省为例，“山海原”一体化建设用地扩展空间如图1-3所示。

2. 特点

与传统的建设用地空间拓展规划相比，立体规划主要优势表现在其“立体性”和“一体化”上。立体规划从“上山”“下海”“挖潜”立体角度探索建设用地拓展空间，更有利于全面掌握建设用地潜在资源；“一体化”分配建设用地空间拓展强度，可有效杜绝建设用地扩张过程中出现的土地效率结构分布不均、自然资源破坏等问题。因此，“山海原”一体化建设用地立体规划技术是传统建设用地空间规划的科学延续，这既秉承了传统的扩展模式带来的经济效益的优势，又体现了统筹兼顾、人与自然和谐发展的规划思路，可使自然资源得到合理开发，土地资源得到高效利用，无形中扩大了建设用地的后备资源。

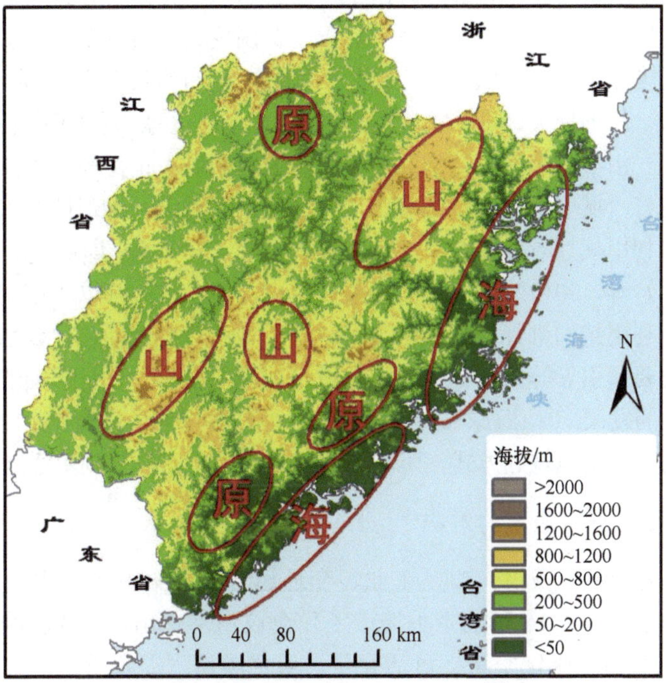

图 1-3 福建省地形及“山海原”图

建设用地拓展空间立体规划遵循以下原则：①三规合一。《城乡规划法》第五条规定：“城市总体规划、镇总体规划以及乡规划和村庄规划的编制，应当依据国民经济和社会发展规划，并与土地利用总体规划相衔接”。建设用地立体规划应当符合“三规合一”的规划要求，探索的规划范围应避免同“三规”要求产生矛盾。②生态保障。保障生态环境在开发过程中不受破坏，尤其在“上山”规划过程中，要严格把控生态保护红线、基本农田保护红线，保障非建设用地的性质与功能不被破坏（朱查松等，2010）。③综合效益。注重社会要素主体的共同利益，在建设用地拓展、自然环境保护、经济发展需求、政策引导的博弈环境中，使各主体综合利益最大化（叶剑平和高峰，2016）。④因地制宜。根据研究区土地的基本性质，选取合适的障碍因子，合理规划建设用地拓展空间，使得规划方案不脱离实际。⑤集约利用。根据建设用地的需求量，按照优先等级确定建设用地拓展方式及开发量，做到建设用地资源利用最大化。

3. 意义

“山海原”一体化立体规划与优化配置技术的主要意义在于通过建设用地立体规划与优化配置技术，探索一条符合福建省地形特点的建设用地空间拓展途径，为福建省建设用地供需矛盾的解决提供技术支持。“山海原”一体化立体规划与优化配置技术也是建设用地“精明增长”式规划的新方法，可为国土资源集约利用提供新思路，也有助于我国“城市病”问题的解决。具体意义表现在如下三方面。

1）为建设用地“精明增长”注入活力

建设用地的“精明增长”有效地解决了“摊大饼”扩张模式导致的优质耕地损失、城市规模失控、自然环境恶化等“城市病”后果。英国伦敦、日本东京、法国巴黎等受工业革命影响的发达国家都经历了从“摊大饼”模式到“精明增长”模式的扩张过程（雒海潮和刘荣增，2014）。耕地损失、城市规模失控、自然环境恶化等“城市病”也在这种“精明”模式下慢慢缓解。由于对经济利益的追求，我国大多数城市正在经历“摊大饼”式的城市扩张过程，但随着“城市病”的日益突出，许多大中型城市开始理性的探索符合当地条件的建设用地集约利用规划方式。在对北京（姜广辉等，2006）、重庆（孙小群等，2009）、长江三角洲（谭婧等，2012）等地区的相关研究中，学者多数都以“精明增长”为指导理念，探讨对土地利用结构进行合理规划，同时注重城市边界管理、建设用地蔓延、紧凑型发展模式、交通要道引导等问题。中国的建设用地精明增长要立足于国情本身，保障建设用地健康可持续的发展。“山海原”一体化建设用地立体规划是符合我国时代发展条件的一种“精明式”的建设用地规划方式，可为城市建设用地扩张探索到更适宜的途径。

2）助力我国“城市病”的解决

“城市病”是指由于城市人口、工业、交通运输过度集中而造成的交通拥堵、空气质量下降等种种弊病。2015 年的中央城市工作会议精神指出，要解决城市病，就要坚持集约发展，框定总量、限定空量、盘活存量、做优增量、提高质量，立足国情，尊重自然、顺应自然、保护自然，改善城市生态环境，在统筹上下功夫，在重点上求突破，着力提高城市发展持续性、宜居性。“山海原”一体化建设用地立体规划可为“城市病”的解决提供科学依据，主要表现在以下五点：①建设用地“挖潜”规划技术可提高城市建设用地存量利用率。建设用地“挖潜”规划可以科学的探索低效建设用地范围，并通过优化产业结构、合理配置工业产能等手段盘活建设用地现存量，提高土地集约利用程度。②建设用地“上山”规划技术可为城市拓展找到优质空间。建设用地“上山”规划可以将对自然环境贡献率低的低丘缓坡改造为建设用地，以自给自足方式拓展低丘缓坡空间，优化建设用地开发量。③“下海”规划是符合我国国情，尊重自然环境的科学规划。我国东部沿海地区城市发展迅猛，建设用地需求量高，探索沿海滩涂开发技术是符合我国国情的建设用地拓展方式。④“山海原”一体化的建设用地立体规划技术可实现建设用地扩张与经济增长、生态环境保护挂钩。在明确城市边界线的情况下，立体规划技术可探索到建设用地发展空间潜力，可根据经济社会发展需求来合理开发建设用地空间，实现建设用地总量不变的情况下的经济增长。⑤立体规划可为城市持续发展探索到更加合理的空间。建设用地利用空间开发强度的合理配置也是提高土地资源集约利用的必要手段，建设用地立体规划可以合理分配城市土地开发强度。因此，“山海原”一体化的建设用地立体规划可为我国“城市病”的解决提供理论借鉴和技术支持。

3）为新时代的土地规划提供方法思路

“山海原”一体化的立体规划模式可将低丘缓坡地、沿海滩涂地、低效用地中的可开发区域统一整合，并根据生态格局与经济格局对可开发空间进行优化配置。这种建设用地空间规划思路符合《规划纲要》中的集聚开发与均衡发展相协调、陆域开发与海域利用相统筹、节约优先与高效利用相统一的规划思路。其中，建设用地“挖潜”研究能够提取出现存建设用地集约利用效率低下的区域，并对建设用地开发强度进行再分配，符合“节约优先与高效利用”相统一的国土规划基本原则，能够实现土地集约利用程度与经济、生态的格局协调一致。

1.3 “山海原”一体化立体规划与优化配置技术流程

根据1.2节中对“山海原”一体化建设用地立体规划与优化配置技术的概述可知，这一技术共分为三个过程：首先是建设用地空间拓展的定量评价和适宜性评价；其次是建设用地“上山”“下海”“挖潜”的立体规划；最后是“山海原”一体化建设用地优化配置。因此，“山海原”一体化建设用地立体规划与优化配置的总体技术思路如图1-4所示。

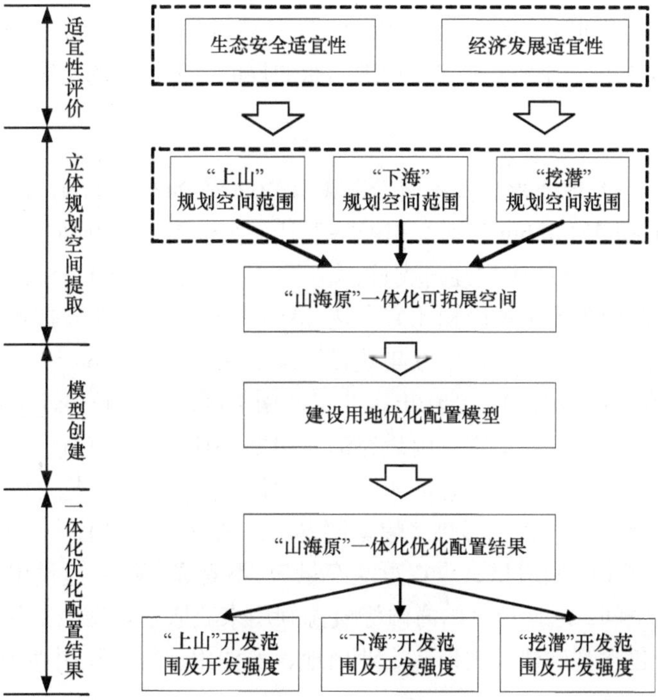

图1-4 建设用地“山海原”一体化立体规划与优化配置技术思路

1.4 研究区概况

本书选择福建省、福建省晋江市、福建省邵武市为研究区。其中，福建省是“山海原”一体化立体规划技术与优化配置的案例研究区，晋江市是“海-原”一体化立体规划技术与优化配置的案例研究区，邵武市是建设用地“上山”规划与优化配置研究区。

1.4.1 福建省

福建省位于我国东南沿海，是我国海西经济区的主要省份，并且是“海上丝绸之路”的起点，其经济发展速度在国家倡议的带动下将逐渐加快（林文生等，2015）。福建省国土空间被武夷山－玳瑁山脉、鹫峰山－戴云山－博平岭山脉分割成三大模块，包括闽西北南平、三明、龙岩 3 地市组成的山区模块，闽东南宁德、福州、莆田、泉州、厦门、漳州 6 地（市）组成的沿海模块，以及由东部海洋国土组成的海域模块。全省人均土地 0.34hm^2，相当于全国平均水平的 48.1%；人均耕地 0.037hm^2（0.56 亩[①]），仅占全国平均水平的 41.1%。国土中的 82.9%为山地、丘陵，全省坡度小于 15°的适宜开发国土面积仅 293.55 万 hm^2，占土地总面积的 23.67%，各项生产生活和建设用地高度集中。坡度小于 15°的土地仍然是城镇化、工业化发展的主要承载空间，同时也是农业和粮食生产承载空间，保障发展和保护耕地的任务十分艰巨。依据目前年用地量初步测算，福建省现有坡度 15°以下的土地剩余空间净面积不能支持福建省持续的经济增长，用地保障压力很大。因此，必须以土地资源利用科学评价为依据，优先考虑资源整合与挖潜，在此基础上努力提高土地利用效率，统筹考虑建设用地资源的合理配置，拓展发展空间，采用“上山、下海”等不同途径来解决建设用地紧张的局面，为经济的发展提供用地保障。

1.4.2 晋江市

晋江市（图 1-5）地处福建省东南沿海（24°30′44″~24°54′21″N，118°24′56″~118°43′10″E），土地总面积 72170 hm^2。晋江市经济发达，在全国工业百强县中排名第五（新华网，2016），工业是晋江的主要经济支柱。由于二三产业发展的需要，晋江市土地开发程度（建设用地总面积占土地面积比）高达 40%~50%，2016 年晋江市国有建设用地供应总量仅 415.33hm^2，但预计到 2020 年建设用地需求量约 4000hm^2，建设用地供需矛盾突出（叶剑平和高峰，2016）。晋江市东北、西南部区域平原较多，海岸线狭长，沿海滩涂资源丰富。晋江市气候适宜，雨量充沛，根据 2012 年全市自然生态性质用地（林地、水域、滩涂）面积统计，生态性质用地比例仅为 23.7%，已超过维持区域生态系统碳氮平衡的临界点，生态状况形势严峻（邱寿丰和朱远，2012）。“十三五”期间，晋江市主要通过“严格控制增量、重点盘活存量”，不断提高城乡建设用地集约程度的方式获得建设用地空间。远期通过沿海滩涂资源利用来获取建设用地空间，围头湾围海造地项目已论证，包含基础建设用地、工业用地、商住用地等建设用地项目。

1.4.3 邵武市

邵武市（图 1-6）位于福建省西北部，地处武夷山南麓，闽江支流富屯溪中上游，地理位置介于 117°02′~117°52′E，26°55′~27°35′N（薛沛沛等，2013）。地势由北部、西南部向中部、东南部富屯溪谷地倾斜。邵武市属中亚热带季风气候，雨量充沛，四季分明，灾害性天气较突出。邵武市水资源丰富，矿产资源丰富，也是省级历史文化名城，是武夷旅游胜地，拥有众多的自然景观和人文景观。

邵武市是典型的山区市，境内低丘缓坡土地总面积占全市土地总面积的 29.19%，

① 1 亩≈666.7m^2

低丘缓坡资源十分丰富。但邵武市生态环境脆弱，地质灾害高易发区较多，有两条断裂带穿过，水土流失严重。森林覆盖率高达 76.2%，受生态限制影响，难以进行大规模的低丘缓坡地开发，如鹰厦铁路纵贯全境并且限制建设用地向北发展。

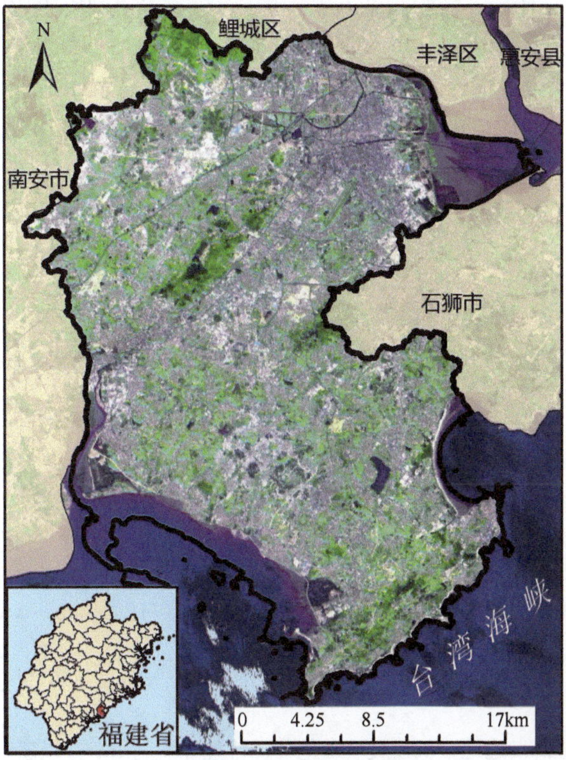

图 1-5　晋江市 2015 年 4 月 GF-1 卫星影像（RGB 波段组合：3、4、1）

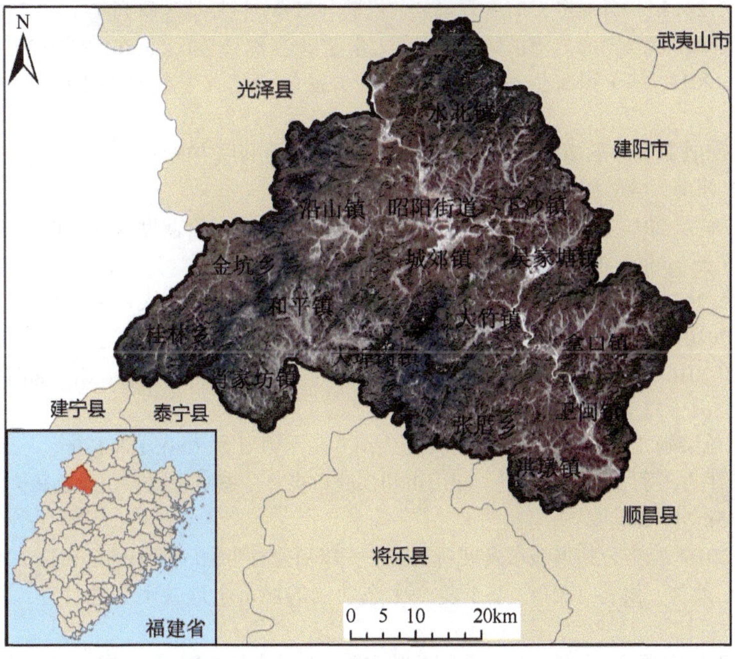

图 1-6　邵武市 2015 年 4 月 GF-1 卫星影像（RGB 波段组合：1、2、3）

根据《南平市低丘缓坡荒滩等未利用地开发利用专项规划（2011~2016 年）》，邵武市境内共有低丘缓坡土地资源 83462.85hm^2，且均分布在海拔 500m 以下。从坡度分布上来看，坡度为 15°~25°的低丘缓坡土地资源所占的比例达到了 50%以上。研究区低丘缓坡资源十分丰富。根据《南平市土地利用总体规划（2006~2020 年）》，邵武市 2020 年建设用地总量需求为 9197.33hm^2，而当前邵武市建设用地面积为 8512.767hm^2。邵武市相对于全省其他地方，经济发展较为落后，因周边武夷山旅游业及矿山开采带动经济发展，对未来建设用地优化的需求继续朝着“三区”战略（城市建设、工业和旅游业）发展。

参 考 文 献

丁成日. 2005. 城市“摊大饼”式空间扩张的经济学动力机制. 城市规划, (04): 56-60

《纲要》编制组. 2017. 编制美丽国土的空间蓝图——《全国国土规划纲要(2016-2030 年)》的创新点. 中国土地, (02): 4-7

姜广辉, 张凤荣, 吴建寨, 等. 2006. 北京山区建设用地扩展及其与耕地变化关系研究. 农业工程学报, 22(10): 88-93

李贵东. 2007. 滩涂资源空间分布信息的遥感提取方法研究与应用. 华东师范大学硕士学位论文

李双成, 赵志强, 王仰麟. 2009. 中国城市化过程及其资源与生态环境效应机制. 地理科学进展, (01): 63-70

李晓超. 2017. 开局之年实现了良好开局——《2016 年统计公报》评读. http: //www. stats. gov. cn/tjsj/sjjd/201702/t20170228_1467357. html. 2017-05-15

林文生, 黄端, 林坚强, 陈俊艺. 2015. 福建建设 21 世纪海上丝绸之路核心区的研究报告. 发展研究, (06): 4-13

刘卫东, 严伟. 2007. 经济发达地区低丘缓坡土地资源合理开发利用——以浙江省永康市为例. 国土资源科技管理, 24(3): 1-5

雒海潮, 刘荣增. 2014. 国外城乡空间统筹规划的经验与启示. 世界地理研究, (2): 69-75

彭建, 王仰麟. 2000. 我国沿海滩涂的研究. 北京大学学报(自然科学版), 36(6): 832-839

邱寿丰, 朱远. 2012. 基于国家生态足迹账户计算方法的福建省生态足迹研究. 生态学报, 32(22): 7124-7134

孙小群, 杨庆媛, 杜慧敏, 等. 2009. “精明增长”在城市土地利用中的应用——以重庆市“1 小时经济圈”为例. 西南大学学报(自然科学版), 31(4): 154-158

谭婧, 陶小马, 陈旭. 2012. 基于改进熵值法的城市“精明增长”综合测度——以长江三角洲 16 市为例. 长江流域资源与环境, 21(2): 129-136

王建康, 谷国锋. 2015. 土地要素对中国城市经济增长的贡献分析. 中国人口 • 资源与环境, (08): 10-17

王万茂, 王群. 2010. 土地利用规划学. 北京: 北京师范大学出版社

新华网. 2016. 《2016 年中国工业百强县(市)发展报告》正式发布. http: //news. xinhuanet. com/info/2016-08/29/c_135641377. htm. 2016-08-29

徐东云, 张雷, 兰荣娟. 2009. 城市空间扩展理论综述. 生产力研究, (06): 168-170

薛沛沛, 王兵, 牛香, 等. 2013. 武宁县、江山市和邵武市森林生态系统服务功能及其价值评估. 水土保持学报, (05): 249-254

叶剑平, 高峰. 2016. 全方位拓展城市发展新空间——以福建省为例. 中国土地, (01): 33-35

尹科, 王如松, 姚亮, 梁菁. 2014. 基于复合生态功能的城市土地共轭生态管理. 生态学报, (01): 210-215

张科. 2015. “三旧”改造: 存量土地盘活的东莞实践. 中国经贸导刊, (31): 24

张荣天, 张小林. 2012. 国内外城市空间扩展的研究进展及其述评. 中国科技论坛, (08): 151-155
张占录, 张正峰. 2006. 土地利用规划学. 北京: 中国人民大学出版社
赵可, 张安录. 2011. 城市建设用地、经济发展与城市化关系的计量分析. 中国人口 • 资源与环境, (01): 7-12
中国国土资源报. 2017. 部长们这样解读《全国国土规划纲要(2016-2030 年)》. 国土资源, (02): 39-43
朱查松, 张京祥, 罗震东. 2010. 城市非建设用地规划主要内容探讨. 现代城市研究, (3): 32-35

第2章　低效用地（原）空间拓展定量评价

2.1　县域尺度建设用地集约利用评价

本部分将晋江市作为一个整体，从县域角度开展建设用地集约利用评价研究。首先对晋江市 2009~2013 年的建设用地进行了时空变化分析，然后参照《建设用地节约集约利用评价规程》（以下简称《规程》）中的区域用地状况评价指标体系对晋江市进行了建设用地集约利用评价，并根据评价结果对晋江市建设用地利用状况进行了定性分析及定量评价。

2.1.1　评价指标

参照《规程》中的区域用地状况评价指标体系确定本部分研究的评价指标体系。根据实际数据实际情况对评价指标体系做了部分删减：备选指标城市综合容积率未参与；由于参评单元个数为一，因此剔除了贡献比较指数指标；由于未能收集到基准年城市闲置空闲用地及获批供应的城市土地数据，因此删减了城市用地管理绩效指数中的城市闲置空闲土地与供应量比例及城市批次土地供应比例两项指标；由于收集到的土地供应数据口径为全部建设用地，而非仅城市土地供应数据，因此将城市用地管理绩效指数更改为建设用地管理绩效指数，城市土地供应市场化比例更改为建设用地供应市场化比例。指标体系如表 2-1 所示。

表 2-1　县域尺度建设用地集约利用评价指标体系

指数	分指数	分指数指标	影响
利用强度指数 UII	人口密度指数 PUII	城乡建设用地人口密度 PUII1	正
	经济强度指数 EUII	建设用地地均固定资产投资 EUII1	正
		建设用地地均地区生产总值 EUII2	正
增长耗地指数 GCI	人口增长耗地指 PGCI	单位人口增长消耗新增建设用地量 PGCI1	反
	经济增长耗地指数 EGCI	单位地区生产总值耗地下降率 EGCI1	正
		单位 GDP 增长消耗新增建设用地量 EGCI2	反
		单位固定资产投资消耗新增建设用地量 EGCI3	反
用地弹性指数 EI	人口用地弹性指数 PEI	人口与城乡建设用地增长弹性系数 PEI1	正
	经济用地弹性指数 EEI	地区生产总值与建设用地增长弹性系数 EEI1	正
管理绩效指数 API	建设用地管理绩效指数 BLAPI	建设土地供应市场化比例 BLAPI1	正

参照其他全国百强县建设用地集约利用状况（姜广辉等，2006）确定评价指标标准值。根据各评价指标实际值与标准值计算各指标得分值：对于正向指标，以实际值与标准值的比值作为评价指标得分值；对于反向指标，以标准值与实际值的比值作为评价指标得分值。根据层次分析法确定各评价指标权重，再结合各评价指标得分值及权重按照

综合评价法计算晋江市建设用地集约度，结果如表 2-2 所示。

表 2-2　县域尺度建设用地集约利用评价指标赋权结果表

指数			分指数			分指数指标			实际值	标准值
代码	权重	得分	代码	权重	得分	代码	权重	得分		
UII	0.36	0.97	PUII	0.4	1.25	PUII1	1	1.25	7521	6000
			EUII	0.6	0.78	EUII1	0.4	0.96	19218	20000
						EUII2	0.6	0.66	39807	60000
GCI	0.29	0.86	PGCI	0.4	0.68	PGCI1	1	0.68	221	150
			EGCI	0.6	0.99	EGCI1	0.45	0.98	9.80	10
						EGCI2	0.33	1.00	1.99	2
						EGCI3	0.22	0.97	0.72	0.7
EI	0.21	0.59	PEI	0.4	0.58	PEI1	1	0.58	0.58	1
			EEI	0.6	0.59	EEI1	1	0.59	8.82	15
API	0.14	0.94	BLAPI	1	0.94	BLAPI1	1	0.94	94.31	100

2.1.2　评价结果与分析

1）定性评价

参照《规程》利用趋势类型划分标准对晋江市建设用地利用趋势类型进行定性分析。从人口发展与城乡建设用地变化的匹配程度分析：晋江市常住人口与建设用地面积均在增长，人口与城乡建设用地增长弹性系数为 0.58（<1），因此判定城乡建设用地利用趋势类型为低效扩张型。从经济发展与建设用地变化的匹配程度分析：晋江市地区生产总值与建设用地面积均在增长，经济与建设用地增长弹性系数为 8.82（>1），因此判定建设用地利用趋势类型为集约扩张型。

晋江市人口增长速度远落后于城乡建设用地增长速度，这从晋江市人均城乡建设用地面积（133m^2/人）、单位人口增长消耗新增建设用地量（221m^2/人）两项数据的比较上可以更加直观体现。晋江市经济发展同建设用地变化程度的匹配程度较好，经济与建设用地增长弹性系数得分值达到 8.82，这表示经济地区生产总值增长速度是建设用地增长速度的近 9 倍，经济发展迅速。

2）定量评价

晋江市集约利用水平综合得分值为 0.85，可见晋江市建设用地集约利用水平较高。各项指数得分值中，利用强度指数与增长耗地指数得分值分别为 0.97、0.94，增长耗地指数得分值为 0.86，用地弹性指数得分值为 0.59。这表明晋江市建设用地的投入、产出强度均处于较高水平，土地管理水平也达到了相当水准，社会经济增长消耗的新增建设用地量处于合理水平，而人口、经济发展与建设用地消耗的协调程度有待提高。以下对各评价指数的评价结果进行深入讨论。

利用强度指数：人口密度指数得分值极高，晋江市城乡建设用地人口密度指标实际值甚至超过理想值，得分达到 1.25，这表明晋江市人口资源十分充沛；经济强度指数得分值为 0.78，处于一般水平，其分指标中地均固定资产投资已十分接近理想值，而地均地区生产总值则较低，得分为 0.66。从各分指数指标得分可以看出，晋江市在人口与固定资产投资方面投入力度较大，已达到较高水准，尽管近年来其经济增长速度一直保持快速增长，但仍与一流水准存在较大差距。

增长耗地指数：人口增长耗地指数得分值为 0.68，较一般，这表明近年来晋江市人口增长量较低，考虑其本身极高的人口密度，人口增长放缓较为正常；经济增长耗地指数得分值为 0.99，水平较高，其中三项分指数指标得分分别为 0.98、1 和 0.97，均较高，这表明晋江市地区生产总值增长速度远超过建设用地增长速度，且固定资产投资力度极大。

用地弹性指数：人口用地弹性指数得分值为 0.58，经济用地弹性指数得分值为 0.59，两方面得分均较低。虽然从实际值来看人口与城乡建设用地增长弹性系数为 0.58，地区生产总值与建设用地增长弹性系数为 8.82，但两项指标得分值计算结果却相差不多，这表明人口增长速度等于或略低于城乡建设用地增长速度，地区生产总值增长速度为建设用地增长速度的数倍甚至数十倍，目前在我国经济发达地区属于普遍现象。这一现象与我国现阶段以劳动密集型产业为主的经济发展状况相吻合，经济发达地区往往是劳动力最密集的地区，人口基本饱和，增长幅度逐年放缓，而经济增长速度则仍然保持相当高的水平。这些地区往往处在经济转型期，经济重心逐渐由劳动密集型产业向技术密集型产业转变，晋江市目前也处于这一阶段。

管理绩效指标：晋江市建设用地供应市场化比例达到 94%，已处于相当高的水平，土地供应基本上以招、拍、挂等市场化手段为主，协议、划拨等行政手段进行的土地供应行为已越来越少。这表明晋江市土地供应市场已相当成熟，土地供应管理部门的开发经营模式比较完善，对建设用地节约集约利用水平的提高提供了有力保障。

3）结果分析

从定性分析结果来看，晋江市人口发展与城乡建设用地变化的利用趋势为低效扩张型，经济发展与建设用地变化的利用趋势为集约扩张型。从定量评价结果来看，晋江市建设用地的人口及固定资产投入强度均处于较高水平，然而地均地区生产总值却相对较低，土地管理绩效得分较高，社会经济增长消耗的新增建设用地量处于合理水平，人口、经济发展与建设用地消耗的协调程度有待进一步提高。

2.2 乡镇尺度建设用地集约利用评价

本部分研究从乡镇尺度对晋江市建设用地开展集约利用评价，以反映县域各组成区域之间利用状况的差异。由于评价单元尺度的变化，考虑该尺度下建设用地利用特征及数据收集情况，相较县域尺度评价，对指标体系做了一系列调整。此外，考虑到晋江市各区域间建设用地开发强度及后备资源分布的巨大差异性，在评价指标体系中引入了建设用地利用可持续性的参考指标。

2.2.1 评价指标体系

为反映县域各组成区域之间建设用地集约利用状况的差异，在构建乡镇尺度建设用地集约利用评价指标体系的过程中，从建设用地的利用强度、发展趋势及利用可持续性三方面出发，选取 13 个可以反映晋江市各镇（街道）建设用地利用状况差异的评价指标作为指标层指标，具体指标体系结构如表 2-3 所示。其中，利用强度主要反映建设用地的利用现状，包括人均城乡建设用地面积和综合容积率指标用以衡量建设用地空间利用水平，地均二三产业从业人员、固定资产的投资及规模以上工业总产值，用以衡量建设用地的投入产出水平；发展趋势主要反映社会经济的发展与建设用地增长速度之间的动态协调性；可持续性主要反映建设用地资源的可持续情况，植被覆盖率、污染物排放量，用以衡量生态环境的可持续性，而建设用地开发强度、消耗速度，则用以衡量建设用地后备资源量的可持续性。

表 2-3　乡镇建设用地可持续集约利用评价指标体系

目标层	准则层	指标层	影响	单位	合理值范围
乡镇建设用地可持续集约利用 A	利用强度 *B*1	人均城乡建设用地面积 *D*1	适度	m^2/人	50~180
		综合容积率 *D*2	正	无量纲	0.5~1.2
		地均固定资产投资 *D*3	正	万元/hm^2	30~150
		地均二三产业从业人员 *D*4	正	人/hm^2	10~60
		地均规模以上工业总产值 *D*5	正	万元/hm^2	200~1000
	发展趋势 *B*2	单位规模以上工业总产值耗地下降率 *D*6	正	%	–5~25
		单位固定资产投资消耗新增建设用地 *D*7	负	hm^2/亿元	0~4
		人口与建设用地增长弹性系数 *D*8	正	无量纲	0~2
		规模以上工业总产值与建设用地增长弹性系数 *D*9	正	无量纲	0~40
	可持续性 *B*3	建设用地植被覆盖率 *D*10	适度	%	5~25
		建设用地开发强度 *D*11	适度	%	30~80
		地均污染物排放量 *D*12	负	万元/hm^2	0~10
		新增建设用地占适宜开发用地比例 *D*13	负	%	0~5

指标层指标说明（基准年为 2013 年）如下。

（1）人均城乡建设用地面积 *D*1：是指城乡建设用地面积与常住人口的比值，单位为 m^2/人，属于适度相关指标。

（2）综合容积率 *D*2：是指建筑总面积与建设用地总面积的比值，无量纲，属于正相关指标。

（3）地均固定资产投资 *D*3：是指基准年前 3 年（包括基准年）的全社会固定资产投资额平均值与基准年建设用地总面积的比值，单位为万元/hm^2，属于正相关指标。

（4）地均二三产业从业人员 *D*4：是指二三产业从业人员总数与城乡建设用地总面积的比值，单位为人/hm^2，属于正相关指标。

（5）地均规模以上工业总产值 *D*5：是指规模以上工业总产值与建设用地总面积的比值，单位为万元/hm^2，属于正相关指标。

（6）单位规模以上工业总产值耗地下降率 *D*6：是指基准年前一年的单位地区规模以上工业总产值耗地与基准年规模以上工业总产值耗地的差值占基准年前一年的单位地区规模以上工业总产值耗地的比率，单位为%，属于正相关指标。

（7）单位固定资产投资消耗新增建设用地 $D7$：是指新增建设用地面积与全社会固定资产投资的比值，单位为 hm^2/亿元，属于负相关指标。

（8）人口与建设用地增长弹性系数 $D8$：是指基准年以前 3 年（包括基准年）人口增长比率与同一期间城乡建设用地增长比率的比值，无量纲，属于正相关指标。

（9）规模以上工业总产值与建设用地增长弹性系数 $D9$：是指基准年以前 3 年（包括基准年）规模以上工业总产值增长比率与同一期间建设用地总面积增长比率的比值，无量纲，属于正相关指标。

（10）建设用地植被覆盖率 $D10$：是指植被覆盖面积与建设用地总面积的比值，单位为%，属于适度相关指标。

（11）建设用地开发强度 $D11$：是指建设用地总面积与土地总面积的比值，单位为%，属于适度相关指标。

（12）地均污染物排放量 $D12$：是指排污费与城乡建设用地面积的比值，单位为万元/hm^2，属于负相关指标。

（13）新增建设用地占可开发用地比例 $D13$：是指新增建设用地面积与非建设用地中可开发用地总面积（根据空间管制分区图确定，包括适宜建设用地、限制建设用地）的比值，单位为%，属于负相关指标。

2.2.2 评价指标数据标准化

采用非线性标准化法（王琪，2014）对评价指标原始数据进行标准化处理，根据指标影响效果（正向、逆向、适度）的不同采用不同的非线性函数进行计算，以保证指标标准化处理结果影响效果的一致性。

非线性标准化法是原始数据标准化处理方法的一种，用于对评价指标原始数据进行无量纲化、归一化处理，将各评价指标的真实数据按照各自影响效果进行转换计算，最终确定各评价指标的标准值。本书中所涉及的非线性标准化法，针对评价指标影响效果的不同，分别采用非线性的 Logistic 函数（式（2-1））、高斯函数（式（2-2））进行评价指标的标准化计算，两种函数的表达式如下：

$$f(x) = L/(1+\mathrm{e}^{\pm k(x-x_0)}) \tag{2-1}$$

式中，L 为函数的最大值；x_0 为自变量的中间值；k 为影响函数曲线的倾斜度。

$$f(x) = a\mathrm{e}^{(-(x-\mu)^2)/\sigma^2} \tag{2-2}$$

式中，a 为函数的最大值；μ 为自变量的中间值；σ 为影响函数曲线的倾斜度。

两种函数的曲线分布规律如图 2-1 所示（其中，Logistic 函数参数取值为：L=1、x_0=0、k=±1，高斯函数参数取值为：a=1、μ=0、σ=1）。

非线性标准化法具体操作步骤如下。

（1）参考各类规程要求、同类研究成果及实际数据分布规律确定各项评价指标的合理值范围。

（2）根据各项指标的影响效果（正向、负向、适度）选择合理的转换函数：正向、负向指标采用 Logistic 函数（正向指标 k 前符号为–，负向指标 k 前符号为+），适度指标采用高斯函数。

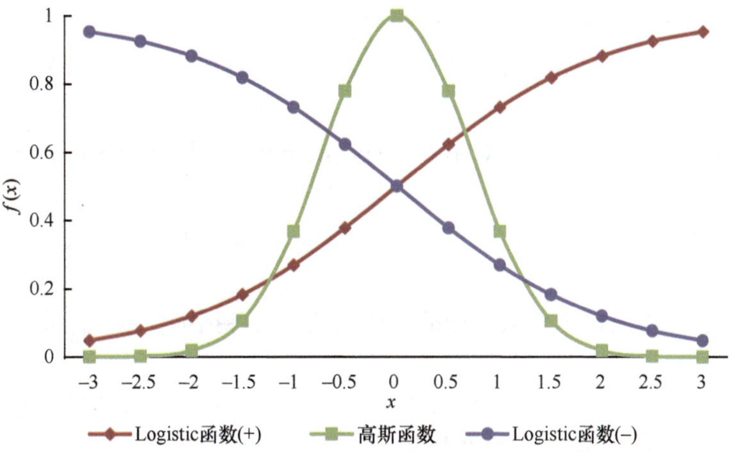

图 2-1　非线性函数曲线分布图

（3）根据指标合理值范围确定转换函数各参数值：本书中将指标标准化值控制在（0~1），因此 L 与 a 取值为 1；x_0 与 μ 取值为合理值范围的中间值（适宜度指标合理值范围中间值为最优值）；k 与 σ 取值分别为 $6/\Delta x$、$\Delta x/4$（Δx 为合理值范围的大小）。

（4）根据所选定转换函数及相应参数值的计算结果，对指标数据进行无量纲化处理。

此方法中关键在于指标合理值范围的确定，直接关系到指标得分值计算结果的科学合理性。参数确定过程中，k 与 σ 取值计算方法根据两种函数的分布规律确定。当指标原始数据超出合理值范围后，对指标得分值的影响将急剧减小（Logistic 函数小于 0.05，高斯函数小于 0.02），这有利于消除原始数据极端值对指标得分值计算结果的影响。

2.2.3　评价指标主客观组合赋权

在乡镇尺度建设用地可持续集约利用评价中采用主客观组合确权的方式确定指标权重，以保证赋权结果的最优性。其中主观确权偏重于依据专家经验的主观判断，而客观确权则更多通过评价指标数据的实际分布情况确定权值，两种方法各有优势，但因原理不同赋权结果也存在一定差异。在实际操作中有部分学者提出对两种赋权方法的结果取平均作为最终赋权结果，则可以同时兼顾专家经验的主观因素与实际数据的客观因素。本部分研究在指标组合确权中，主观赋权法选择层次分析法（analytic hierarchy process，AHP），客观赋权法选择熵权法。

1. 主观赋权法

1）AHP 法

AHP 法（严伟，2014；王丽，2014），是由美国匹兹堡大学教授萨第（A. L. Saaty）1970 年以后提出的一种将定性与定量方法相结合的系统决策分析方法。AHP 法的基本步骤包括：

（1）将决策的问题看作受多种相互关联、相互制约的因素影响的复杂系统，利用因素相互之间的关系建立递阶层次结构；

（2）对同一层次上的各指标进行两两对比，并按一定的评分规则，根据每对指标间相对重要性对各评价指标进行打分，从而建立各层级评价指标的判断矩阵；

（3）求解各层级指标所建立的判断矩阵，得到其最大特征值及其所对应的特征向量，并对特征向量进行归一化处理，对指标进行层次单排序、层次总排序及一致性检验，若不合格应对判断矩阵进行适当修正，对通过一致性检验的判断矩阵求最大特征值的特征向量并对其进行归一化处理，处理结果将作为该层指标对于上一层次相关指标的相对重要性权值；

（4）根据各评价指标原始数据标准化处理结果及各指标权重，计算评价对象的综合得分值。

AHP 法把定性分析与定量分析有机地结合起来，原理简单易于掌握，并且分析结果简单明确，容易被决策者接受和掌握，应用范围极为广泛。然而，该方法也有一个明显的缺点，当参与分析的指标数量过多时，构建判断矩阵变得极其繁琐。分析指标的增多也会相应增加判断矩阵的纬度，这将使得精确计算矩阵特征值及特征向量变得更加复杂。

2）操作步骤

（1）在各层级指标内进行两两对比，然后按 3 分位比率排定各评价指标的相对优劣顺序，依次构造出各层级评价指标的判断矩阵，结果如表 2-4 所示。

表 2-4　乡镇尺度评价指标体系判断矩阵

*A*1	*B*1	*B*2	*B*3	*B*1	*C*1	*C*2	*C*3	*C*4	*C*5
*B*1	1	2	2	*C*1	1	3	3	2	2
*B*2	1/2	1	1/2	*C*2	1/3	1	1/2	1/2	1/3
*B*3	1/2	2	1	*C*3	1/3	2	1	1/2	1/2
				*C*4	1/2	2	2	1	1/2
				*C*5	1/2	3	2	2	1
*B*2	*C*6	*C*7	*C*8	*C*9	*B*3	*C*10	*C*11	*C*12	*C*13
*C*6	1	1/2	1/2	1/3	*C*10	1	1/3	1/2	1/2
*C*7	2	1	1/2	1/2	*C*11	3	1	2	2
*C*8	2	2	1	1/2	*C*12	2	1/2	1	1/2
*C*9	3	2	2	1	*C*13	2	1/2	2	1

（2）求解各判断矩阵最大特征值，根据式（2-3）计算随机一致性比值：

$$\begin{cases} \mathrm{CR} = \mathrm{CI}/\mathrm{RI} \\ \mathrm{CI} = \dfrac{\lambda_{\max} - n}{n-1} \end{cases} \tag{2-3}$$

式中，n 为判断矩阵阶数；$\lambda_{\max}$ 为判断矩阵最大特征值；CI 为一致性指标；RI 为平均随机一致性指标（可查表获得）；CR 为随机一致性比值。

若 CR≤0.10 则认为判断矩阵具有一致性，对判断矩阵进行一致性检验，结果如表 2-5 所示。

表 2-5　乡镇尺度评价指标一致性检验表

判断矩阵	λ_{max}	n	CI	RI	CR
$A1$	3.0536	3	0.0268	0.58	0.0462
$B1$	5.1137	5	0.0284	1.12	0.0254
$B2$	4.0709	4	0.0236	0.90	– 0.0262
$B3$	4.0709	4	0.0236	0.90	0.0262

（3）进行层次单排序及层次总排序，结果如表 2-6 所示。

表 2-6　乡镇尺度评价指标层次单排序及层次总排序结果表

指标	$B1$					$B2$				$B3$			
	$C1$	$C2$	$C3$	$C4$	$C5$	$C6$	$C7$	$C8$	$C9$	$C10$	$C11$	$C12$	$C13$
单排序	0.49					0.20				0.31			
	0.36	0.09	0.12	0.18	0.25	0.12	0.19	0.27	0.42	0.12	0.42	0.19	0.27
总排序	0.49					0.20				0.31			
	0.18	0.04	0.06	0.09	0.12	0.03	0.04	0.05	0.08	0.04	0.13	0.06	0.08

2. 客观赋权法

1）熵权法

熵权法是客观赋权方法中比较成熟的一种方法，在社会经济等领域被广泛应用。基本思路是：根据指标的熵值来确定客观权重。一般情况，评价指标的熵值越小，指标数据的变异程度越大，指标提供的信息量越多，其权重就越大，反之亦然。操作步骤如下（杨书文等，2016；李俊，2012；程启月，2010）。

（1）对指标原始数据进行标准化、正向化处理。

（2）依据式（2-4）计算各项指标的信息熵。

（3）最后利用各指标信息熵，根据式（2-5）计算各指标权重：

$$\begin{cases} e_j = -k\sum_{i=1}^{m} P_{ij} \ln P_{ij} \\ k = 1/\ln n \\ P_{ij} = d_{ij} \Big/ \sum_{i=1}^{m} d_{ij} \\ \lim\limits_{p_{ij}\to 0} P_{ij} \ln P_{ij} = 0 \end{cases} \tag{2-4}$$

$$w_j = \frac{1-e_j}{n-\sum_{j=1}^{n} e_j} \tag{2-5}$$

式中，k 为调节系数；m、n 分别为评价单元个数与评价指标个数；P_{ij} 为第 i 个评价单元的第 j 项评价指标的分值占该项指标的分总值的比重；e_j 为第 j 项评价指标的信息熵；w_j 为第 j 项评价指标的熵权。

2）赋权结果

本部分研究熵权法赋权结果如表 2-7 所示。

表 2-7　乡镇尺度评价指标体系熵权法赋权结果表

指标	C1	C2	C3	C4	C5	C6	C7	C8	C9	C10	C11	C12	C13
信息熵	0.82	0.95	0.89	0.88	0.94	0.93	0.90	0.92	0.91	0.91	0.86	0.76	0.86
熵权	0.12	0.04	0.07	0.08	0.04	0.05	0.07	0.05	0.06	0.06	0.10	0.17	0.09

根据两种赋权方法的赋权结果，重新计算并最终确定各评价指标的权值，完成乡镇建设用地可持续集约利用评价的指标赋权工作，赋权结果如表 2-8 所示。

表 2-8　乡镇尺度评价指标体系主客观组合赋权结果表

指标	B1					B2				B3			
	C1	C2	C3	C4	C5	C6	C7	C8	C9	C10	C11	C12	C13
权重	0.43					0.21				0.36			
	0.36	0.09	0.16	0.20	0.19	0.17	0.25	0.25	0.33	0.14	0.31	0.31	0.24

2.2.4　结果与分析

1. 评价结果

完成各评价单元各项评价指标数据的标准化处理并确定各项评价指标权重后，建设用地的可持续集约利用度通过以下公式计算：

$$F_i = \sum_{m=1}^{p} w_m \times \left(\sum_{n=1}^{q_m} w_{mn} \times A_{imn} \right) \tag{2-6}$$

式中，F_i 为第 i 个评价单元的综合得分值；p 为准则层指标个数；w_m、q_m 分别为第 m 个准则层指标的权重及其所包含的指标层指标个数；w_{mn} 为第 m 个准则层指标下第 n 个指标层指标的权重；A_{imn} 为第 i 个评价单元第 m 个准则层指标下第 n 个指标层指标的标准化得分值。

运用式（2-6）对晋江市各乡镇评价指标标准化处理结果数据进行计算，得出各乡镇建设用地可持续集约利用综合得分值。利用 SPSS19.0 软件的分类功能，采用 K-means 聚类法将各镇街道按可持续集约利用水平分为四类：较高[0.55，1]、良好[0.44，0.55)、一般[0.30，0.44)、较低[0，0.30)，分类结果如表 2-9 所示。利用综合得分进行专题制图，得到晋江市各乡镇建设用地可持续集约利用评价结果，如图 2-2 所示。

表 2-9　晋江市乡镇建设用地可持续集约利用评价结果

镇（街道）	利用强度	发展趋势	可持续性	综合得分	分类结果
青阳街道	0.3445	0.5869	0.5607	0.4739	良好
梅岭街道	0.7752	0.4783	0.3446	0.5564	较高
西园街道	0.0699	0.2290	0.8521	0.3877	一般
罗山街道	0.2637	0.5139	0.3786	0.3580	一般
新塘街道	0.5394	0.2788	0.4655	0.4579	良好

续表

镇（街道）	利用强度	发展趋势	可持续性	综合得分	分类结果
灵源街道	0.1312	0.5593	0.1144	0.2148	较低
安海镇	0.5698	0.2047	0.4371	0.4450	良好
磁灶镇	0.2415	0.4575	0.2158	0.2775	较低
陈埭镇	0.6337	0.3172	0.4262	0.4919	良好
东石镇	0.4601	0.8025	0.5943	0.5807	较高
深沪镇	0.7355	0.6651	0.5949	0.6696	较高
金井镇	0.2665	0.6615	0.4265	0.4075	一般
池店镇	0.5043	0.2723	0.3681	0.4061	一般
内坑镇	0.1867	0.1651	0.3454	0.2399	较低
龙湖镇	0.3024	0.7334	0.5520	0.4835	良好
永和镇	0.1002	0.8706	0.7689	0.5049	良好
英林镇	0.5907	0.3280	0.3943	0.4642	良好
紫帽镇	0.0779	0.6477	0.4697	0.3398	一般
西滨镇	0.9155	0.5683	0.2896	0.6152	较高

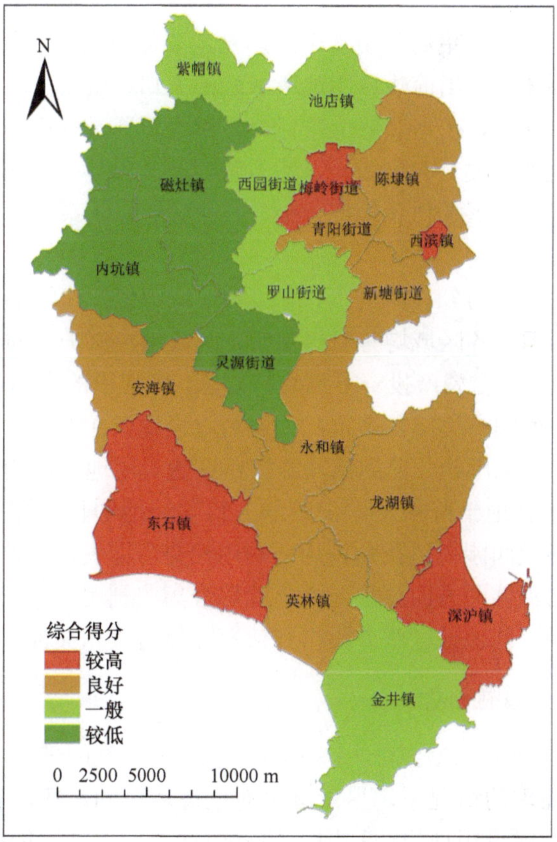

图 2-2　晋江市各乡镇建设用地可持续集约利用评价结果图

2. 结果分析

根据晋江市各乡镇建设用地可持续集约利用评价结果可知，深沪镇、西滨镇、东石镇及梅岭街道的可持续集约利用水平分类结果为较高，而通过数据分析发现这四个镇（街道）具体状况又各不相同：深沪镇综合得分值最高，然而其三个分项的得分均不是最高；西滨镇与梅岭街道情况类似，均为利用强度排名靠前（分别为 二名），而利用趋势得分一般，利用可持续性得分偏低；东石镇在利用强度方面得分较低，然而在利用趋势及可持续性上得分较高，最终综合得分达到较高水平。陈埭镇、永和镇等七个镇（街道）综合分类结果为良好，这几个镇的情况也各有不同：陈埭镇建设用地的利用强度得分较高，这得益于其发达的鞋服制造业，然而在利用趋势及可持续性方面得分较低，因此综合得分降为一般；永和镇建设用地利用强度很低，然而其在利用趋势及可持续性方面得分极高（分列一、二名），因此综合得分上升为良好。综合水平较低的三个镇（街道）中：磁灶、内坑两镇由于经济水平相对一般，且在发展趋势及可持续性方面得分较低，导致两镇建设用地综合利用水平较低；灵源街道由于其本身的特殊性，大部分区域为工业园区，且与晋江工业园区管委会实行“两块牌子、一套人马”的管理体制，地方政府在统计社会经济数据时有一些特殊性，导致本身利用强度数据偏低，加之利用趋势及可持续性水平得分较低，最终导致综合得分较低。

1）社会经济因素分析

社会经济因素对可持续集约利用水平的影响主要体现在两方面：一是现势性；二是协调性。现势性主要体现在当前建设用地所承载的人口、资本、产出等情况，反映了区域当前社会经济发展状况，在本书评价指标体系中主要通过利用强度指标表示。协调性主要体现在建设用地的拓展与人口增长、资本消耗及产出提高之间的关系，反映区域建设用地开发与社会经济发展的协调情况，在本书评价指标体系中主要通过利用趋势指标表示。

从利用强度评价结果可知，西滨镇、陈埭镇、深沪镇及梅岭街道在建设用地利用现势性方面表现优越，但是各区域均有自身劣势，西滨镇及深沪镇的综合容积率指标得分较低，梅岭街道在地均固定资产投资方面有待加强，陈埭镇的人均建设用地面积（$53m^2$/人）过低；紫帽镇及西园街道排名最末，各项利用强度指标得分均较低。从发展趋势评价结果可知，永和镇、东湖镇、龙湖镇及深沪镇在建设用地利用趋势方面表现优越，其中东石镇的单位产值耗地下降率及深沪镇的人口与用地增长弹性系数得分较低；池店镇、内坑镇、安海镇及西园街道在建设用地利用趋势方面表现较差。

综合现势性与协调性两方面评价结果，除综合集约利用水平较高的四个镇（街道）及西园、内坑两地外，其他地区两方面得分值存在显著负相关性。

2）生态环境因素影响分析

建设用地的开发利用难免会对生态环境造成一定程度的破坏，如何在满足社会经济发展对建设用地需求的情况下，尽量减少对生态环境的破坏，有效改善区域人居环境，是可持续思想在建设用地集约利用中的重要体现。本书评价指标体系选取了建设用地植被覆盖率及地均污染物排放量两项指标用于反映生态环境因素对可持续集约利用的影响。

植被覆盖率指标：晋江市大部分地区植被覆盖率得分较高，超过半数得分超过 0.8，然而也有部分地区得分极低（不到 0.1），包括陈埭镇、西滨镇、紫帽镇及灵源街道，前两个地区主要是由于工厂密集导致建设用地植被覆盖率偏低，后两个地区植被覆盖率则偏高，这主要是由于其建设用地中包含大量的风景名胜及特殊用地，提高了这些地区的建设用地植被覆盖率。

地均污染物排放量指标：大部分地区得分值均偏低，仅有四个镇街道得分值超过 0.5；内坑镇得分最低，这与其支柱产业为建陶业、鞋塑业等高污染行业有直接关系；西滨镇得分值仅高于内坑镇，这与其超高的地均规模以上工业产值关联密切。

因此，在建设用地开发利用水平较高的地区有关部门应加强环境保护措施，提高企业进驻的环保门槛，加强监管力度，有效改善人居环境，进一步提高可持续集约利用水平；而发展水平较低的区域在大力推动社会经济发展的同时，应对保持良好的生态环境予以足够的重视，真正实现建设用地的可持续集约利用。

3）土地后备资源条件影响分析

充足的土地后备资源是保障区域社会经济可持续发展的重要条件。本书中选择建设用地开发强度、新增建设用地占适宜开发用地比例两项指标代表土地后备资源因素，前者反映建设用地后备资源总量，后者反映后备资源消耗速度。从建设用地开发强度分析，青阳街道、梅岭街道作为晋江市老城区，开发强度分别达到了 96%和 86%，强度最低的紫帽金井两镇也均超过 40%，全市整体强度达到了 58%，建设用地后备资源严重匮乏；从新增建设用地占适宜开发用地比例分析，内坑、磁灶两镇比例最大分别达到 7.45%和 6.35%，其他还有灵源、新塘、英林等六个镇（街道）这一比例超过 3%，全市为 1.88%，土地后备资源消耗速度过快，急需加以控制。

2.3 地块尺度城乡建设用地集约利用评价

本部分从地块尺度出发，以地类图斑作为评价单元，对晋江县域范围内的城乡建设用地（城市、建制镇、农村）进行建设用地集约利用评价，并基于地块已有建筑信息实现对晋江市城乡建设用地进行规模潜力测算。

2.3.1 评价指标体系

在充分考虑指标合理性及数据可获取性的前提下，选取适宜评价指标构建指标体系，结果如表 2-10 所示。

表 2-10 地块尺度城乡建设用地集约利用评价指标体系

评价目标	评价指标	影响
地块尺度城乡建设用地集约利用水平	建筑密度	适度
	容积率	正向
	交通便捷度	正向
	供电条件	正向
	供水条件	正向
	医疗条件	正向
	教育条件	正向

2.3.2 评价指标值计算

评价指标体系中各评价指标的详细计算方法如下。

1）建筑密度

建筑密度是指地块上全部建筑基地面积之和与地块面积的比值。计算方法：以建筑分布图为底图，以地类图斑为范围图层，进行空间统计分析，得到每个地块的建筑基底总面积，计算各地块基底总面积与地块面积的比值，得到各地块的建筑密度，后用高斯函数进行标准化处理，根据不同用地类型下建筑密度标准值的差异设置合理值，如表 2-11 所示。

表 2-11　不同地类建筑密度标准化函数参数表

用地类型	标准值	标准化函数参数		
		a	μ	σ
城市	0.45	1	0.45	0.20
建制镇	0.40	1	0.40	0.18
农村	0.40	1	0.40	0.18

2）容积率

容积率指地块中建筑总面积与地块面积的比值。计算方法：以建筑分布图为底图，以地类图斑为范围图层，进行空间统计分析，得到每个地块的建筑总面积，然后计算各地块的容积率。得到容积率实际值后，还需要对其进行标准化处理，本部分研究采用非线性函数（Logistic 函数）进行处理，根据不同用地类型下容积率标准值的差异设置合理的参数值，结果如表 2-12 所示。最终得到晋江市建筑密度与容积率现状，如图 2-3 所示。

表 2-12　不同地类容积率标准化函数参数表

用地类型	标准值	标准化函数参数		
		L	x_0	k
城市	2	1	1.00	3.0
建制镇	1.8	1	0.90	3.5
农村	1.5	1	0.75	4.0

3）交通便捷度

交通便捷度是指地块周边的交通状况。计算方法：以公路（国道、省道、县道、普通公路）、火车站、机场、码头等交通设施分布图为底图，分别进行距离分析，最大距离根据不同交通设施影响范围设置；然后，根据距离计算作用分值（0~1），距离越远得分越低，最远为 0，最近为 1；其次，给不同类型交通设施设置相应作用比例，将各类交通设施的作用分值进行叠加，得到交通便捷度得分值；最后，以地类图斑图层为范围图层，进行空间统计分析，得到每个地块的平均交通便捷度得分值。晋江市交通状况分布如图 2-4 所示。

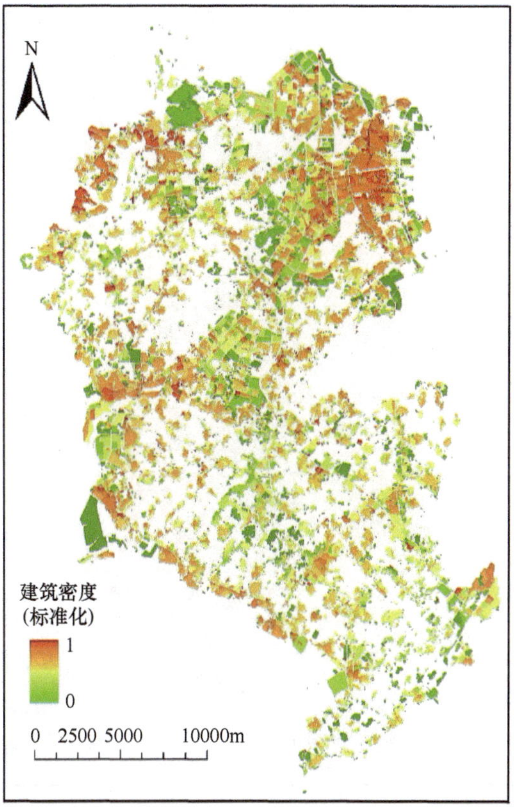

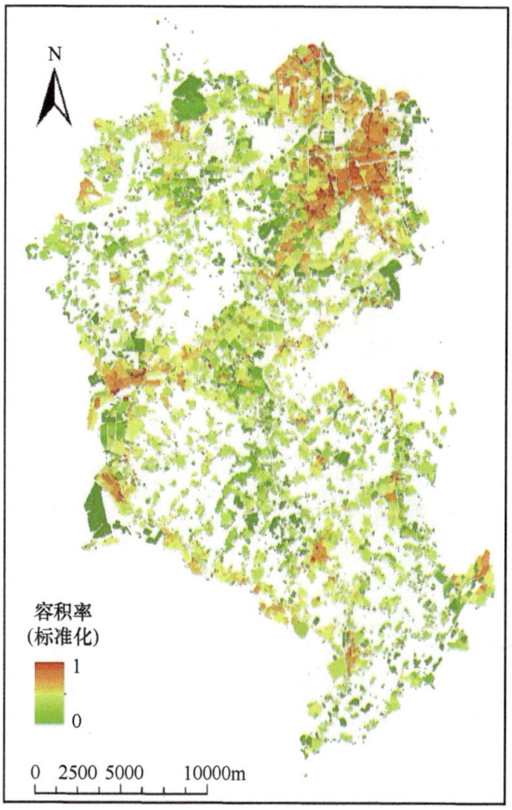

图 2-3 晋江市建筑密度与容积率分布图

4）供电条件

供电条件是指地块周边的供电状况。计算方法：以变电站（220kV、500kV）分布图为底图，进行距离分析，最大距离根据不同级别变电站辐射范围设置；然后，根据距离计算作用分值（0~1），距离越远得分越低，最远为 0，最近为 1；其次，给不同级别变电站设置相应作用比例，将不同级别变电站的作用分值进行叠加，得到供电状况得分值；最后，以地类图斑图层为范围图层，进行空间统计分析，得到每个地块的平均交通供电状况得分值。

5）供水条件

供水条件是指地块周边的供水状况。计算方法：以自来水厂分布图为底图，进行距离分析，最大距离根据水厂日供水量进行设置；然后，根据距离计算作用分值（0~1），距离越远得分越低，最远为 0，最近为 1；最后，以地类图斑图层为范围图层，进行空间统计分析，得到每个地块的平均交通供水状况得分值。最终得到晋江市供水供电条件分布如图 2-5 所示。

6）医疗条件

医疗条件是指地块周边的医疗设施状况。计算方法：以市级医院、其他医院、诊所及卫生所、药店等医疗设施分布图为底图，分别进行距离分析，最大距离根据不同医疗

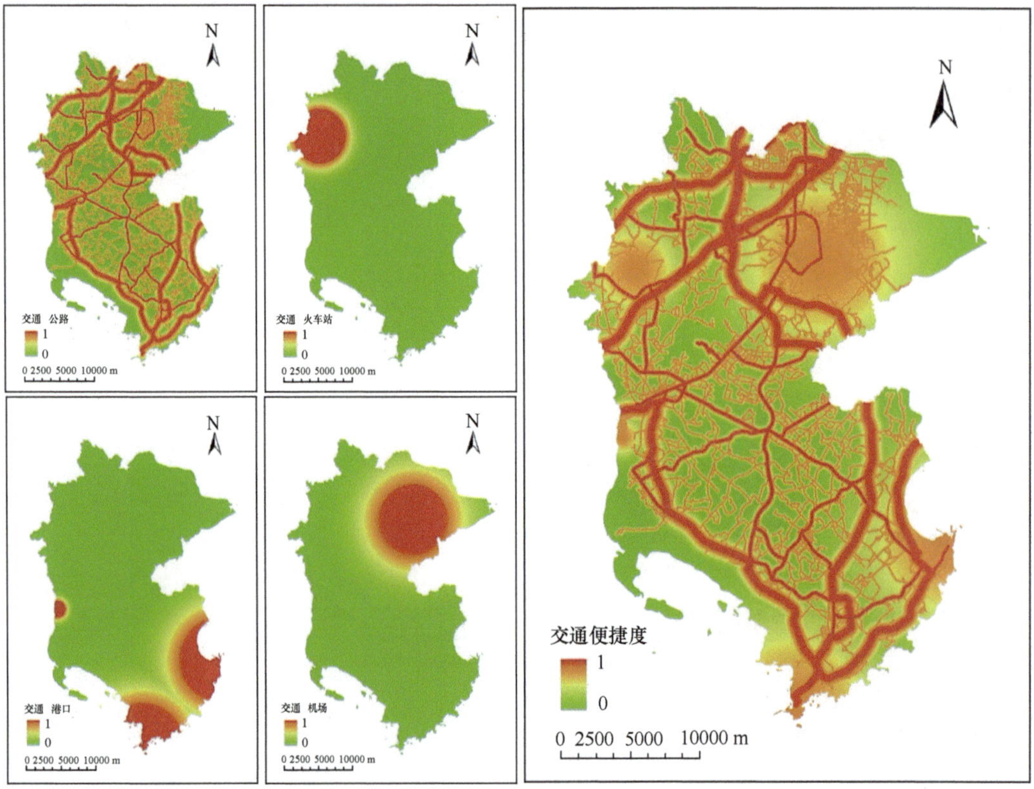

图 2-4 晋江市交通状况分布图

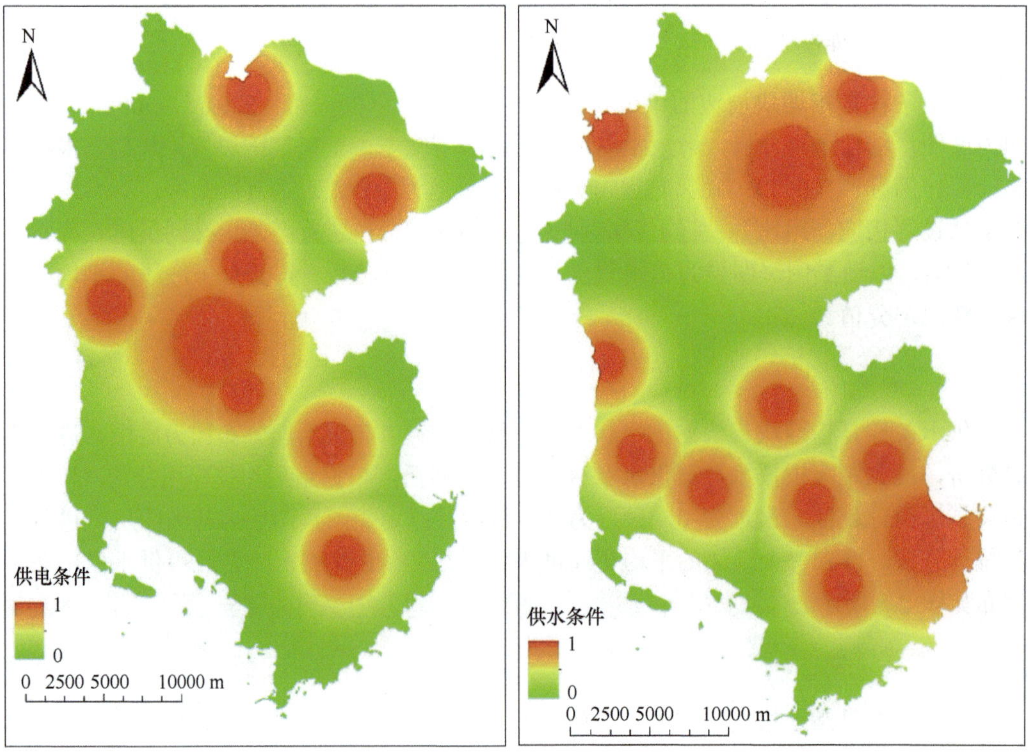

图 2-5 晋江市生产条件（供电、供水）条件分布图

设施影响范围设置；然后，根据距离计算作用分值（0~1），距离越远得分越低，最远为0，最近为1；其次，给不同类型医疗设施设置相应作用比例，将各类医疗设施的作用分值进行叠加，得到医疗条件得分值；最后，以地类图斑图层为范围图层，进行空间统计分析，得到每个地块的平均医疗条件得分值。

7）教育条件

教育条件是指地块周边的教育设施状况。计算方法：以中学、小学、幼儿园等教育设施分布图为底图，分别进行距离分析，最大距离根据不同教育设施影响范围设置；然后，根据距离计算作用分值（0~1），距离越远得分越低，最远为0，最近为1；其次，给不同类型教育设施设置相应作用比例，将各类教育设施的作用分值进行叠加，得到教育条件得分值；最后，以地类图斑图层为范围图层，进行空间统计分析，得到每个地块的平均教育条件得分值。最终得到晋江市医疗、教育条件分布如图2-6所示。

采用AHP法为各评价指标赋权，赋权结果如表2-13所示。

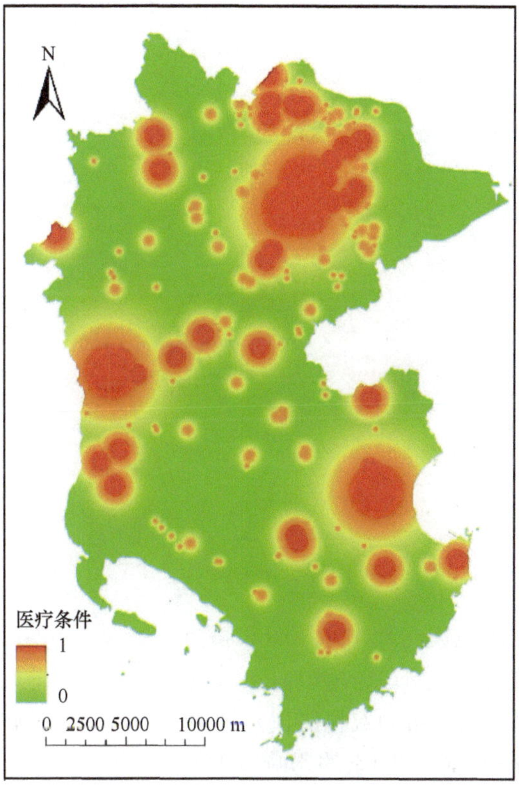

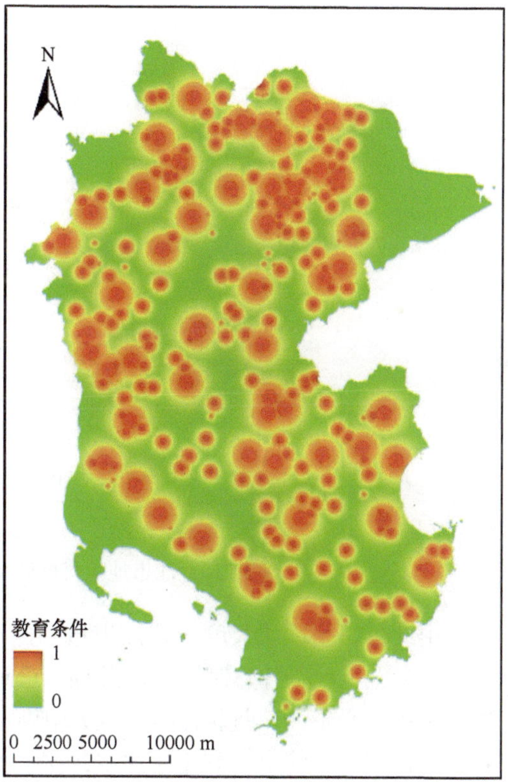

图2-6　晋江市生活条件（医疗、教育）条件分布图

表2-13　地块尺度评价指标赋权结果

评价指标	建筑密度	容积率	交通便捷度	供电条件	供水条件	医疗条件	教育条件
赋权结果	0.21	0.27	0.16	0.09	0.09	0.09	0.09

2.3.3 评价结果与分析

1. 评价结果

确定各地块评价指标得分值及指标权重后，根据综合评价公式计算各地块集约利用综合得分值，计算结果如图 2-7 所示。

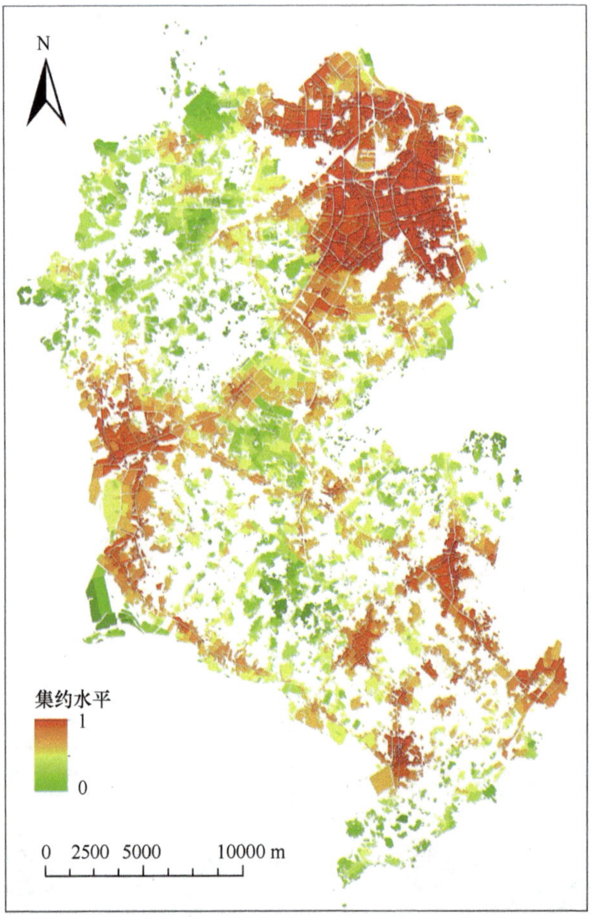

图 2-7 晋江市地块尺度城乡建设用地集约利用评价结果图

由此可得出地块尺度下晋江市城乡建设用地集约利用水平分布特点。

（1）主城区、各建制镇行政驻地、交通主干道周边、港口码头等货运集散地区地块集约利用水平较高，西北丘陵地区、中南部散乱分布的农村居民点地块集约利用水平较低，这说明地块的集约利用水平受地形、交通等区位因素的影响较大。

（2）沿海地区，泉州湾西岸、东海湾西岸及围头湾周边地块集约度均较低，深沪湾码头周边地块集约度较高。泉州湾河口地区为泉州湾河口湿地省级自然保护区，属于限制开发地区，土地利用度较低；为减少来自海洋的东南季风影响，东海湾沿岸作为季风登陆口为沿海防护林重点分布区，且该地区每年受季风影响最大，因此较不适宜开发建设；围头湾沿岸地区地形复杂，缺少大面积的平坦开阔区域，且所处位置较为偏远，对货运贸易、经济发展造成较大影响；深沪湾周边地带，地势开阔、交通便利、渔业发达，且有大量纺织企业集中在南部沿海地区，土地开发利用较为充分，因此地块集约利用水平较高。

（3）部分地区出现低集约利用地块的聚集现象，包括：紫帽镇南部、新塘街道东部地区、西园街道中部地区。这些地区有的正处于开发阶段、有的由于使用方式缘故对建筑物需求较低等原因，建筑密度与容积率两项指标得分较低，导致集约利用水平评价结果较低。

2. 结果分析

根据地块集约利用评价得分值的分布情况，按自然间断点将地块分为高度集约（0.72，1]、适度集约（0.55，0.72]、低度集约[0，0.55]三类，与之前由于无建筑物信息被划分为闲置用地的地块结合，将全部地块划分为四类。

1）分地类统计分析

根据背景条件对评价结果数据进行汇总分析得到表 2-14。

表 2-14　地块尺度城乡建设用地背景条件评价结果汇总表

用地类型	高度集约		适度集约		低度集约		闲置用地		总计	
	块数	面积/km^2	块数	面积/km^2	块数	面积/km^2	块数	面积/km^2	块数	面积/km^2
城市	344	13.27	454	13.96	331	6.21	241	0.87	1370	34.31
建制镇	345	14.75	753	25.80	827	17.56	467	2.40	2392	60.51
村庄	664	17.54	3760	83.89	3777	61.72	1160	6.47	9361	169.62
总计	1353	45.56	4967	123.65	4935	85.50	1868	9.74	13123	264.44

按地块数统计，高度集约地块数为 1353（10.3%），适度集约与低度集约地块数相差不大，分别为 4967（37.9%）、4935（37.6%），闲置用地地块数为 1868（14.2%）。按地块面积统计，高度集约用地面积为 45.56km^2（17.2%），适度集约用地面积为 123.65km^2（46.8%），低度集约用地面积为 85.50km^2（32.3%），闲置用地面积为 9.74km^2（3.7%）。从两方面统计结果来看，适度集约用地所占比例最大，其次为低度集约用地，再次为高度集约用地，闲置用地所占比例最少，因此城乡建设用地集约利用情况整体处于中等偏下水平。

按不同用地类型统计结果来看，三种用地类型中占比最大的均为适度集约用地，占比最小的均为闲置用地，城市用地中高度集约用地略次于适度集约用地、低度集约用地较少，建制镇用地中高度集约用地与低度集约用地相差不大，农村用地中低度集约用地略次于适度集约用地、高度集约用地较少。按不同集约类型中各地类分布情况来看，不同集约利用水平下均为农村用地比例最高、建制镇用地次之、城市用地比例最小，这主要是由于三种用地类型总面积比例差异较大，但是在高度集约用地中三种用地类型比例差异较小，其他集约类型中三类用地占比差异较大。从统计结果来看，城市用地集约利用情况处于中等偏上水平，建制镇用地集约利用情况处于中等水平，农村用地集约利用情况处于中等偏下水平，出现情况主要是由于三种用地类型的社会经济条件所决定，城镇用地中的人口密度、固定投资及经济产值均优于农村用地，且交通条件及基础设施条件也具有明显优势。

2）分行政区统计分析

统计各行政区内不同集约利用水平城乡建设用地面积如表 2-15 所示。

表 2-15　地块尺度城乡建设用地集约利用评价结果分行政区统计表

行政区名称	高度集约		适度集约		低度集约		闲置用地	
	面积/km²	比例/%	面积/km²	比例/%	面积/km²	比例/%	面积/km²	比例/%
青阳街道	3.22	50.06	2.30	35.76	0.82	12.78	0.09	1.40
梅岭街道	3.05	43.00	2.28	32.18	1.63	23.05	0.13	1.77
西园街道	1.16	14.45	4.19	52.03	2.24	27.78	0.46	5.74
罗山街道	1.96	16.62	6.06	51.47	3.41	28.95	0.35	2.96
新塘街道	0.36	4.36	4.51	55.24	2.96	36.25	0.34	4.16
灵源街道	1.41	8.72	6.10	37.74	7.69	47.53	0.97	6.01
安海镇	4.50	19.52	12.77	55.40	4.96	21.53	0.82	3.55
磁灶镇	1.04	4.20	10.42	41.92	12.31	49.54	1.08	4.34
陈埭镇	6.23	30.95	10.24	50.88	3.12	15.51	0.54	2.67
东石镇	2.22	9.52	12.95	55.53	7.05	30.21	1.11	4.74
深沪镇	1.85	15.90	5.40	46.33	4.06	34.84	0.34	2.92
金井镇	2.70	19.27	5.73	40.86	5.27	37.58	0.32	2.29
池店镇	7.43	41.19	6.16	34.17	3.64	20.18	0.80	4.46
内坑镇	0.03	0.21	6.13	38.26	9.00	56.17	0.86	5.35
龙湖镇	4.91	24.75	9.44	47.62	5.19	26.19	0.29	1.44
永和镇	1.41	8.25	10.48	61.17	4.94	28.81	0.30	1.77
英林镇	1.81	15.64	5.76	49.93	3.68	31.91	0.29	2.52
紫帽镇	0.15	2.78	1.71	30.89	3.02	54.51	0.65	11.82
西滨镇	0.11	6.66	1.00	61.82	0.51	31.37	0.00	0.16
总计	45.56	17.23	123.65	46.76	85.50	32.33	9.74	3.68

从各集约利用水平用地在各行政区的分布情况来看，高度集约用地主要分布在池店、陈埭等镇（街道），适度集约用地主要分布在东石、安海等镇（街道），低度集约用地主要分布在磁灶、内坑等镇（街道），闲置用地主要分布在东石、磁灶等镇（街道）。从各行政区不同集约利用水平建设用地比例来看，青阳、梅岭、池店等镇（街道）高度集约用地所占比例最大，内坑、紫帽、磁灶、灵源等镇（街道）低度集约用地所占比例最大，其余各镇（街道）适度集约用所占比例最大。

不同集约利用类型城乡建设用地在各行政区的分布情况主要受各行政区社会经济状况及建设用地规模影响，行政区间不同集约利用水平用地占比差异主要受各用地结构及社会经济发展状况影响。池店镇由于社会经济发展水平较高、建设用地规模较大且其中大部分为城镇建设用地，因此高度集约用地在该镇分布最多，且在该镇各集约用地类型中占比最大。青阳、梅岭两街道的城乡建设用地绝大多数为城市用地，且两街道作为晋江市老城区其社会经济水平较高，因此其高度集约用地占比最大。内坑、磁灶、紫帽三镇由于地处西北丘陵地带，建设用地中大部分为农村用地，前两个镇支柱产业为陶瓷、地砖等传统产业，且目前正处于产业结构转型、升级阶段，经济增长速度相较其他镇（街道）较为缓慢，紫帽镇则由于自身特色，主要发展旅游、休闲产业，加之泉州高尔夫球场坐落于此，导致低效集约用地占比最大。

2.3.4 城乡建设用地潜力测算

1）潜力测算方法

基于地块中的建筑信息进行地块规模潜力测算，主要参考建筑密度及容积率两项指标。具体测算方式如下。

（1）筛选无建筑物信息地块，该地块划归为闲置用地，其规模潜力面积等于自身面积。

（2）对包含建筑物信息的地块，根据建筑密度及容积率两项控制指标，参考各类规划要求及实际数据分布情况，选取合理阈值对其进行分类，分类标准如表 2-16 所示。

表 2-16 地块建筑指标分类标准表

用地类型	建筑密度			容积率	
	低密度	适宜密度	高密度	低容积率	高容积率
城市	（0, 0.35）	（0.35, 0.55）	（0.55, 1）	（0, 1.5）	（1.5, ∞）
建制镇	（0, 0.3）	（0.3, 0.5）	（0.5, 1）	（0, 1.3）	（1.3, ∞）
农村	（0, 0.3）	（0.3, 0.5）	（0.5, 1）	（0, 1.0）	（1.0, ∞）

（3）根据（2）的分类结果，将地块分为 6 类：低密度低容积率、低密度高容积率、适宜密度低容积率、适宜密度高容积率、高密度低容积率和高密度高容积率，分类结果如图 2-8 所示。根据不同类型地块的建筑指标特点分别采用合理的方法（式（2-7）~式（2-9））计算地块潜力规模。

低密度低容积率类型：

$$P = S \times \left(\frac{D_{\mathrm{p}} - D_{\mathrm{c}}}{D_{\mathrm{p}}} + \frac{V_{\mathrm{p}} - V_{\mathrm{c}}}{V_{\mathrm{p}}} \right) \Big/ 2 \tag{2-7}$$

低密度高容积率类型：

$$P = S \times \frac{D_{\mathrm{p}} - D_{\mathrm{c}}}{D_{\mathrm{p}}} \tag{2-8}$$

适宜密度低容积率、高密度低容积率：

$$P = S \times \frac{D_{\mathrm{p}} - D_{\mathrm{c}}}{D_{\mathrm{p}}} \times \mathrm{DI} \tag{2-9}$$

式中，P 为潜力规模；S 为地块面积；D_{p}、D_{c} 分别为建筑密度的合理值与现状值；V_{p}、V_{c} 分别为容积率的合理值与现状值；DI 为建筑密度的得分值。适宜密度高容积率、高密度高容积率两类地块潜力规模设定为 0。

2）分地类潜力统计分析

根据不同用地类型，对潜力规模测算结果进行汇总得到，如表 2-17 所示结果。

如表 2-17 所示，晋江市城乡建设用地可挖掘潜力规模为 60.60km^2，占到城乡建设用地总面积的 22.92%。从规模潜力在不同建设条件特征类型下的分布情况来看：低密

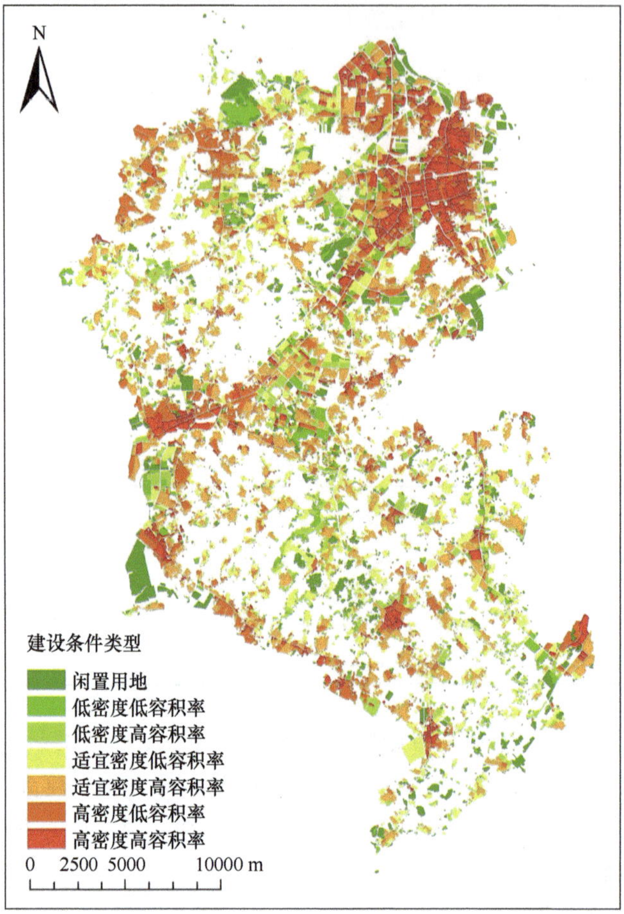

图 2-8 晋江市地块尺度下城乡建设用地建设条件类型结果图

表 2-17 分地类地块尺度城乡建设用地潜力测算结果统计表 （单位：km^2）

用地类型	低密度低容积率	低密度高容积率	适宜密度低容积率	高密度低容积率	闲置用地	总计
城市	4.78	0.10	2.10	0.14	0.87	7.99
建制镇	8.53	0.28	3.55	0.36	2.40	15.11
农村	24.16	0.08	6.70	0.08	6.47	37.49
总计	37.46	0.46	12.36	0.58	9.74	60.60

度低容积率类型地块潜力规模最大，达到 37.46km^2，占到总潜力规模的 61.82%，且该类型地块潜力主要分布在农村用地；其次为适宜密度低容积率类型地块，潜力规模达到 12.36km^2，占到总潜力规模的 20.40%，该类型地块潜力也主要分布在农村用地；再次为闲置用地地块，潜力规模为 9.74km^2，占到总潜力规模的 16.07%，该类型地块潜力在不同用地类型中的分布与前两类地块分布相同；低密度高容积率与高密度低容积率两种类型地块的潜力规模最小，仅有 1.04km^2，这两类地块潜力在不同用地类类型中的分布情况一致，均大部分分布在城镇用地中。从规模潜力在不同用地类型下的分布情况来看：城市用地的潜力规模为 7.99km^2，占总潜力规模的 13.19%；建制镇用地的潜力规模为 15.11km^2，占总潜力规模的 24.93%；农村用地潜力规模为 37.49km^2，占总潜力规模的 61.86%。

规模潜力在不同建设条件特征类型下的分布主要是由与潜力规模的计算方式决定的，建筑密度、容积率较低的地块潜力计算结果必然大于建筑密度、容积率较高的地块。潜力规模在不同用地类型下的分布主要是受不同用地类型的建设情况、潜力计算阈值设定及用地规模所决定的，城镇用地其社会经济发展状况优于农村用地，整体上的建筑密度及容积率自然要优于农村用地，这也决定了在建筑类型分类时所设阈值大于农村用地。两者因素共同影响下最终潜力在不同用地类型中占总面积的比例相差不大，分别为城市 23.30%、建制镇 24.98%、农村 22.10%。然而，由于三种用地类型之间巨大的用地规模差异，在用地潜力比例差异不大的情况下潜力规模分布的差异较大。因此对于晋江市来说，城乡建设用地空间拓展潜力主要分布在农村用地中，然而在城市及建制镇用地中其潜力比例与农村用地相比相差不大，甚至还略大于农村用地，加之这两类用地通常具有较好的基础设施条件便于开发建设，因此在挖潜工作中也需要重点关注。

3）分行政区潜力统计分析

按行政区对潜力测算结果进行汇总，得到表 2-18。

表 2-18 分行政区地块尺度城乡建设用地潜力测算结果统计表

用地类型	低密度低容积率	低密度高容积率	适宜密度低容积率	高密度低容积率	闲置用地/km^2	合计	
						规模/km^2	比例/%
青阳街道	0.71	0.01	0.30	0.03	0.09	1.15	17.80
梅岭街道	1.41	0.02	0.34	0.03	0.13	1.91	26.99
西园街道	1.32	0.00	0.89	0.03	0.46	2.69	33.42
罗山街道	2.44	0.07	0.73	0.03	0.35	3.62	30.70
新塘街道	1.91	0.00	0.29	0.04	0.34	2.58	31.59
灵源街道	3.41	0.00	1.14	0.03	0.97	5.55	34.29
安海镇	2.51	0.00	0.52	0.02	0.82	3.88	16.82
磁灶镇	4.02	0.00	1.09	0.13	1.08	6.33	25.46
陈埭镇	2.43	0.01	0.26	0.03	0.54	3.26	16.19
东石镇	2.56	0.02	0.95	0.02	1.11	4.66	19.98
深沪镇	2.25	0.00	0.73	0.00	0.34	3.32	28.45
金井镇	1.76	0.00	0.91	0.04	0.32	3.03	21.62
池店镇	2.64	0.28	0.40	0.01	0.80	4.13	22.90
内坑镇	1.37	0.00	1.05	0.05	0.86	3.33	20.80
龙湖镇	2.01	0.03	1.26	0.02	0.29	3.61	18.22
永和镇	1.70	0.00	0.79	0.02	0.30	2.81	16.39
英林镇	0.94	0.01	0.39	0.02	0.29	1.64	14.17
紫帽镇	1.79	0.00	0.26	0.00	0.65	2.70	48.89
西滨镇	0.32	0.00	0.06	0.04	0.00	0.42	25.69
总计	37.46	0.46	12.36	0.58	9.74	60.60	22.92

从表 2-18 可知，各行政区潜力均主要分布在低密度低容积率的地块中，但各行政区潜力在不同建设类型地块中分布的具体比例又存在一定的差异，如龙湖镇与内坑镇均有部分潜力分布在低容积率地块中；磁灶镇与灵源街道是潜力规模最大的两个行政区，

潜力规模分别为 6.33km^2、5.55km^2，两个行政区的潜力规模合计占总潜力规模的 19.60%，这两个行政区不仅在低密度低容积率地块类型下的潜力规模为各行政区中最大，且在适宜密度高容积率及闲置用地两种地块类型下的潜力规模也排在各行政区中的前三位；潜力规模最小的两个行政区分别为西滨镇、青阳街道，潜力规模合计 1.57km^2，不到总潜力规模的 3%；闲置用地超过 1km^2 的行政区有东石、磁灶，分布最少的是西滨镇，不到 1hm^2；潜力规模占总建设用地面积比例超过 30%的行政区有 5 个，其中紫帽镇潜力比例最大，达到 49%。

参考文献

程启月. 2010. 评测指标权重确定的结构熵权法. 系统工程理论与实践, 30(07): 1225-1228

姜广辉, 张凤荣, 吴建寨, 等. 2006. 北京山区建设用地扩展及其与耕地变化关系研究. 农业工程学报, 22(10): 88-93

兰晓华. 2014. 新型城镇化进程中城市土地集约利用评价研究. 南京师范大学硕士学位论文

李俊. 2012. 基于熵权法的粮食产量影响因素权重确定. 安徽农业科学, 40(11): 6851-6852+6854

刘大海, 宫伟, 邢文秀, 等. 2015. 基于 AHP-熵权法的海岛海岸带脆弱性评价指标权重综合确定方法. 海洋环境科学, 34(03): 462-467

王丽. 2014. 基于 AHP 的城市旅游竞争力评价指标体系的构建及应用研究. 地域研究与开发, 33(04): 105-108

王琪. 2014. 城市建设用地多尺度集约利用评价方法研究. 中国地质大学(北京) 硕士学位论文

严伟. 2014. 基于 AHP-模糊综合评价法的旅游产业融合度实证研究. 生态经济, 30(11): 97-102

杨书文, 桂曦, 迟婧楠, 等. 2016. 基于熵权法的“互联网+”农业发展影响因素权重确定——以东北三省为例. 商, (34): 240

尤笛, 蒋金豹, 郭海强. 2016. 低丘缓坡建设用地空间拓展评价——以福建邵武市为例. 江苏农业科学, 44(7): 508-512

赵新好, 姚安林, 郭磊, 等. 2012. 基于 AHP-熵权法的输气站场区块风险因素权重确定方法研究. 中国安全生产科学技术, 8(10): 91-96

第 3 章　低丘缓坡地（山）和滨海滩涂地（海）空间拓展定量评价

低丘缓坡的定义标准因地方的不同而存在或大或小的差异，从而导致低丘缓坡的范围没有严格界定。在评价建设用地适宜性时，江西省地区低丘缓坡坡度界定在 6°~25°（姚玉镯，2013），海拔低于 300m，也有部分地区因地势原因把海拔界定在低于 500m（林建平和邓爱珍，2015）；浙江省地区低丘缓坡坡度定义在 2°~25°（赵展翔，2013；朱晓芸，2008），海拔小于 300m；四川省地区低丘缓坡坡度界定为 6°~25°（伍恒雨等，2015），海拔低于 500m；云南省地处山区，坡度较陡，低丘缓坡坡度标准适当放宽到 8°~25°（张晓晓等，2014）。我国《水土保持法》规定坡度>25°的坡地禁止开发（陆传豪等，2016），考虑到邵武的地势条件，其平均高程达 778m，选取坡度 25°以下，并且相对高差在 200m 内的区域作为邵武低丘缓坡开发建设范围，如图 3-1 所示。低丘缓坡面积为 119512.71hm^2，占邵武市总面积的 41.83%。

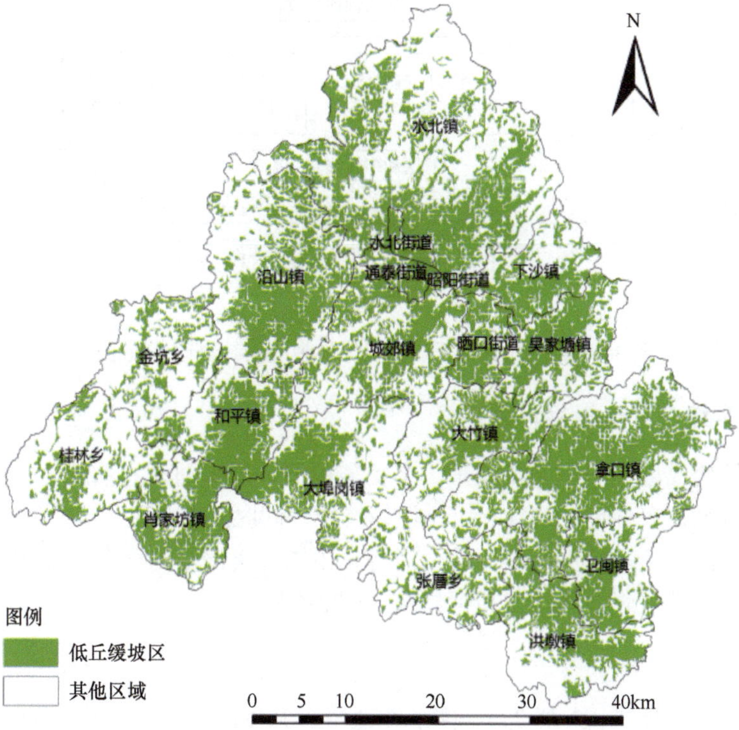

图 3-1　邵武市低丘缓坡范围

3.1 低丘缓坡建设用地适宜性多因素综合评价

本节利用多因素综合评价法对邵武市建设用地空间拓展的适宜性进行评价研究。在评价指标体系构成上，考虑到经济和生态指标，使评价指标体系更完善、更全面。确定权重时，分别采用 AHP 法中的方根法和 G1 法求出各指标权重，然后两者线性组合，求出各指标的最终权重。此方法可将两者优势结合起来，降低主观性，得出的权重系数结果是生态环境>空间区位>社会经济>自然地理，符合实际情况。为便于计算，给每个评价指标分级并赋予分值。利用多因素综合评价模型，基于 GIS 平台，利用其叠加与空间分析的方法，计算出综合得分。最后将邵武市实际地势、交通、经济、环境与评价结果对比分析，并给出合理的建议。具体评价流程如图 3-2 所示。

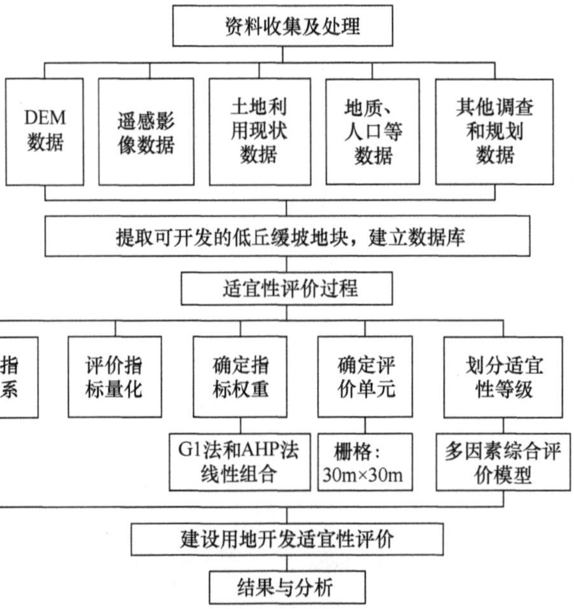

图 3-2 邵武市低丘缓坡建设用地多因素综合评价流程图

3.1.1 多因素综合评价指标体系

低丘缓坡建设用地的空间拓展是一个受多种因素影响的动态系统，因此构建评价指标体系应该遵循代表性、综合性、可行性等特征。同时结合邵武市山多、地势复杂等实地特征，从空间区位、自然地理、社会经济、生态环境四个方面共选取了 15 个评价因子，使评价综合性更强，其评价指标体系如图 3-3 所示。

1）交通可达性

通常交通发达地带，人群活动频繁，在此附近开发建设用地，不仅方便居民的出行，还会带来巨大的经济效益。而有两条铁路交叉贯穿整个邵武市，一条是浦建龙梅铁路从建阳市贯穿邵武市至泰宁县北部，另一条是鹰厦铁路沿着富屯溪从北贯穿至南。有四条高速公路，其中福银高速公路由江西通入邵武市肖家坊镇，为肖家坊的旅游带来很大的经济效益；武邵高速公路从建阳市贯穿至肖家坊镇；邵光高速公路和邵顺高速公路分别由邵武北、南向城市中心汇聚与武邵高速公路衔接，另外国道316贯穿邵武南北。这些铁路、公路相互交织，构成了邵武发达的交通系统。而往往靠近交通距离较近的地带，更有利于拓展建设用地。

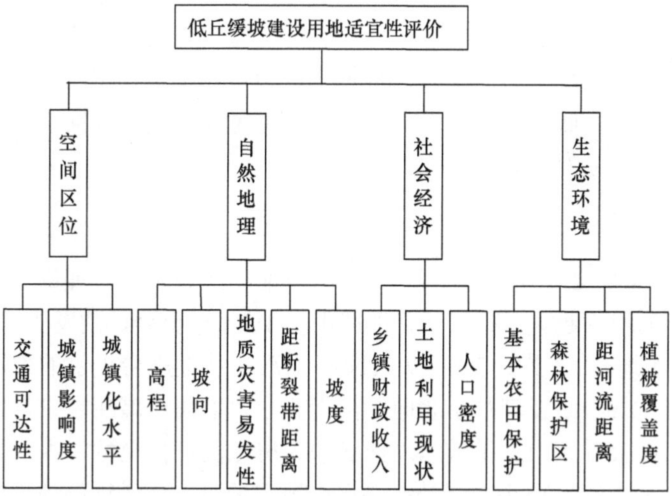

图 3-3　邵武市低丘缓坡建设用地适宜性评价指标体系

2）城镇影响度

城镇对一个地区的经济、文化等有着很强的聚集作用，通常呈带状或点状，能够突破行政区界的束缚（徐明德和王森，2009）。本书主要指城市、建制镇、村对建设用地的影响程度。邵武市的城区主要聚集在通泰街道、昭阳街道、水北街道、晒口街道，居民住宅主要坐落在山与山之间的空地上，呈狭长的条带状，靠近富屯溪的建设用地较多。因此，本书以城市、建制镇、村为基础，建立不同的缓冲区，作为建设用地适宜性评价指标之一。

3）城镇化水平

本书用非农人口占常住人口的百分比来表示城镇化水平，反映人口向城市汇集的过程和程度。邵武市各镇的城镇化水平差距悬殊，中心城区的城镇化水平高达50%，而周边乡镇的城镇化水平只有百分之几。一个地区的城镇化水平很高，说明其地理位置、经济、基础设施等比较完善，所以在此区域开发建设用地将会拓展发展空间，带来很大的经济收益。

4）高程

高程反映了一个地区地形起伏高低情况。一般高程越大，建设难度和建设成本越大。而邵武区域最低海拔134m，最高1503m。海拔高的地方对建设用地空间拓展的技术要求很高，因此要考虑到高程因素的影响。

5）坡向

坡向是坡度所面对的方向，关系到建筑物的采光情况。其中阳坡、平坡最适宜开发，半阳坡、半阴坡次之，阴坡最不适宜开发建设。建设用地适宜性开发建设过程中，要加以考虑坡向这个评价因子。

6）地质灾害易发性

地质灾害指在自然或人为影响的条件下，对生命财产、生态环境造成破坏或损失的现象，如崩塌、泥石流、水土流失等。在地质灾害高易发区进行建设，不仅风险大、费用大，对建筑物的防灾标准要求更高。根据邵武市地震局提供的地质灾害易发性图集：高易发区、中易发区、低易发区、不易发区，参与建设用地适宜性综合评价，地质灾害越不易发生，越适宜开发建设。

7）距断裂带距离

断裂带亦称"断层带"，越靠近断裂带，历史地震次数越多。理论上说，断裂带越多越大，发生地震的概率越大。据统计，邵武市自 1971 年至今，共发生 0.0~0.9 级的地震 15 次；1.0~1.9 级地震 13 次；2.0~2.9 级地震 1 次。从地震台提供的邵武断裂带分布情况看，邵武市有两条小断裂带从东北向西南贯穿。如果在距离断裂带近的区域开发建设用地，地震时可能会导致山体滑坡、地面破损、房屋倒，甚至危害人类的生命安全。虽然邵武以往发生地震级别很小，但是在建设用地选址时，尽量远离地震断裂带，避免不必要的损失。

8）坡度

坡度指坡面和水平面的夹角。坡度的大小直接影响建设用地的布局和规模，以及道路选线的方式。一般坡度越小，地势越平坦，建设成本越低，越适宜建设，所以建设用地选址时要尽量在地势平坦地区。邵武市坡度 0°~67°，东侧地势相对平坦，开发起来不管是从技术要求角度考虑，还是从自然灾害角度考虑，都比较适宜开发扩建。

9）乡镇财政收入

乡镇财政收入反映一个镇的人民生活现状和经济水平。居民收入提高了，对生活质量的追求就会增加，就急需拓展建设用地满足居民的需求。财政收入不仅代表着一个乡镇自身发展水平的高低，还关系到土地开发的能力和可行性。邵武市乡镇财政收入差距悬殊，其中一些工业园区，如吴家塘镇、下沙镇等乡镇财政收入较多。所以，建设用地靠近收入丰厚的区域，效益比较好。

10）土地利用现状

邵武市农用地占 94.13%，其中耕地占 10.86%，园地占 1.14%，林地占 81.78%，交通占 0.02%，水域占 0.20%，其他农用地占 0.13%；建设用地占 3.39%，其中城乡建设用地占 0.34%，城镇工矿占 0.47%，农村居民点占 1.50%，交通及水利设施占 0.58%，其他建设用地占 0.50%；未利用地占 2.48%。土地利用现状是自然条件和人类活动综合作用的结果，深入分析土地利用现状，对规划区内土地的利用程度、结构与布局、效果及存在问题有更好的掌握。本书将邵武市土地利用现状分为风景名胜及特殊用地、城乡建设用地、林地、其他用地，参与建设用地适宜性综合评价。

11）人口密度

人口密度指的是单位面积土地上所居住的人口数目，表示各区域人口的集聚程度。人口和土地相互依存，人类通过生产活动来规划、利用土地，土地同时也给人类提供生存空间。人口密度大的区域，势必对土地资源的需求多，将导致建设用地面积扩张。

12）基本农田保护

我国人口多耕地少，土地后备资源严重不足，保证国家粮食产量，维持社会稳定，是我国的一个重要问题。基于此，我国专门制定了《基本农田保护条例》，将部分土地划为基本农田保护区，并对其进行特殊保护，来满足我国未来人口和社会发展对农产品的需求，为农业生产及国民经济的发展起到保障作用。本书中将基本农田保护作为一个重要的生态评价因子，参与建设用地适宜性综合评价。切实保护基本农田，避免在基本农田区域进行开发建设。

13）森林保护区

森林保护是指为了避免或减少自然或人为对森林造成的各种破坏或灾害，保证树木健康生长，维护森林资源的重要措施。邵武市森林保护分布图将其划分为重点开发区、优先开发区、限制开发区和禁止开发区。在开发建设用地时，要充分考虑周围森林分布情况，避免在森林禁止开发区建设，要保护森林资源，以防造成生态环境的破坏。

14）距河流距离

水是人类生命的源泉，是改善环境和发展经济不可替代的宝贵资源，同时更是易被污染的环境敏感影响因子。本书对河流水面进行缓冲分析，以限制建设用地的扩建。距河流距离越近的区域生态敏感性越大，越要保护，距河流较远的区域较适宜开发建设用地。

15）植被覆盖度

植被是影响生态环境的主要因素之一，社会的可持续发展离不开对生态环境的保护，要积极保护植被，禁止对其进行建设开发。植被覆盖度指的是一定区域上的植被面积占土地面积的比值，能反映土地利用的开发程度。邵武城市不大，但绿化很好，全市森林覆盖率达 70%。市容整洁，饮用水质较好，富屯溪两侧均开发为公园，绿树环绕，空气清新。因此，开发建设用地时，要充分考虑植被，远离生态敏感区域。

3.1.2 评价指标量化分级

采用定性和定量评价相结合对各评价指标进行分级量化，并通过给专家发放调查问卷，然后回收进行统计的方式，将评价标准划分为 4 个等级进行赋值，分级标准如表 3-1 所示。

表 3-1　邵武市低丘缓坡开发建设适宜性评价指标分值及分级标准

因素	指标量化标准				
	参考分值	80~100	60~80	40~60	0~40
空间区位	交通可达性/m	0~500	500~1500	1500~3000	>3000
	城镇影响度/m	距中心城区 2000 以内，主要镇区 1000 以内，一般镇区 200 以内	距中心城区 2000~5000，主要镇区 1000~3000，一般镇 200~500	距中心城区 5000~7000，主要镇区 3000~5000，一般镇区 500~1000	距中心城区 7000 以外，主要镇区 5000 以外，一般镇区 1000 以外
	城镇化水平/%	>60	50~60	30~50	0~30
自然地理	高程/m	0~200	200~300	300~500	>500
	坡向	阳坡	半阳坡	半阴坡	阴坡
	地质灾害易发性	不易发区	低易发区	中易发区	高易发区
	距断裂带距离/m	>5000	3000~5000	1500~3000	500~1500
	坡度/（°）	0~6	6~15	15~25	>25
社会经济	乡镇财政收入/亿元	>5	3~5	1~3	0~1
	土地利用现状	其他用地	城乡建设用地	林地	风景名胜
	人口密度/（人/km^2）	>200	100~200	50~100	0~50
生态环境	基本农田保护	其他区域		基本农田保护区	
	森林保护区	重点开发	优先开发	限制开发	禁止开发
	距河流距离/m	>1000	500~1000	200~500	0~200
	植被覆盖度/%	裸地（<10）	低覆盖（10~30）	中低覆盖（30~45）	中高覆盖（>45）

注：禁止开发区（距断裂带距离<500m、森林禁止开发区、基本农田保护区、名胜古迹及特殊用地、坡度>25°、DEM>500m）赋予分值 0；考虑到地质灾害的影响，将地质灾害高易发区赋予分值为 20，距断裂带距离 500~1500m 缓冲范围赋予分值为 20。

3.1.3　评价指标赋权

1. G1 法

G1 法（王学军和郭亚军，2006）是指邀请多个土地方面的专家将同一层次上的各指标对目标层的重要性进行从大到小排序，同时给出前后指标比较后重要程度的比值，确定各个评价指标的权重。具体步骤如下。

（1）对各评价指标的重要程度进行排序，参考表 3-2 对指标间的重要程度量化，量化结果为表 3-3。

表 3-2　指标间相对重要程度 r_i 赋值参考表

r_i	说明
1.0	指标 X_i 与指标 X_{i+1} 同等重要
1.2	指标 X_i 比指标 X_{i+1} 稍微重要
1.4	指标 X_i 比指标 X_{i+1} 明显重要
1.6	指标 X_i 比指标 X_{i+1} 强烈重要
1.8	指标 X_i 比指标 X_{i+1} 极端重要

表 3-3 评价指标排序与相对重要性量化结果

评价因素	指标排序	r_i	量化值	评价因子	指标排序	r_{ij}	量化值
生态环境	X_1	r_1	1.1	基本农田保护	X_{11}	r_{11}	1.1
				森林保护	X_{12}	r_{12}	1.1
				植被覆盖度	X_{13}	r_{13}	1.0
				距河流距离	X_{14}	r_{14}	1.0
空间区位	X_2	r_2	1.2	距主要道路距离	X_{21}	r_{21}	1.1
				城镇影响度	X_{22}	r_{22}	1.1
				城镇化水平	X_{23}	r_{23}	1.0
社会经济	X_3	r_3	1.2	乡镇财政收入	X_{31}	r_{31}	1.2
				人口密度	X_{32}	r_{32}	1.2
				土地利用现状	X_{33}	r_{33}	1.0
自然地理	X_4	r_4	1.0	地质灾害易发性	X_{41}	r_{41}	1.0
				距断裂带距离	X_{42}	r_{42}	1.4
				坡度	X_{43}	r_{43}	1.1
				高程	X_{44}	r_{44}	1.2
				坡向	X_{45}	r_{45}	1.0

（2）计算权重：

$$t_k = \prod_{i=k}^{m} r_i \qquad (k = m, m-1, m-2, \cdots, 2, 1) \tag{3-1}$$

将计算的权重进行归一化处理得到各评价因子最终权重：

$$w_k = t_k \Big/ \sum_{i=1}^{m} t_i \qquad (k = m, m-1, m-2, \cdots, 2, 1) \tag{3-2}$$

根据公式计算各评价因子权重，见表 3-4。为了使评价指标权重系数更加清晰，将计算结果的指标顺序还原，得到邵武市低丘缓坡建设用地空间拓展的适宜性评价指标体系权重系数，见表 3-5。

表 3-4 G1 法权重计算过程表

指标排序	r_{ij}	量化值	t_{ij}	w_{ij}
X_1	r_1	1.1	1.1*1.2*1.2*1.0=1.584	1.584/5.224=0.303
X_2	r_2	1.2	1.2*1.2*1.0=1.44	1.44/5.224=0.276
X_3	r_3	1.2	1.2*1.0=1.2	1.2/5.224=0.230
X_4	r_4	1.0	1.0	1.0/5.224=0.191
		总和	1.584+1.44+1.2+1.0=5.224	
X_{11}	r_{11}	1.1	1.1*1.1*1.0*1.0=1.21	1.21/4.31=0.281
X_{12}	r_{12}	1.1	1.1*1.0*1.0=1.1	1.1/4.31=0.255
X_{13}	r_{13}	1.0	1.0*1.0=1.0	1.0/4.31=0.232
X_{14}	r_{14}	1.0	1.0	1.0/4.31=0.232
		总和	1.21+1.1+1.0+1.0=4.31	
X_{21}	r_{21}	1.1	1.1*1.1*1.0=1.21	1.21/3.31=0.366
X_{22}	r_{22}	1.1	1.1*1.0=1.1	1.1/3.31=0.332

续表

指标排序	r_{ij}	量化值	t_{ij}	w_{ij}
X_{23}	r_{23}	1.0	1.0	1.0/3.31–0.302
		总和	1.21+1.1+1.0=3.31	
X_{31}	r_{31}	1.2	1.2*1.2*1.0=1.44	1.44/3.64=0.395
X_{32}	r_{32}	1.2	1.2*1.0=1.2	1.2/3.64=0.330
X_{33}	r_{33}	1.0	1.0	1.0/3.64=0.275
		总和	1.44+1.2+1.0=3.64	
X_{41}	r_{41}	1.0	1.0*1.4*1.1*1.2*1.0=1.848	1.848/7.216=0.256
X_{42}	r_{42}	1.4	1.4*1.1*1.2*1.0=1.848	1.848/7.216=0.256
X_{43}	r_{43}	1.1	1.1*1.2*1.0=1.32	1.32/7.216=0.183
X_{44}	r_{44}	1.2	1.2*1.0=1.2	1.2/7.216=0.166
X_{45}	r_{45}	1.0	1.0	1.0/7.216=0.139
		总和	1.848+1.848+1.32+1.2+1.0=7.216	

表 3-5　G1 法适宜性评价指标体系权重系数表

评价因素	相对权重	评价因子	权重	综合权重
空间区位因子	0.276	交通可达性	0.366	0.101
		城镇影响度	0.332	0.092
		城镇化水平	0.302	0.083
自然地理因子	0.191	高程	0.166	0.032
		坡向	0.139	0.027
		地质灾害易发性	0.256	0.049
		距断裂带距离	0.256	0.049
		坡度	0.183	0.035
社会经济因子	0.230	乡镇财政收入	0.395	0.091
		土地利用现状	0.275	0.063
		人口密度	0.330	0.076
生态环境因子	0.303	基本农田保护	0.281	0.085
		森林保护区	0.255	0.077
		距河流距离	0.232	0.070
		植被覆盖度	0.232	0.070

2. *层次分析法*

层次分析法（Mosadeghi et al.，2015；Kovacs et al.，2016；Su et al.，2015）是一种定性和定量相结合的决策分析方法，常用来解决多目标的复杂问题。它符合人类“分解-判断-综合”的思想特征，它将多层次、多准则的复杂问题转化为有条理的有序层次，同一层次上的各指标以上一层次为准则，构建判断矩阵，两两比较各指标在该层次中的相对重要程度，从而计算出各指标的权重。采用 AHP 法计算权重的方法有很多种，本书采用方根法来计算确定各评价因子权重。具体步骤如下。

（1）构造层次分析结构，即将评价指标体系划分为目标层、准则层和指标层，见图 3-4。

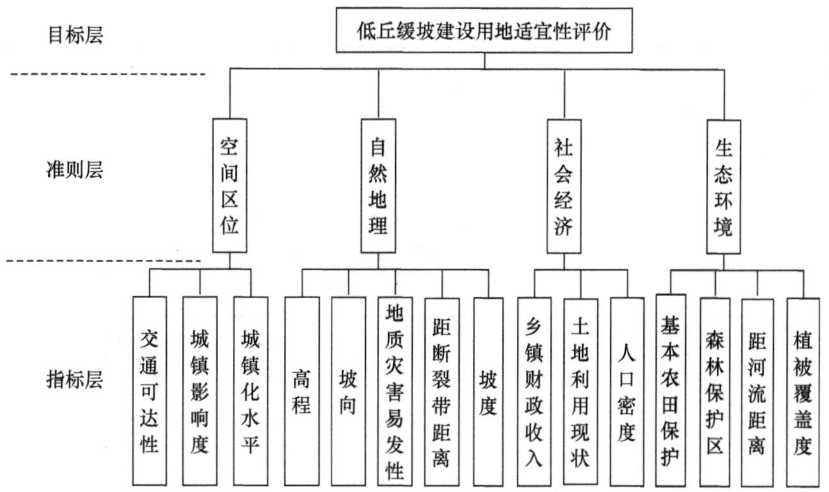

图 3-4　AHP 法层次分析结构

(2)构造判断矩阵，一般采用 9 级标度法确定同一准则层上各指标之间的重要程度，评价指标间相对重要性量化值参考表 3-6。

表 3-6　重要性等级标度表

X_i 比 X_j	极端重要	强烈重要	明显重要	稍微重要	同样重要
量化值	9	7	5	3	1

(3) 采用方根法计算各指标权重。具体计算步骤如下。

①计算判断矩阵每一行元素的乘积 M_i:

$$M_{ij} = \prod_{j=1}^{n} R_{ij} \quad (i=1,\ 2,\ \cdots,\ n) \tag{3-3}$$

②计算 M_i 的 n 次方根 W_i:

$$W_i = \sqrt[n]{M_i} \quad (i=1,\ 2,\ \cdots,\ n) \tag{3-4}$$

③对 W_i 归一化:

$$W_I = \frac{W_i}{\sum_{i=1}^{n} W_i} \quad (i=1,\ 2,\ \cdots,\ n) \tag{3-5}$$

构造的判断矩阵及计算的权重，结果见表 3-7~表 3-11。

表 3-7　目标层 *A* 的判断矩阵及权重

A	*B*1	*B*2	*B*3	*B*4	*W*
*B*1	1	5	3	1/2	0.341
*B*2	1/5	1	1/3	1/4	0.074
*B*3	1/3	3	1	1/2	0.173
*B*4	2	4	2	1	0.412

注：*A*. 低丘缓坡建设用地适宜性评价；*B*1. 空间区位；*B*2. 自然地理；*B*3. 社会经济；*B*4. 生态环境；*C*1. 交通可达性；*C*2. 城镇影响度；*C*3. 城镇化水平；*C*4. 高程；*C*5. 坡向；*C*6. 地质灾害易发性；*C*7. 距断裂带距离；*C*8. 坡度；*C*9. 乡镇财政收入；*C*10. 土地利用现状；*C*11. 人口密度；*C*12. 基本农田保护；*C*13. 森林保护区；*C*14. 距河流距离；*C*15. 植被覆盖度。下同。

表 3-8 准则层 **B1** 的判断矩阵及权重

$B1$	$C1$	$C2$	$C3$	W
$C1$	1	2	3	0.540
$C2$	1/2	1	2	0.297
$C3$	1/3	1/2	1	0.163

表 3-9 准则层 **B2** 的判断矩阵及权重

$B2$	$C4$	$C5$	$C6$	$C7$	$C8$	W
$C4$	1	3	1/5	1/5	1/2	0.079
$C5$	1/3	1	1/7	1/7	1/3	0.041
$C6$	5	7	1	1	5	0.388
$C7$	5	7	1	1	5	0.388
$C8$	2	3	1/5	1/5	1	0.104

表 3-10 准则层 **B3** 的判断矩阵及权重

$B3$	$C9$	$C10$	$C11$	W
$C9$	1	5	3	0.637
$C10$	1/5	1	1/3	0.105
$C11$	1/3	3	1	0.258

表 3-11 准则层 **B4** 的判断矩阵

$B4$	$C12$	$C13$	$C14$	$C15$	W
$C12$	1	2	3	5	0.502
$C13$	1/2	1	1	2	0.214
$C14$	1/3	1	1	1	0.163
$C15$	1/5	1/2	1	1	0.121

（4）判断矩阵的一致性检验，结果满足 CR<0.10，表明判断矩阵有满意的一致性。具体步骤如下。

①计算一致性指标 CI：

$$\mathrm{CI}=\frac{\lambda_{\max}}{n-1} \tag{3-6}$$

②查找相应的平均一致性指标 RI，如表 3-12 所示。

表 3-12 平均随机一致性指标 RI

n	1	2	3	4	5	6	7	8	9	10	11	12
RI	0	0	0.58	0.96	1.12	1.24	1.32	1.41	1.45	1.49	1.52	1.54

③计算一致性比例 CR：

$$\mathrm{CR}=\mathrm{CI}/\mathrm{RI} \tag{3-7}$$

（5）AHP 法计算出各评价指标的权重系数，结果见表 3-13。

表 3-13　AHP 法适宜性评价指标体系权重系数

目标层	准则层	相对权重	指标层	权重	综合权重
建设适宜性	空间区位因子	0.341	交通可达性	0.540	0.184
			城镇影响度	0.297	0.101
			城镇化水平	0.163	0.055
	自然地理因子	0.074	高程	0.079	0.006
			坡向	0.041	0.003
			地质灾害易发性	0.388	0.029
			距断裂带距离	0.388	0.029
			坡度	0.104	0.008
	社会经济因子	0.173	乡镇财政收入	0.637	0.110
			土地利用现状	0.105	0.018
			人口密度	0.258	0.045
	生态保护因子	0.412	基本农田保护	0.502	0.207
			森林保护区	0.214	0.088
			距河流距离	0.163	0.067
			植被覆盖度	0.121	0.050

3. G1 法与 AHP 法线性组合

G1 法省略了构造判断矩阵和一致性检验等工作，完全受制于专家意见，会因专家对指标的重要性排序不合理而直接导致结果不合理；层次分析法根据一致性检验结果判断是否接受专家意见，淡化了人为因素的影响。本书计算两者权重值的算术平均值，避免不同方法带来的计算误差，同时将二者的主客观因素进行均化而降低主观性，从而使结果更符合实际情况，结果如表 3-14 所示。有

$$x_i = 0.5 \times G1_i + 0.5 \times \mathrm{AHP}_i \tag{3-8}$$

式中，i 为第 i 个评价指标；x_i 为参评因子综合权重；$\mathrm{G1}_i$ 为 G1 法计算的权重；AHP_i 为 AHP 法计算的权重。

表 3-14　G1 法和 AHP 法计算的适宜性指标综合权重系数表

评价因子	相对权重	指标	综合权重
空间区位	0.308	交通可达性	0.142
		城镇影响度	0.096
		城镇化水平	0.069
自然地理	0.132	高程	0.019
		坡向	0.015
		地质灾害易发性	0.039
		距断裂带距离	0.039
		坡度	0.021
社会经济	0.202	乡镇财政收入	0.101
		土地利用现状	0.041
		人口密度	0.060

续表

评价因子	相对权重	指标	综合权重
生态保护	0.358	基本农田保护	0.146
		森林保护区	0.083
		距河流距离	0.069
		植被覆盖度	0.060

对评价因子的权重系数进行统计分析，如图 3-5 所示。从参评因子权重的结果得知，生态环境>空间区位>社会经济>自然地理，其中基本农田保护和交通可达性评价因子的权重最大，坡向和高程评价因子的权重最小，符合在保护生态的基础上再发展经济的原则。

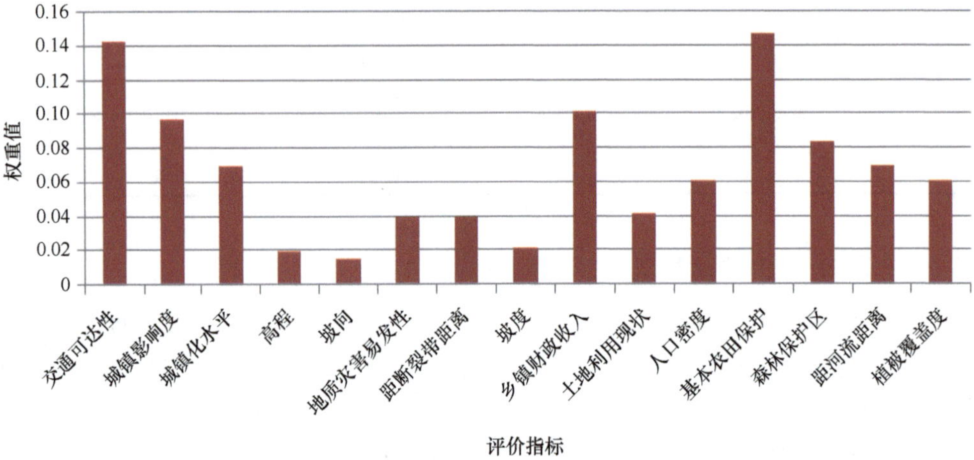

图 3-5　评价指标综合权重统计分布图

3.1.4　多因素综合评价模型

在 ArcGIS 平台下，采用多因素综合评价法（李伟松等，2014；曾珍等，2014），对邵武低丘缓坡建设用地空间拓展的适宜性进行评价。评价模型如下：

$$W = \sum_{i=1}^{n} x_i \times p_i \tag{3-9}$$

式中，W 为综合评价值；x_i 为评价指标权重；p_i 为评价指标量化值。

3.1.5　结果与分析

1. 评价结果

采用多因素综合评价模型，按式（3-9），在 ArcGIS 中输入各评价指标的权重值和对应的指标量化分值，计算得到可开发的低丘缓坡建设用地适宜性评价分值为 38.42~98.62。由于自然间断法的分级能体现出变化剧烈的间断处，所以按自然间断法将评价结果分为四个等级：78.553~98.620 为一级（最适宜）；68.402~78.553 为二级（较适宜）；59.431~68.402 为三级（一般适宜）；38.420~59.431 为四级（不适宜）。如图 3-6 所示。

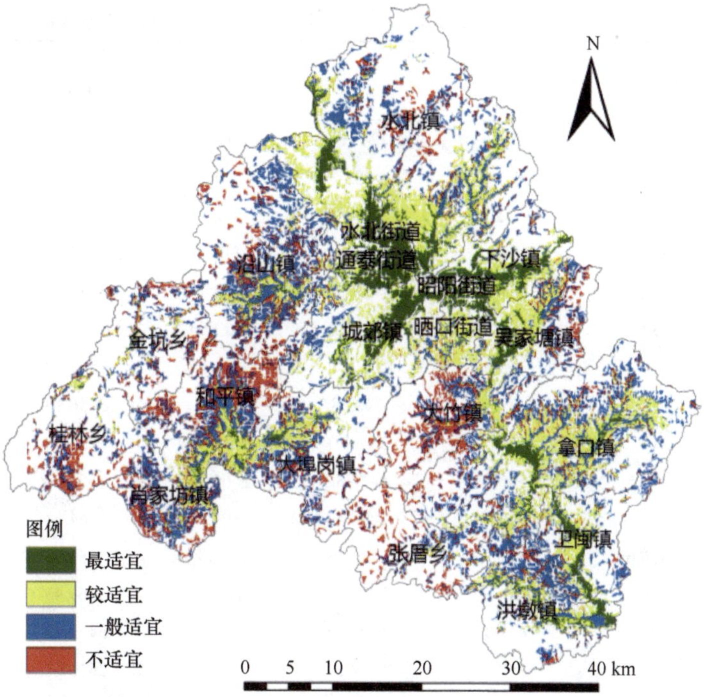

图 3-6　邵武市低丘缓坡建设用地多因素综合评价结果图

（1）最适宜的低丘缓坡沿着富屯溪东西两侧分布，主要分布在邵武城区，涉及的乡镇有城郊镇北部和南部、水北镇南部、下沙镇东部和西部。总面积为 18070.11 hm^2，占可开发低丘缓坡 15.08%。

（2）较适宜的低丘缓坡主要在邵武东北部，集中分布于水北镇南部和西部、城郊镇中部和西南部、拿口镇中部和东部。总面积为 34778.43hm^2，占可开发低丘缓坡 29.03%。

（3）一般适宜的低丘缓坡主要位于邵武东南、东北部，集中分布在拿口镇东北和西南部、水北镇西南部、洪墩镇西北至东南区。总面积为 43663.86hm^2，占可开发低丘缓坡 36.44%。

（4）不适宜的低丘缓坡位于邵武四周，主要分布在拿口镇四周、大竹镇中部以东成片区域、沿山镇北部和南部。总面积为 23301.72hm^2，占可开发低丘缓坡 19.45%。

将最适宜、较适宜、一般适宜、不适宜面积进行统计分析，所占比例如图 3-7 所示。

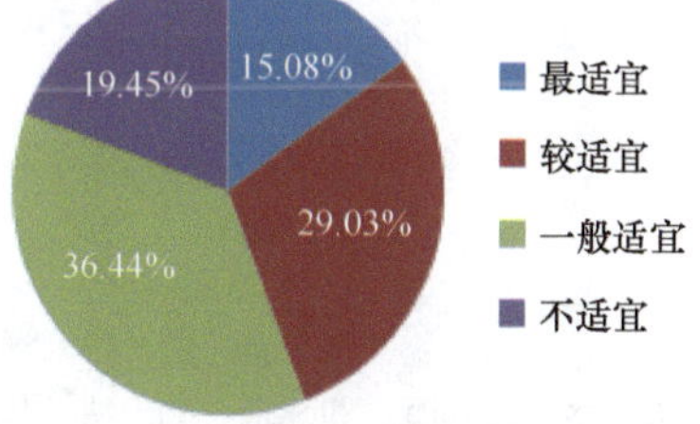

图 3-7　邵武市低丘缓坡地适宜性等级面积比例图

根据邵武市行政区划图和评价结果图，统计邵武各乡镇低丘缓坡的不同适宜性等级所占面积如表 3-15 所示。

表 3-15　邵武市各乡镇低丘缓坡土地开发建设的不同适宜性等级面积表

乡镇（街道）	各等级面积/hm²				合计/hm²	比例/%
	最适宜	较适宜	一般适宜	不适宜		
洪墩镇	914.67	1765.17	2945.25	690.57	6315.66	5.27
水北街道	1083.15	0.27	0	0	1083.42	0.91
拿口镇	1539.72	6542.82	6629.58	1898.19	16610.31	13.86
大埠岗镇	292.95	1994.4	3268.17	1517.22	7072.74	5.9
金坑乡	37.26	407.16	1487.52	1298.43	3230.37	2.7
水北镇	2837.61	7686.81	6367.5	2013.84	18905.76	15.78
通泰街道	1368.09	133.92	0.27	0	1502.28	1.25
晒口街道	1144.98	1492.83	348.48	69.84	3056.13	2.55
和平镇	115.2	1174.86	2666.61	3244.41	7201.08	6.01
张厝镇	11.16	505.62	1471.32	1666.44	3654.54	3.05
肖家坊镇	148.77	1482.48	2828.43	1804.86	6264.54	5.23
城郊镇	3576.69	3042.18	1710.18	227.88	8556.93	7.14
卫闽镇	976.95	1655.37	2009.52	427.59	5069.43	4.23
大竹镇	63.63	848.34	1991.61	2570.94	5474.52	4.57
桂林乡	31.77	359.28	1374.57	1845	3610.62	3.01
下沙镇	2156.04	1717.56	465.3	124.29	4463.19	3.73
沿山镇	162.72	1746.18	6310.53	2852.64	11072.07	9.24
吴家塘镇	1110.51	2222.91	1789.02	1049.58	6172.02	5.15
昭阳街道	498.24	0.27	0	0	498.51	0.42
合计	18070.11	34778.43	43663.86	23301.72	119814.12	100

2. 评价结果分析

将最适宜区、较适宜区划为适宜建设区，共占可开发的低丘缓坡面积的 44.11%。为了更直观的对比适宜区各乡镇可开发的建设用地的面积，绘制面积直方图如图 3-8 所示，可开发面积大的乡镇主要有水北镇、拿口镇和城郊镇等。

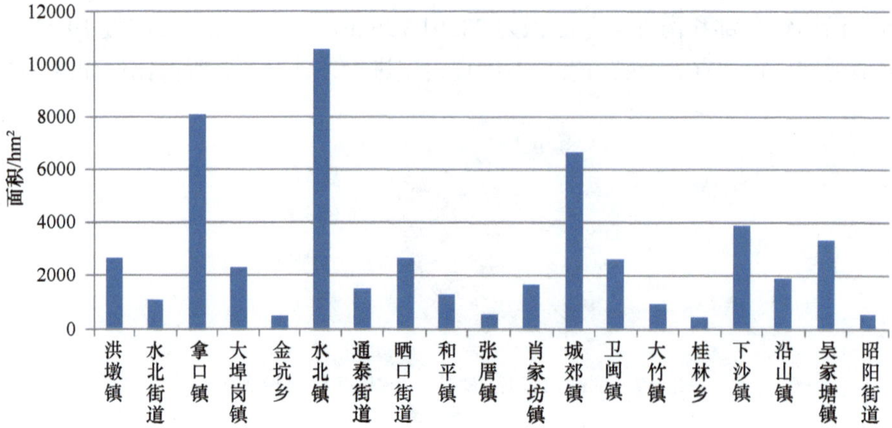

图 3-8　各乡镇低丘缓坡适宜建设面积统计图

根据评价结果将四个不同等级分布区域的特点综合分析如下，并给出相应的空间拓展建议。

（1）最适宜建设区靠近城区、人口稠密、经济发达；交通便利，有 316 国道、205 省道和鹰厦铁路贯穿其中；坡度平缓，平均高程 300m 以下；地质灾害易发性低；距基本农田保护区和森林禁止开发区较远，不会对周围的生态环境造成破坏。综合以上有利因素可知，此区完全符合评价优选标准。建议此区可结合城市规划文本，优先开发为建设用地，如工业园区等，将土地节约集约利用的同时使建设用地的经济效益达到最大化。

（2）与最适宜建设区比较而言，较适宜建设区明显的不同是地区高程普遍达到 500m，且坡度逐渐变陡，需要一定的开发技术支持，才会将此区开发为建设用地。针对邵武市地势条件，此区存在一定的限制因素，建议采取一定措施处理后因地制宜建设，可作为建设用地开发的备选资源，建议开发为居住和商服用地等。

（3）一般适宜建设区乡镇交通发达，毗邻鹰厦铁路；经济基础较好，有些工业园区分布在其中。但距离中心城区较远，有基本农田分布在其中，森林覆盖度大，容易破坏周边生态环境，引起地质灾害。建议作为建设用地次备选资源，可在利用前期采取一定的经济技术和工程措施适当整治，加强地质灾害防范及生态环境保护，建议作为公园和绿化用地等。

（4）不适宜建设区地质灾害易发性较高，植被覆盖度较大，建设开发会严重破坏生态环境，造价成本偏高；部分森林禁止开发区分布在沿山镇中部、大竹镇中部、张厝乡南部，不能进行开发建设；高程和坡度偏高，施工难度相当大，不适宜开发成建设用地。建议此区禁止开发建设，保留当前的土地利用现状，保护风景名胜，并加强土地综合整治。

3.2 低丘缓坡建设用地的主成分聚类分析评价

本节主要介绍了主成分聚类分析法对邵武市低丘缓坡建设用地空间拓展的适宜性评价研究。该方法将指标体系进一步优化，将 15 个评价因子划为弹性因子和刚性因子（赵文珺，2015；高标等，2013；朱霞，2015），并给出弹性因子的相关性，其中只有弹性因子参与主成分评价，刚性因子直接划入不适宜建设区。为了去除量纲的影响，采用极差正规化方法（汪丽，2013）将评价指标标准化处理，这样就把所有数据的取值转化为 0~1。把每个弹性因子看成一个波段，对 12 个弹性因子进行波段合成，转化为含有 12 个指标信息的一幅影像。

由于 12 个弹性指标之间存在相关性和冗余度，为了去相关，提高计算速度，选取少量有代表性的因子参与评价，建立主成分评价模型。该模型把多个相关因素转化为有代表性的几个成分来表示，每个成分前的系数相当于权重，从而得到评价结果。

为了更清楚地区分适宜与不适宜建设区，将评价结果进行分级。将邵武市低丘缓坡建设用地适宜性分为 4 级，分别为最适宜、较适宜、一般适宜和不适宜。具体评价流程见图 3-9。

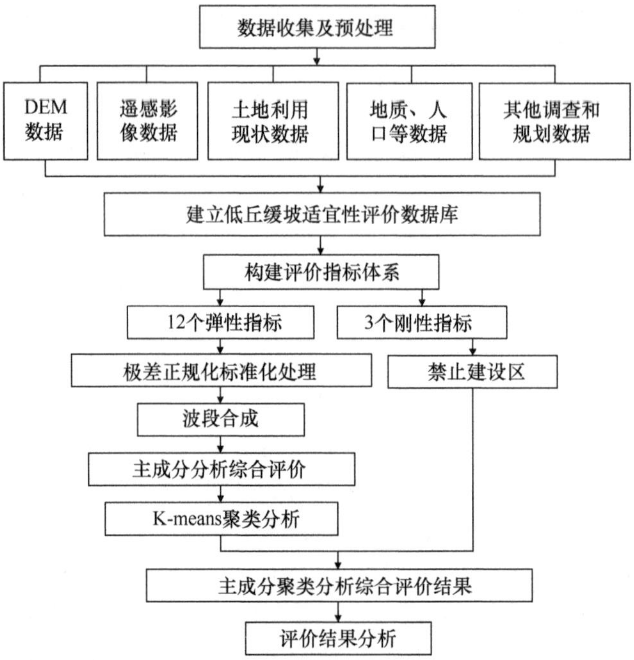

图 3-9　邵武市低丘缓坡建设用地主成分聚类分析评价流程图

3.2.1　主成分聚类分析评价指标体系

评价指标的选择对评价结果的合理性具有较大的影响。本着科学性、完整性、层次性、可比性等原则，结合邵武市独特的地形地貌，从空间区位、自然地理、社会经济和生态环境四个方面选取 12 个弹性因子和 3 个刚性因子构建了评价指标体系，见表 3-16。

表 3-16　邵武市低丘缓坡地评价指标体系

	评价因子	因子类型	相关性
空间区位	交通可达性/m	弹性	−
	城镇影响度/m	弹性	−
	城镇化水平/%	弹性	+
自然地理	高程/m	弹性	−
	坡向	弹性	+
	地质灾害易发性	弹性	−
	距断裂带距离/m	弹性	+
	坡度/(°)	弹性	−
社会经济	乡镇财政收入/亿元	弹性	+
	风景名胜	刚性	/
	人口密度/(人/km^2)	弹性	+
生态环境	基本农田保护	刚性	/
	森林禁止开发区	刚性	/
	距河流距离/m	弹性	+
	植被覆盖度/%	弹性	−

注：“+”代表正相关；“−”代表负相关；“/”代表不相关。其中刚性因子，即风景名胜及特殊用地、基本农田保护区、森林禁止开发区，是明文规定的禁止开发区，所以将这三个因子直接划为建设用地禁止开发区，即不适宜建设区。实际参与主成分评价的只有 12 个弹性因子。

3.2.2 评价指标标准化

根据邵武市低丘缓坡范围，剔除禁止开发区（3 个刚性因子区域），以 30m×30m 栅格为评价单元，对所有弹性因子数据进行标准化处理，以消除量纲不同和量级差异的影响。为了研究方便，本书将适度指标“坡向”转化为正向指标，这样所有指标只有正向指标和负向指标。

将坡向定性分为阴坡、半阴坡、半阳坡、阳坡 4 类。阴坡：坡向向北，包括 315°~45°；半阴坡：坡向向西北或东北偏北，包括 45°~90°和 270°~315°；半阳坡：坡向向东南或西南偏南，包括 90°~135°和 225°~270°；阳坡：坡向向南，包括 135°~225°。具体示意图如图 3-10 所示，并分别赋予分值 1 分、3 分、5 分、7 分，这样坡向指标的相关性就转化为正相关，即正向指标。

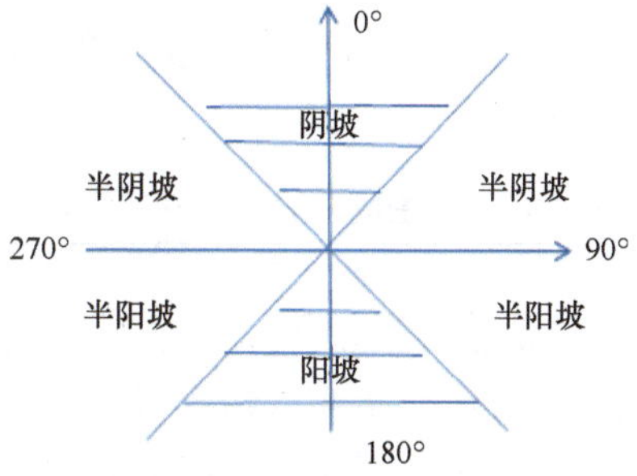

图 3-10　坡向分类示意图

地质灾害易发性是定性数据，分为高易发区、中易发区、低易发区、不易发区。为了后期数据处理方便，将高易发区、中易发区、低易发区、不易发区分别赋予分值 1 分、3 分、5 分、7 分，这样不仅将定性数据转化为定量数据，还将地质灾害易发性指标的相关性转化为正相关。

常用的标准化处理方法有均值化法、等测度法、极差正规化法等。本书采用极差正规化法进行标准化。

当指标是正向指标（即正相关＋）时：

$$x'_{ij} = (x_{ij} - \min x_{ij})/(\max x_{ij} - \min x_{ij}) \qquad i = 1,2,3,\cdots,n;\ j = 1,2,3,\cdots,n \tag{3-10}$$

当指标是负向指标（即负相关－）时：

$$x'_{ij} = (\max x_{ij} - x_{ij})/(\max x_{ij} - \min x_{ij}) \qquad i = 1,2,3,\cdots,n;\ j = 1,2,3,\cdots,n \tag{3-11}$$

这样 x_{ij} 的值转化为 0~1，且与原始数据 x_{ij} 分布相同。

3.2.3 主成分分析评价模型

主成分分析（PCA）是通过正交变换将多个指标转换为保留原始变量绝大部分信息的少数指标，以达到降噪和数据降维的一种统计方法（Westerhuis et al.，2015；Pratama et al.，2015）。由于评价指标很多且彼此之间有一定的相关性，从而反映的信息有所重叠，且在确定权重时也存在主观片面性，而主成分分析恰好能解决这些问题（丛明珠等，2008）。

评价原理（张雪波等，2012）如下。

（1）设评价单元数为 n，每个评价单元 p 个指标。当前 k（$k<p$）个主分量的方差贡献率累计达到 85%时，选取前 k 个因素 F_1，F_2，…，F_k 为第 1，2，…，k 个主成分。这 k 个主分量基本保留了原始评价指标 x_1，x_2，…，x_p 的信息。F_1，F_2，…，F_k 表示为

$$F_1 = a_{11}x_1 + a_{21}x_1 + \cdots + a_{p1}x_p \tag{3-12}$$

$$F_2 = a_{21}x_1 + a_{22}x_2 + \cdots + a_{p2}x_p \tag{3-13}$$

……

$$F_k = a_{1k}x_1 + a_{2k}x_2 + \cdots + a_{pk}x_p \tag{3-14}$$

式中，a_{ij} 为第 i 个评价单元在第 j 个主因子上的权重系数。

（2）把不同主分量特征值的方差贡献率 β_i（i=1，2，…，k）作为加权系数，利用综合评价函数 $F = \beta_1 F_1 + \beta_2 F_2 + \cdots + \beta_k F_k$ 计算各评价单元的分值。

根据上述原理，将 12 个弹性指标合成一个多波段数据后，再进行 PCA 处理，得到各主成分的特征值和贡献率如表 3-17 所示。

表 3-17　各主成分的特征值及贡献率

主成分	Z_1	Z_2	Z_3	Z_4	Z_5	Z_6	Z_7	Z_8	Z_9	Z_{10}	Z_{11}	Z_{12}
特征值	0.1002	0.0947	0.0732	0.0444	0.0407	0.0250	0.0205	0.0118	0.0105	0.0065	0.0047	0.0022
贡献率/%	23.08	21.80	16.85	10.22	9.38	5.75	4.71	2.71	2.43	1.48	1.07	0.52
累积贡献率/%	23.08	44.88	61.73	71.95	81.33	87.08	91.79	94.50	96.93	98.41	99.48	100.00

注：Z_1~ Z_{12} 分别代表前 12 个主成分。

由表 3-17 可知，前 6 个主成分方差累积贡献率 87.08%>85%，基本保留了原始变量的所有信息，所以选取前 6 个主成分代表所有变量信息。根据主成分综合评价公式 $F = \beta_1 F_1 + \beta_2 F_2 + \cdots + \beta_k F_k$，建立综合评价模型：

$$F = 0.2308F_1 + 0.2180F_2 + 0.1685F_3 + 0.1022F_4 + 0.0938F_5 + 0.0575F_6 \tag{3-15}$$

得到主成分综合评价结果如图 3-11 所示。

3.2.4　低丘缓坡建设用地的聚类分级

聚类分析属于探索性的分析，它将数据划分到不同的类，类内的对象有很大相似性，而类间的对象有很大差异性。其中 K-means 使用比较广泛，运算简洁快速，在分类的过程中，它能从样本数据出发，自动进行分类，而不需要样本先验信息（杨明峰等，2012；Thangavel and Mohideen，2010）。聚类步骤如下：

（1）聚类中心初始化；

（2）计算待分类对象与聚类中心的欧氏距离，依据就近原则将待分类对象归类；

（3）计算各初始类别的均值作为新的聚类中心；

（4）按照新聚类中心重新聚类，如此反复循环，直至聚类中心不再变化或小于给定阈值时，终止循环。

根据 K-means 聚类算法，将主成分综合评价结果进行 K-means 聚类，分为最适宜、较适宜、一般适宜、不适宜 4 类。再将主成分评价前剔除的风景名胜及特殊用地、基本

农田保护区、森林禁止开发区这些划分为不适宜区进行合并，最终形成分级评价结果，如图 3-12 所示。

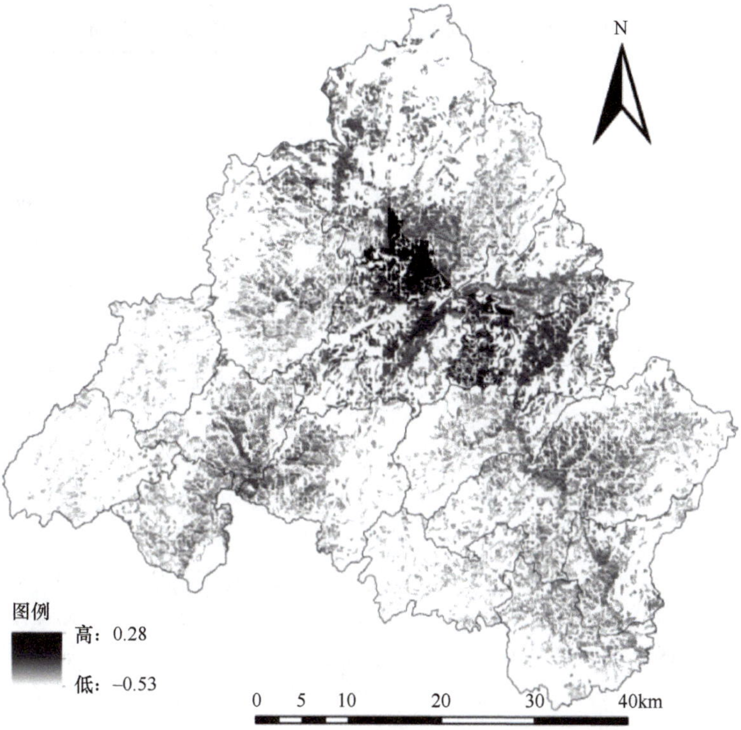

图 3-11　邵武市低丘缓坡建设用地主成分综合评价结果

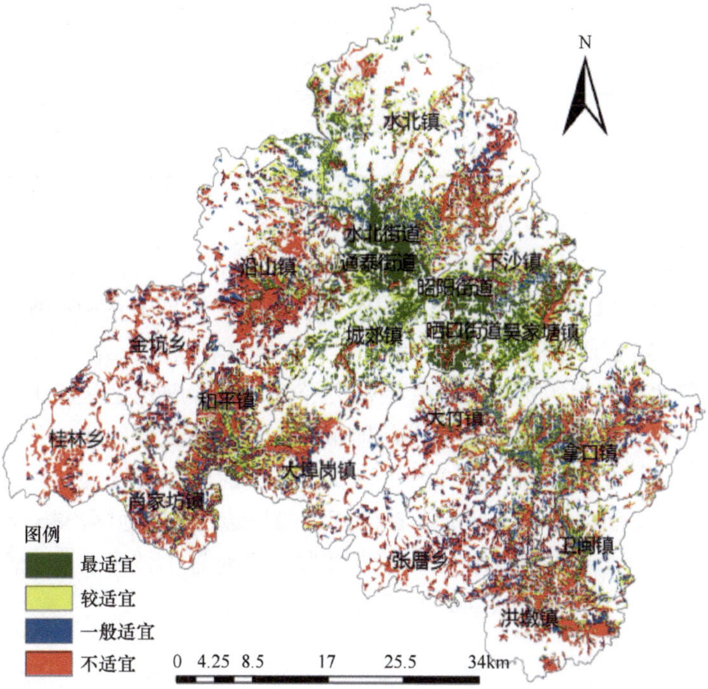

图 3-12　邵武市低丘缓坡建设用地主成分聚类分析评价结果图

3.2.5 结果与分析

根据 ArcGIS 区域分析功能，得到邵武市各个乡镇适宜性建设评价结果，见表 3-18。

表 3-18 邵武市各个乡镇低丘缓坡地适宜性建设统计分析表

乡镇（街道）	各等级面积/hm²				合计/hm²	比例/%
	最适宜	较适宜	一般适宜	不适宜		
洪墩镇	67.77	1032.93	1597.41	3604.86	6302.97	5.27
水北街道	1080.36	0	0	0.72	1081.08	0.91
拿口镇	1154.97	3997.62	4765.59	6643.08	16561.26	13.86
大埠岗乡	241.20	1793.16	1760.40	3271.05	7065.81	5.91
金坑乡	0	0.54	722.88	2492.91	3216.33	2.69
水北镇	2718.45	5569.74	4992.39	5587.83	18868.41	15.79
通泰街道	1422.54	0	0	75.33	1497.87	1.25
晒口街道	2674.44	0	0	372.69	3047.13	2.55
和平镇	288.27	1621.44	2015.28	3261.24	7186.23	6.01
张厝镇	0	22.59	1121.13	2492.01	3635.73	3.04
肖家坊镇	17.82	1076.31	1776.06	3373.74	6243.93	5.23
城郊镇	3927.87	2626.02	1138.59	842.49	8534.97	7.14
卫闽镇	240.30	1365.48	1528.83	1926.36	5060.97	4.23
大竹镇	236.2500	1151.01	1415.52	2674.89	5477.67	4.58
桂林乡	0	86.13	523.35	2983.77	3593.25	3.01
下沙乡	1087.56	1286.82	1242.09	827.28	4443.75	3.72
沿山乡	288.81	2027.70	2503.80	6210.45	11030.76	9.23
吴家塘镇	3042.27	1888.20	312.21	920.97	6163.65	5.16
昭阳街道	495.00	0	0	5.94	500.94	0.42
合计	18983.88	25545.69	27415.53	47567.61	119512.71	100

1）定性分析

从评价结果图 3-11 看出，适宜建设的低丘缓坡地主要集中在中心城区，此区域交通便利，是公路、铁路交通枢纽所在地；具有人口密集、基础设施齐全、城镇化水平较高、财政收入较高和地势平坦等优点，不管从社会经济角度考虑还是从施工难度来看，都比较适宜开发建设用地。根据以往资料，此地带地质灾害易发性较小，生态敏感性较弱，开发过程中不易破坏生态系统，这样既可以实现城镇的可持续发展，又节约了为恢复生态建设所需的成本。不适宜区主要分布在邵武市的周边，这些地区海拔较高、坡度较大、森林覆盖度较大、社会经济水平较低，不仅开发起来对施工技术要求较高、成本较高，还会破坏生态环境，引发地质灾害，导致环境的恶性循环。

2）定量分析

从表 3-18 看出，邵武低丘缓坡共 119512.71hm²，其中，最适宜建设面积 18983.88hm²，占低丘缓坡地的 15.88%，占邵武总面积 6.64%；较适宜建设面积 25545.69hm^2，占低丘缓坡地的 21.37%，占邵武总面积 8.94%；一般适宜建设面积 27415.53hm^2，占低丘缓坡地的 22.94%，占邵武总面积 9.59%；不适宜建设面积 47567.61hm^2，占低丘缓坡地的 39.80%，占邵武总面积 16.65%。水北镇、拿口镇、沿山乡低丘缓坡资源最丰富，分别占总低丘缓坡面积的 15.79%、13.86%和 9.23%，合计达 38.88%。最适宜建设面积最大的乡镇是城郊镇，占最适宜建设总面积的 20.69%；较适宜建设面积最大的乡镇是水北镇，占较适宜建设总面积的 21.80%；一般适宜建设面积最大的乡镇也是水北镇，占一般适宜建设总面积的 18.21%；不适宜建设面积最大的乡镇是拿口镇，占不适宜建设总面积的 13.97%。

3）适宜性区域分析及建议

最适宜建设面积较大的乡镇主要有城郊镇、吴家塘镇、水北镇、晒口街道。其中水北镇是邵武市占地面积最大的乡镇，位于邵武市北部，境内有富屯溪流过，316 国道、鹰厦铁路、205 省道也贯穿其中，交通便利；城郊镇位于邵武中部，距市政府很近，平均海拔 300m，境内溪流交错，京福高速公路引线横穿全境，是邵武低丘缓坡开发项目片区；吴家塘镇是综合性的企业乡镇，是邵武市小城镇综合改革的试点镇之一；晒口街道位于邵武中心城区，地势平坦，基础设施完备，常住人口较多。这些区域最适宜开发建设用地，应该进一步加强土地节约集约利用，充分挖掘土地利用潜力，优化产业空间格局，如靠近城区的低丘缓坡地建议开发为商住用地或生产用地，临近工业园区的低丘缓坡地建议最好因地制宜开发为工业基地，为人类提供更多的空间发展。

较适宜建设区主要分布在邵武北部的水北镇，西南部的肖家坊镇、和平镇、大埠岗镇，东南部的拿口镇。水北镇北部海拔较高，且森林覆盖率较大；肖家坊镇处于武夷山脉南麓，距离市区较远，境内有将石自然保护区、鸡公山、天成岩，可以就地取材、因地制宜，发展旅游业；和平镇属于丘陵地带，平均海拔 320m，境内平原、山区、半山区各占 1/3，距离市区较远，交通便利，是一个古镇；大埠岗镇地势由东向西逐渐倾斜，有名胜古迹位于其中；拿口镇人口密集，距市区较近，距地质灾害易发区较远，且不易发生地震。这些区域可以作为建设用地的备选资源，进行低强度、低密度开发，可以因地制宜发展旅游业，如适当开发些农家乐用地，景区内部和附近的低丘缓坡地可以建设些浏览和配套服务设施，提高景区的服务质量，这样不仅可以优化城市结构，还会拉动乡镇居民经济收入，提高居民的生活水平。

一般适宜建设区零星分布在邵武西部的沿山镇、金坑乡、桂林乡、肖家坊镇，南部的张厝乡、洪墩镇、卫闽镇、大竹镇，这些乡镇人口密度、乡镇收入水平相对较低，海拔较高、坡度较大、森林覆盖率高达 70%，开发建设用地需要很高的技术和成本，应该以生态保护为原则，加强生态景观建设同时防止地质灾害的基础设施建设，尽可能少地破坏原始地形。

不适宜建设区主要分布在沿山镇、大竹镇、洪墩镇，其中沿山镇、洪墩镇森林资源丰富，覆盖率达 76%，是邵武市林业重镇之一。大竹镇有竹山面积 2.2 万亩，生态公益林 4.2 万亩，属于重点保护林业带。并且，这些乡镇如果进行开发建设不仅会导致地质灾害的发生，还会破坏生态环境。建议禁止在该区域进行建设用地的开发建设，应该以生态景观恢复和生物多样性保护为主，尽可能保持原始风貌，实现自然与社会和谐、友好发展。

3.3 低丘缓坡建设用地适宜性模糊综合评价

本节主要介绍了模糊综合评价法对邵武市低丘缓坡建设用地空间拓展的适宜性评价。其评价指标体系与3.2.1节相同，采用层次分析法确定各评价指标的权重。将12个弹性因子量化分级，并分为定量指标和定性指标，构建隶属度函数。其中对于定量指标采用分段线性函数来确定，而定性指标直接构成隶属度向量。构建模糊综合评价模型，对于单因素评价结果乘以相应的权重，按照最大隶属度原则，得到综合评价结果。由于模糊综合评价需要已知每个评价单元的数值，而获取的数据绝大多数是空间数据，所以经过插值得到的数据没有真实代表性。况且，评价因子个数较多，在满足权重矢量和为1的约束条件下进行模糊综合评价，结果分辨率差，效果不好。所以，一般不采用此方法对低丘缓坡建设用地适宜性进行评价。

数据处理过程与3.2.2节一样，采用的评价指标体系与3.2.1节相同，参与模糊综合评价的是12个弹性因子，其余的3个刚性因子直接划入不适宜建设区。低丘缓坡建设用地的模糊综合评价技术路线见图3-13。

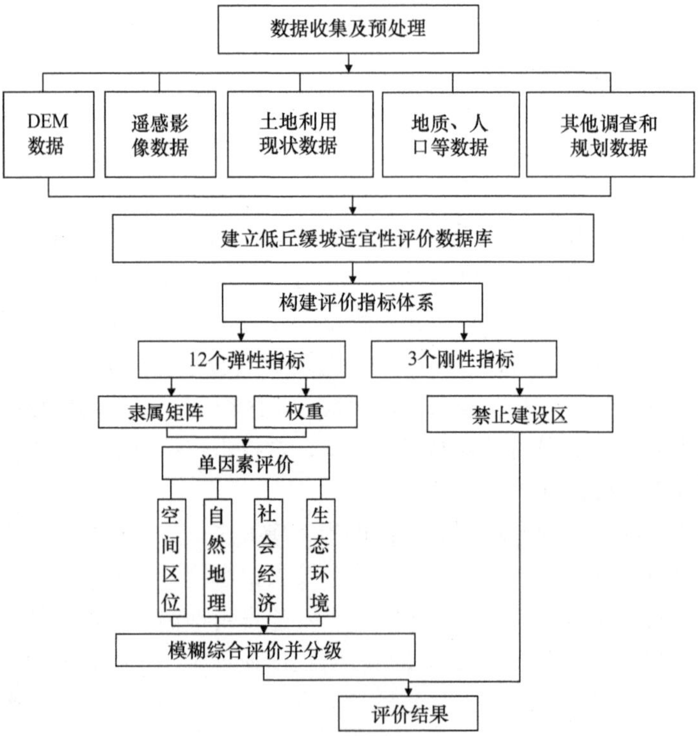

图3-13　邵武市低丘缓坡建设用地模糊综合评价流程图

3.3.1 模糊综合评价指标赋权

采用AHP“方根法”确定评价因子权，与3.2.3节中（2）类似，结果见表3-19。

表 3-19　适宜性评价指标体系权重系数

评价因素	相对权重	评价因子	综合权重
空间区位	0.341	交通可达性	0.184
		城镇影响度	0.101
		城镇化水平	0.056
自然地理	0.074	高程	0.006
		坡向	0.003
		地质灾害易发性	0.029
		距断裂带距离	0.029
		坡度	0.007
社会经济	0.173	乡镇财政收入	0.130
		人口密度	0.043
生态环境	0.412	距河流距离	0.206
		植被覆盖度	0.206

3.3.2　评价指标量化分级

根据专家经验，对评价因子进行量化分级，见表 3-20。

表 3-20　评价因子量化分级标准

		最适宜 1	较适宜 2	一般适宜 3	不适宜 4
空间区位	交通/m	0~500	500~1500	1500~3000	>3000
	城镇影响度/m	0~1000	1000~3000	3000~5000	>5000
	城镇化/%	>60	50~60	30~50	0~30
自然地理	DEM/m	0~200	200~300	300~500	>500
	坡向	阳	半阳	半阴	阴
	地灾	不易	低易	中易	高易
	断裂带/m	>5000	3000~5000	1500~3000	0~1500
	坡度/（°）	0~6	6~15	15~25	>25
社会经济	收入/亿元	>5	3~5	1~3	0~1
	人口密度/（人/ km^2）	>200	100~200	50~100	0~50
生态环境	河流/m	>1000	500~1000	200~500	0~200
	植被覆盖度/%	<10	10~30	30~45	>45

3.3.3　评价隶属度函数

普通集合的元素和集合之间的关系只有属于和不属于两种，而模糊集合的元素和集合的关系可以用[0，1]上的任意一个数值来表示，如取“0”时表示该元素不属于集合，取“1”时表示该元素属于集合，取“0.7”时表示该元素属于集合的程度为 0.7。所取的这个数就叫该元素对集合的隶属度（何福艳和王亮，2016）。

隶属度常用来表示元素对集合隶属关系不确定性的大小。常见的确定隶属度函数的方法有模糊统计法、增量法、择优比较法等（杨荣斌，2009）。通过分析本书选取的评价指标，对于定量因子（交通可达性、城镇影响度、城镇化水平、DEM、距断裂带距离、坡度、乡镇财政收入、人口密度、距河流距离、植被覆盖度）采用分段线性函数建立隶属度；对于定性因子（坡向、地灾）直接按照重分类的值 7，5，3，1 分别对应（1，0，0，0）、（0，1，0，0）、（0，0，1，0）、（0，0，0，1）构成隶属度向量。

本书采取的线性函数对定量因子建立隶属度函数公式如下。

$$i \text{级：} r_{i1}(x)=\begin{cases}0, x_i \geqslant v_{i2} \\ \dfrac{v_{i2}-x_i}{v_{i2}-v_{i1}}, v_{i1} \leqslant x_i \leqslant v_{i2} \\ 1, x_i \leqslant v_{i1}\end{cases} \tag{3-16}$$

$$j \text{级：} r_{ij}(x)=\begin{cases}\dfrac{x_j-v_{i(j-1)}}{v_{ij}-v_{i(j-1)}}, v_{i(j-1)} < x_i \leqslant v_{ij} \\ \dfrac{v_{i(j+1)}-x_i}{v_{i(j+1)}-v_{ij}}, v_{ij} < x_i < v_{i(j+1)} \\ 0, x_i \leqslant v_{i(j-1)}, x_i \geqslant v_{i(j+1)}\end{cases} \tag{3-17}$$

$$k \text{级：} r_{ik}(x)=\begin{cases}\dfrac{x_k-v_{i(k-1)}}{v_{ik}-v_{i(k-1)}}, v_{i(k-1)} < x_i \leqslant v_{ik} \\ \dfrac{v_{i(k+1)}-x_i}{v_{i(k+1)}-v_{ik}}, v_{ik} < x_i < v_{i(k+1)} \\ 0, x_i \leqslant v_{i(k-1)}, x_i \geqslant v_{i(k+1)}\end{cases} \tag{3-18}$$

$$m \text{级：} r_{im}(x)=\begin{cases}0, x_i \leqslant v_{i(m-1)} \\ \dfrac{v_{im}-x_i}{v_{im}-v_{i(m-1)}}, v_{i(m-1)} < x_i < v_{im} \\ 1, x_i > v_{im}\end{cases} \tag{3-19}$$

式中，x_i 为因子的原始值；v_{ij} 为第 i 个因子的分级阈值；r_{ij} 为第 j 级评价因子的隶属度数值。

根据评价因子量化分级表，现以空间区位因素的 3 个评价因子为例，建立隶属函数如下。

（1）交通可达性：

$$r_{11}(x)=\begin{cases}0, x \geqslant 1000 \\ \dfrac{1000-x}{500}, 500 < x < 1000 \\ 1, x \leqslant 500\end{cases}$$

$$r_{12}(x)=\begin{cases}\dfrac{x-500}{500},500<x\leqslant 1000\\ \dfrac{1500-x}{500},1000<x\leqslant 1500\\ 0,x\leqslant 500,x>1500\end{cases}$$

$$r_{13}(x)=\begin{cases}\dfrac{x-1500}{750},1500<x\leqslant 2250\\ \dfrac{3000-x}{750},2250<x\leqslant 3000\\ 0,x\leqslant 1500,x>3000\end{cases}$$

$$r_{14}(x)=\begin{cases}0,x<2250\\ \dfrac{3000-x}{750},2250\leqslant x\leqslant 3000\\ 1,x>3000\end{cases}$$

（2）城镇影响度：

$$r_{21}(x)=\begin{cases}0,x\geqslant 2000\\ \dfrac{2000-x}{1000},1000<x<2000\\ 1,x\leqslant 1000\end{cases}$$

$$r_{22}(x)=\begin{cases}\dfrac{x-1000}{1000},1000<x\leqslant 2000\\ \dfrac{3000-x}{1000},2000<x\leqslant 3000\\ 0,x\leqslant 1000,x>3000\end{cases}$$

$$r_{23}(x)=\begin{cases}\dfrac{x-3000}{1000},3000<x\leqslant 4000\\ \dfrac{5000-x}{1000},4000<x\leqslant 5000\\ 0,x\leqslant 3000,x>5000\end{cases}$$

$$r_{24}(x)=\begin{cases}0,x<4000\\ \dfrac{5000-x}{1000},4000\leqslant x\leqslant 5000\\ 1,x>5000\end{cases}$$

（3）城镇化水平：

$$r_{31}(x)=\begin{cases}0,x\leqslant 55\\ \dfrac{60-x}{5},55<x\leqslant 60\\ 1,x>60\end{cases}$$

$$r_{32}(x)=\begin{cases}\dfrac{x-50}{5},50<x\leqslant 55\\ \dfrac{60-x}{5},55<x\leqslant 60\\ 0,x\leqslant 50,x>60\end{cases}$$

$$r_{33}(x)=\begin{cases}\dfrac{x-30}{10},30<x\leqslant 40\\ \dfrac{50-x}{10},40<x\leqslant 50\\ 0,x\leqslant 30,x>50\end{cases}$$

$$r_{34}(x)=\begin{cases}0,x>40\\ \dfrac{40-x}{10},30<x\leqslant 40\\ 1,x\leqslant 30\end{cases}$$

3.3.4 评价模型

模糊综合评价法（Yumin et al.，2016；Dai et al.，2016）是一种基于模糊数学理论（李伟等，2015）的评价方法。该法利用隶属度函数把定性评价转变成定量评价，即用模糊数学思想对受到多种因素限制的对象所做的一个总体评价（乔雨等，2015），它具有系统性强、结果清晰的优点，在解决模糊的、难以量化的等非确定性问题上有很大优势。

模糊综合评价首先要建立评价对象的因素集和评判集。然后对评价因子选取合适的标准，建立隶属度函数，确定单因素评判矩阵。采用 AHP 法确定各因素的权重。由最大隶属度原则得到最终的评价结果。由于数据量大，本书选取 500m×500m 大小的栅格作为评价单元，评价结果如图 3-14 所示。具体步骤如下。

（1）建立评价对象的因素集 $U=\{u_1,u_2,\cdots,u_n\}$：

U=（交通可达性、城镇影响度、城镇化水平，DEM、坡向、地质灾害易发性、距断裂带距离、坡度，乡镇财政收入、人口密度，距河流距离、植被覆盖度）。

（2）建立评判集 $V=\{v_1,v_2,v_3,v_4\}$：

V=（最适宜、较适宜、一般适宜、不适宜）。

（3）对每个因素 u_i 做出单因素评价，得到单因素评价向量 $(r_{i1},r_{i2},\cdots,r_{im})$。

（4）建立单因素评价矩阵 $R=\{r_{ij}\}_{n\times m}$，R 是 U 与 V 之间的模糊关系，即 R：

$U \times V \to [0,1]$。

（5）确定各因素的权重，构成权向量。

（6）综合评判。

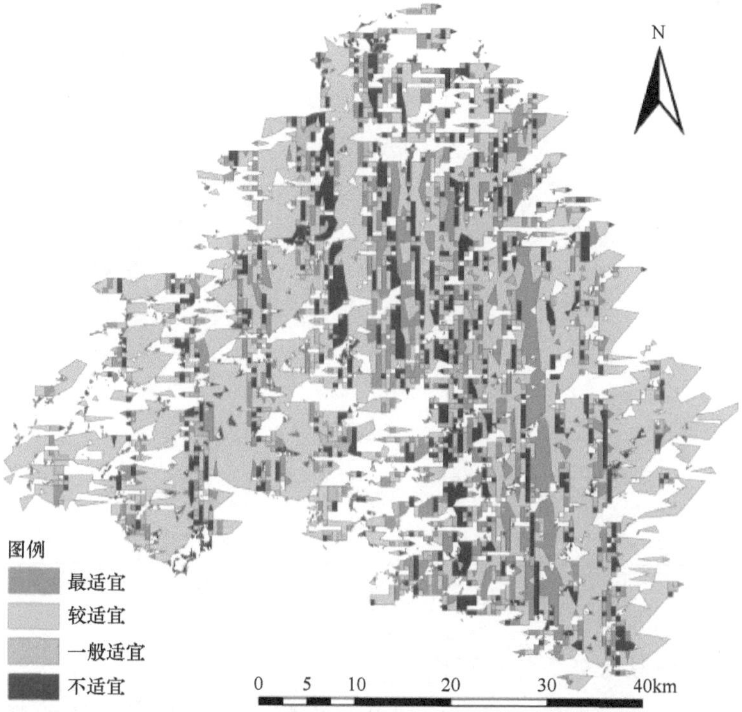

图 3-14 邵武市低丘缓坡建设用地模糊综合评价结果图

3.3.5 结果与分析

模糊综合评价法是一种通过精确的数学方法来评价模糊的对象，且能对隐含信息展现的模糊性的资料做出科学、合理且贴近实际的量化评价方法。但是该方法计算复杂，确定指标的权重主观性很强。特别是当评价对象的因素集较大，即评价因子个数较多时，在权重和为 1 的条件约束下，相对隶属度权重往往会偏小，权重与模糊评价矩阵不匹配，这样结果就会出现超模糊现象，导致分辨率很低，无法区分隶属度的高低水平，甚至造成评价结果失败。所以用此方法对邵武市低丘缓坡建设用地空间拓展评价效果最差，不能用来评价。

3.4 滨海滩涂地空间拓展评价

1. 滨海滩涂评价的范围

我国海岸带和滩涂资源综合调查所规定的范围，是指从海岸线算起，向陆域延伸 10km，向海域延至–15~–10m 等深线的区域。根据晋江海滩实际情况和 DEM（DEM>–15m）数据，提取晋江海滩地类，对海岸线进行 1km 缓冲，即为滨海建设用地拓展区。

涉及的乡镇有安海镇、东石镇、英林镇、金井镇、深沪镇、龙湖镇、西滨镇、陈埭镇、池店镇共 9 个乡镇，将海岸带分为安海湾、围头湾、围头半岛、深泸-围头、深泸半岛、深泸湾、泉州湾，区位如图 3-15 所示。

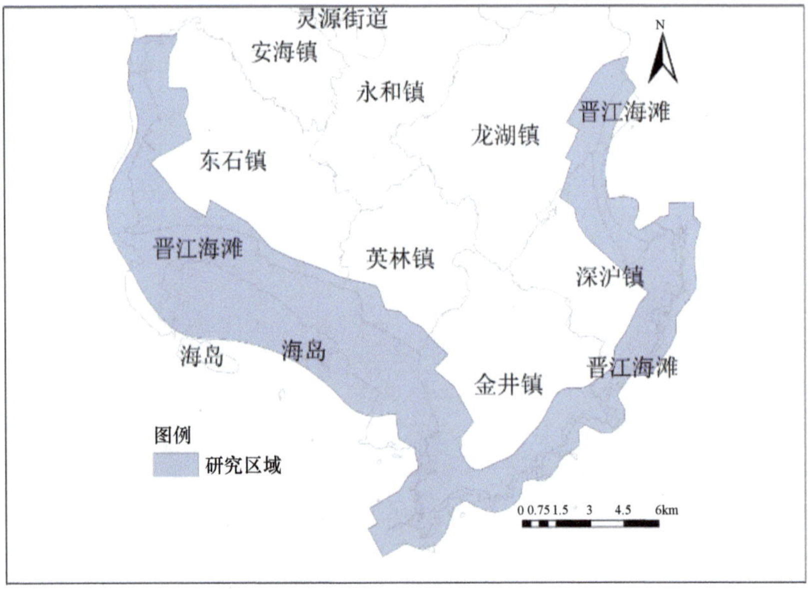

图 3-15 晋江滨海滩涂地评价范围

2. 构建评价指标体系及指标分级

选取距港口距离、距公路距离、高程、空间管制规划区、植被覆盖度和建设用地共 6 个因子构建晋江滨海滩涂地空间拓展评价指标体系。并参考相关研究，对各指标进行量化分级，如表 3-21 所示。各评价指标的单因子评价图，如图 3-16~图 3-21 所示。

表 3-21 晋江滨海滩涂空间拓展评价指标体系及指标量化分级表

指标	适宜（7 分）	较适宜（5 分）	一般适宜（3 分）	不适宜（1 分）
距港口距离/m	300	500	1000	>1000
距国有公路距离/m	500	1000	2000	>2000
高程/m	0~30	30~60	−10~0	−18~10
空间管制规划区	—	适宜建设	限制建设	禁止建设
植被覆盖度/%	0~10（裸土）	<0（水域）	10~30（低覆盖）	>30（中低覆盖）
生态用地	—	其他用地	—	湿地、礁石、沙滩、林地

3. 计算各指标权重

采用层次分析法（AHP）计算各评价指标的权重，具体步骤如下。

（1）构造判断矩阵，晋江滨海滩涂地的评价指标判断矩阵如表 3-22 所示。

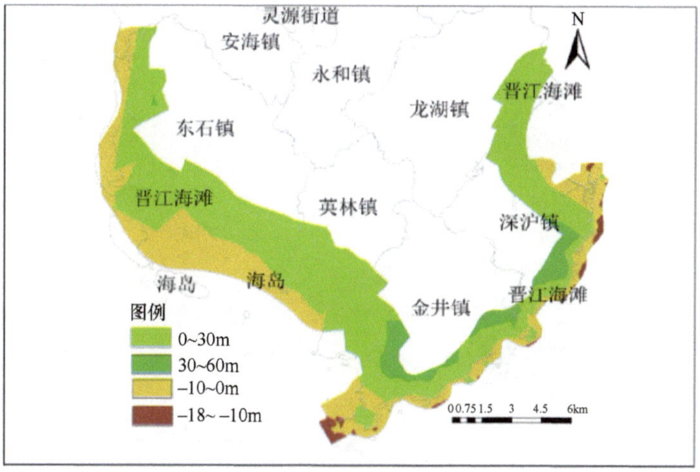

图 3-16　晋江滨海滩涂地高程分布图

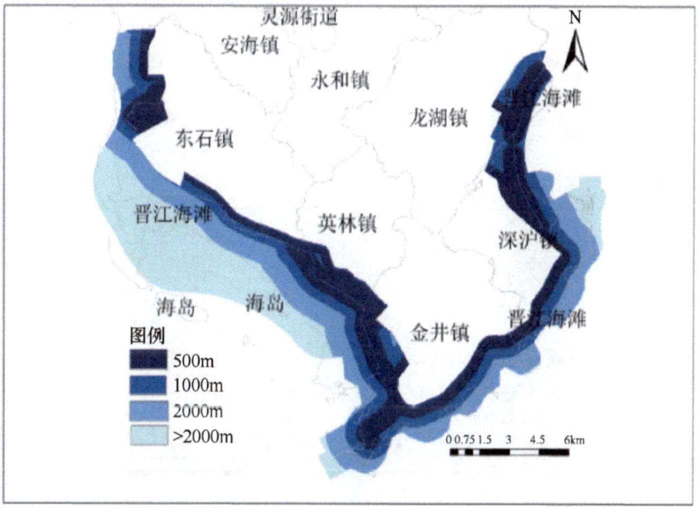

图 3-17　晋江滨海滩涂地与国道的距离图

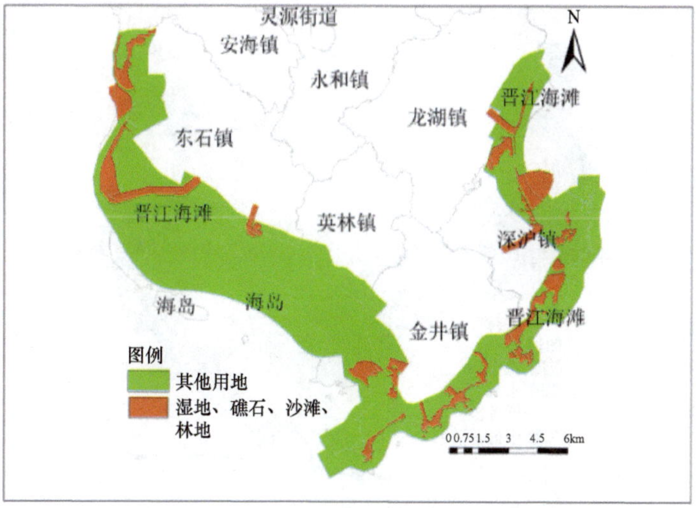

图 3-18　晋江滨海滩涂地生态用地分布图

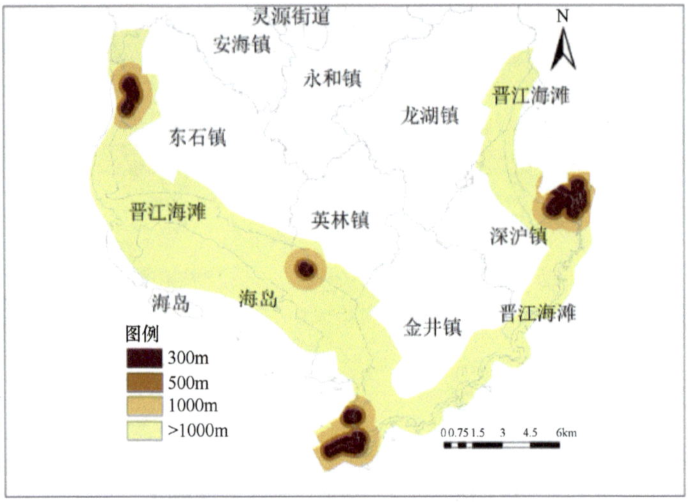

图 3-19　晋江滨海滩涂地距港口距离分布图

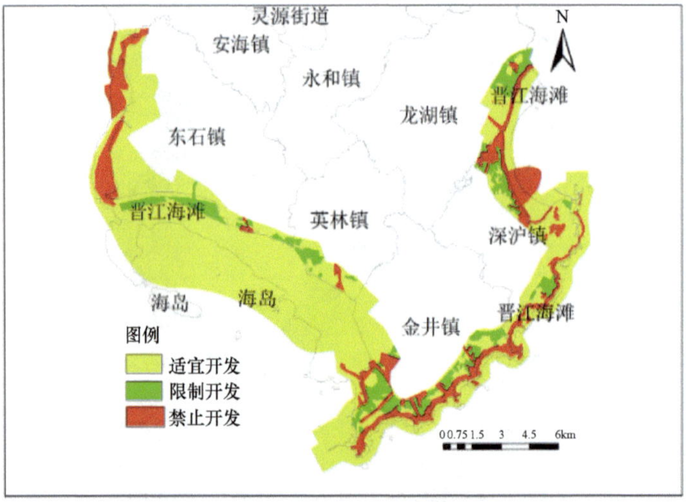

图 3-20　晋江滨海滩涂地空间管制规划区图

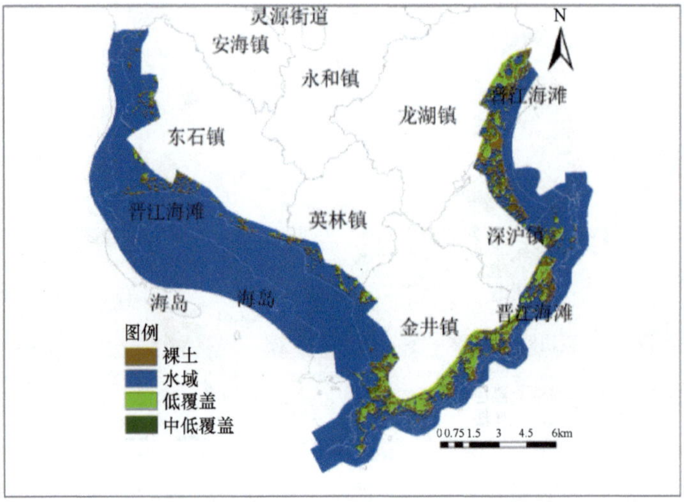

图 3-21　晋江滨海滩涂地植被覆盖度图

表 3-22 晋江滨海滩涂地评价指标判断矩阵

	距港口距离/m	距国有公路距离/m	高程/m	空间管制规划区	植被覆盖度/%	生态用地
距港口距离	1	1/2	3	1/3	1/3	1/3
距国有公路距离	2	1	3	1/3	1/3	1/3
高程	1/3	1/3	1	1/4	1/5	1/7
空间管制规划区	3	3	4	1	1/2	1/3
植被覆盖度	3	3	5	2	1	1/2
生态用地	3	3	7	3	2	1

（2）方根法计算权重，CR=0.041<0.1 满足一致性，结果如表 3-23 所示。

表 3-23 晋江滨海滩涂地评价指标权重系数

评价指标	权重系数
距港口距离	0.081
距国有公路距离	0.102
高程	0.040
空间管制规划区	0.177
植被覆盖度	0.247
生态用地	0.353

4. 采用多因素综合法进行评价

采用多因素综合评价法对晋江滨海滩涂地空间拓展进行评价，并运用自然间断法将评价结果分为四级，结果见图 3-22。

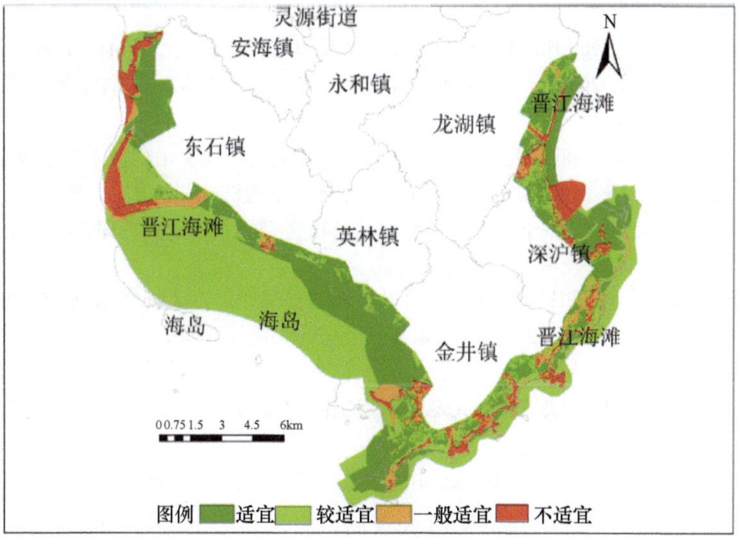

图 3-22 晋江滨海滩涂地空间拓展评价结果

5. 评价结果分析

由图 3-22 可以看出，最适宜建设区位于晋江海滩陆上区域；为了拓展建设用地，可以对晋江海滩进行填海造地，此区为一般适宜区，需要采取一定的工程设施和技术来改造；深沪镇和龙湖镇交界有海底古森林遗迹核心区，要保护起来，不能进行开发建设；金井镇和深沪镇外围靠近海域的一侧，由于地势因素，不适宜建设，禁止进行开发。

参考文献

丛明珠, 欧向军, 赵清, 等. 2008. 基于主成分分析法的江苏省土地利用综合分区研究. 地理研究, 27(3): 574-582

高标, 许清涛, 李玉波, 等. 2013. 吉林省交通运输能源消费碳排放测算与驱动因子分析. 经济地理, 33(9): 25-30

何福艳, 王亮. 2016. 格网化区域生态安全模糊综合评价方法. 遥感信息, (1): 25-30

李伟, 邓小华, 周清明, 等. 2015. 基于模糊数学和 GIS 的湖南浓香型烤烟化学成分综合评价. 核农学报, 29(5): 946-953

李伟松, 李江风, 钟紫玲. 2014. GIS 支持下的湖北省赤壁市低丘缓坡建设用地生态适宜性评价. 国土资源科技管理, 31(1): 24-30

林建平, 邓爱珍. 2015. 基于 GIS 的低丘缓坡建设用地适宜性评价——以江西省上犹县为例. 安徽农业科学, 43(9): 304-307

陆传豪, 代富强, 周启刚. 2016. 紫色土区小流域土壤保持服务功能的空间分布特征. 水土保持通报, 36(1): 308-314

乔雨, 梁秀娟, 王宇博, 等. 2015. 改进的模糊数学法在地下水水质评价中的应用. 水电能源科学, (6): 27-30

汪丽. 2013. 白银市低丘缓坡土地建设开发适宜性评价研究. 甘肃农业大学硕士学位论文

王学军, 郭亚军. 2006. 基于 G1 法的判断矩阵的一致性分析. 中国管理科学, 14(3): 65-69

伍恒雨, 刘勇, 刘秀华. 2015. 基于 GIS 的低丘缓坡建设用地适宜性评价——以四川省广安区为例. 湖北农业科学, 54(3): 555-560

徐明德, 王森. 2009. 基于道路和城镇的区位优势度分析. 世界地理研究, 18(4): 91-99

杨明峰, 詹良, 魏春阳, 等. 2012. 基于 K-means 聚类分析的不同种植区烤烟外观质量区域分类. 中国烟草科学, 33(2): 12-16

杨荣斌. 2009. 基于 GIS 的阜新市土地生态适宜性模糊综合评价. 辽宁工程技术大学硕士学位论文

姚玉镯. 2013. 低丘缓坡地适宜性评价及潜力研究——抚州市为例. 东华理工大学硕士学位论文

曾珍, 邱道特, 李凤, 等. 2014. 基于改进引力模型的公租房空间布局适宜性评价. 中国土地科学, 28(1): 52-59

张晓晓, 张恩朝, 欧盛强, 等. 2014. 低丘缓坡建设用地适宜性评价方法研究. 地矿测绘, 30(3): 17-19

张雪波, 肖世青, 杜先锋, 等. 2012. 基于主成分分析法的安溪铁观音香气质量评价模型的构建. 食品科学, 33(22): 225-230

赵文珺. 2015. 基于主体功能的快速城市化地区城市空间增长调控研究: 以连云港为例. 南京大学硕士学位论文

赵展翔. 2013. 基于 GIS 的低丘缓坡资源综合开发利用评价研究——以浙江省瑞安市为例. 浙江大学硕士学位论文

朱霞. 2015. 城市轨道交通票价弹性研究. 城市轨道交通研究, 18(8): 31-35

朱晓芸. 2008. 低丘缓坡土地资源开发利用评价研究. 浙江大学硕士学位论文

Dai X R, Zhang L, Fan G Q. 2016. Empirical study on performance assessment of agricultural scientific research institute by fuzzy comprehensive evaluation model. Journal of Anhui Agricultural Sciences, 44(8): 264-268

Kovacs J M, Flores-Verdugo F. 2016. Examining local ecological knowledge of hurricane impacts in a mangrove forest using an analytical hierarchy process (AHP) approach. Journal of Coastal Research, 20(3): 792-800

Mosadeghi R, Warnken J, Tomlinson R, et al. 2015. Comparison of Fuzzy-AHP and AHP in a spatial multi-criteria decision making model for urban land-use planning. Computers Environment & Urban Systems, (49): 54-65

Pratama A, Abdulbari N, Nugraha M I, et al. 2015. pcaMethods—A bioconductor Package Providing PCA Methods for Incomplete Data. Berlin: Springer, 1164-1167

Su X, Mahadevan S, Xu P, et al. 2015. Dependence assessment in human reliability analysis using evidence theory and AHP. Risk Analysis, 35(7): 1296

Thangavel K, Mohideen A K. 2010. Semi-supervised K-means clustering for outlier detection in mammogram classification. In: Trendz in Information Sciences & Computing. IEEE, 2010: 68-72

Westerhuis J A, Kourti T, Macgregor J F. 2015. Analysis of multiblock and hierarchical PCA and PLS models. Journal of Chemometrics, 12(5): 301-321

Yumin L, Liang J, Liu Y, et al. 2016. Multi-level fuzzy comprehensive evaluation model for favorable coalbed methane development area based on logging information: A case of Shouyang block. Coal Geology & Exploration, 44(1): 56-61

第 4 章 “山海原”立体规划理论与技术

4.1 建设用地“上山”规划

4.1.1 坡度表示方式

坡度的表示方法有百分比法、度数法、密位法和分数法四种，其中以百分比法和度数法较为常用。但由于度数法在工程施工时很难控制误差大小，增加了施工难度，于是人们想出了用角度 α 的正切 $\tan\alpha$ 来替代角度，即用两点的高程差与其水平距离的百分比来表示坡度，公式如下：

$$i = \frac{h}{l} \times 100\% \tag{4-1}$$

式中，i 为坡度，单位：%；h 为高程差，单位：m；l 为水平距离，单位：m。例如，坡度 5%即表示水平距离每 100m，坡度上升或者下降 5m。

4.1.2 建设用地坡度适宜性评价

在山区或丘陵地区，地面坡度的大小往往影响着土地的使用和建筑的布局，因此坡度是建设用地适宜性评价的重要因素。在城市用地竖向规划规范中（《城市用地竖向规划规范》（CJJ 83—99））规定了城市主要建设用地的适宜性规划坡度，见表 4-1。

表 4-1 城市主要建设用地适宜规划坡度 （单位：%）

用地名称	最小坡度	最大坡度
工业用地	0.2	10
仓储用地	0.2	10
铁路用地	0	2
港口用地	0.2	5
城市道路用地	0.2	8
居住用地	0.2	25
公共设施用地	0.2	20

《城市用地竖向规划规范》中涉及的最大建设用地坡度为 25%，而在山地或低丘缓坡地开发利用中，坡度的适宜性等级评价往往影响着建设用地集约利用程度，坡度越小的地形区域，土地集约利用程度往往越高。根据《城市规划原理（第 4 版）》低缓丘陵开发一般按照坡度划分为<10%、10%~25%、>25%三类（吴志强和李德华，2010）。其中，一类用地（坡度<10%）为适宜建设区，是指用地的工程地质等自然环境条件比较优越，能适用各项城市设施的建设需要，一般不需要或只需要稍加改造即可用于建设的

用地。二类用地（坡度 10%~25%）为较适宜建设区，是指需要采取一定的工程措施，改善条件后才能修建的用地，它对城市设施或工程项目的分布有一定的限制。三类用地（坡度>25%）为不适宜建设区，是指不适于修建的用地，现代工程技术难以修建的用地。也有将适宜程度划分为四类的，即 0~8%、8%~15%、15%~25%和>25%四类。两种适宜性的取舍应当根据当地地形的复杂程度及规划模型的需要。

4.1.3 建设用地“上山”规划方法

建设用地“上山”规划主要分为三步。

（1）确定规划范围。根据《中华人民共和国森林法》、《中华人民共和国环境保护法》和《基本农田保护条例》的规定，省级以上重点生态公益林、防护林、自然保护区、省级以上森林公园、有古树名木和珍贵树种分布的林地、生长茂盛的成片林、基本农田保护区、禁止准入区范围内的低丘缓坡土地不允许开发利用（姜广辉等，2006；彭建等，2015）。并且，已有建成区、地质灾害易发区域、水域等区域也不适宜改造为建设用地。排除以上控制要素，剩下的区域为建设用地“上山”规划的基本范围。

（2）确定开发适宜坡度。根据 4.1.2 节中的建设用地坡度适宜性的范围来确定。

（3）定位宜建区域。根据《城市规划原理（第四版）》中的建设用地开发利用条件，开发为建设用地的山地或低丘缓坡地块应具有一定的大小，以面积大于 $2km^2$ 为宜。因此应选取在以上两步处理之后的面积大约 $2km^2$ 的地块为建设用地“上山”开发潜力区域。同时，可开发的地块还应当考虑到交通便捷性及距城中心的距离，这些要素可在建设用地开发强度的优化配置时进行考虑。

4.1.4 福建省建设用地“上山”规划实现

根据上述建设用地“上山”规划方法，对福建省低丘缓坡地的建设用地“上山”范围进行研究。数据选取 ASTGTM DEM 数据（分辨率 30m）、福建省总规数据，主要通过空间叠加分析方法、ArcGIS 中的 Slope 计算工具完成，步骤有以下三步。

第一步，研究建设用地“上山”规划的可行区域范围。利用总规数据中的地类图斑，提取出水域（坑塘水面、水库水面、河流水面），现有建设用地（农村居民地、建制镇、城市、特殊用地、港口码头用地、民用机场、独立工矿用地），田园（果园、盐田、水田、茶园、其他园地）三大类不适宜改造的土地利用类型为限制改造地类，并提取总规数据中的基本农田重点建设区、面状水系、森林公园、水源重点保护区、自然保护区、临海产业基地等控制区域，将以上区域合并为不适宜建设区域（图 4-1 中灰色区域）。去除不适宜建设区域后剩下的区域为建设用地“上山”规划范围。“上山”规划区域还包含其他未利用地、有林地、旱地、其他林地、灌木林、荒草地等 6 类土地利用类型。“上山”规划适宜地类分布图如图 4-1 所示。

第二步，确定建设用地“上山”开发适宜坡度。利用 30m 分辨率的 ASTGTM DEM，通过 ArcGIS 的 Slope 工具，采用%的坡度表示方式，计算福建省坡度分布，获取福建省地形坡度分类，如图 4-2 所示。然后提取坡度小于 25%的低丘缓坡地为建设用地“上山”规划空间。

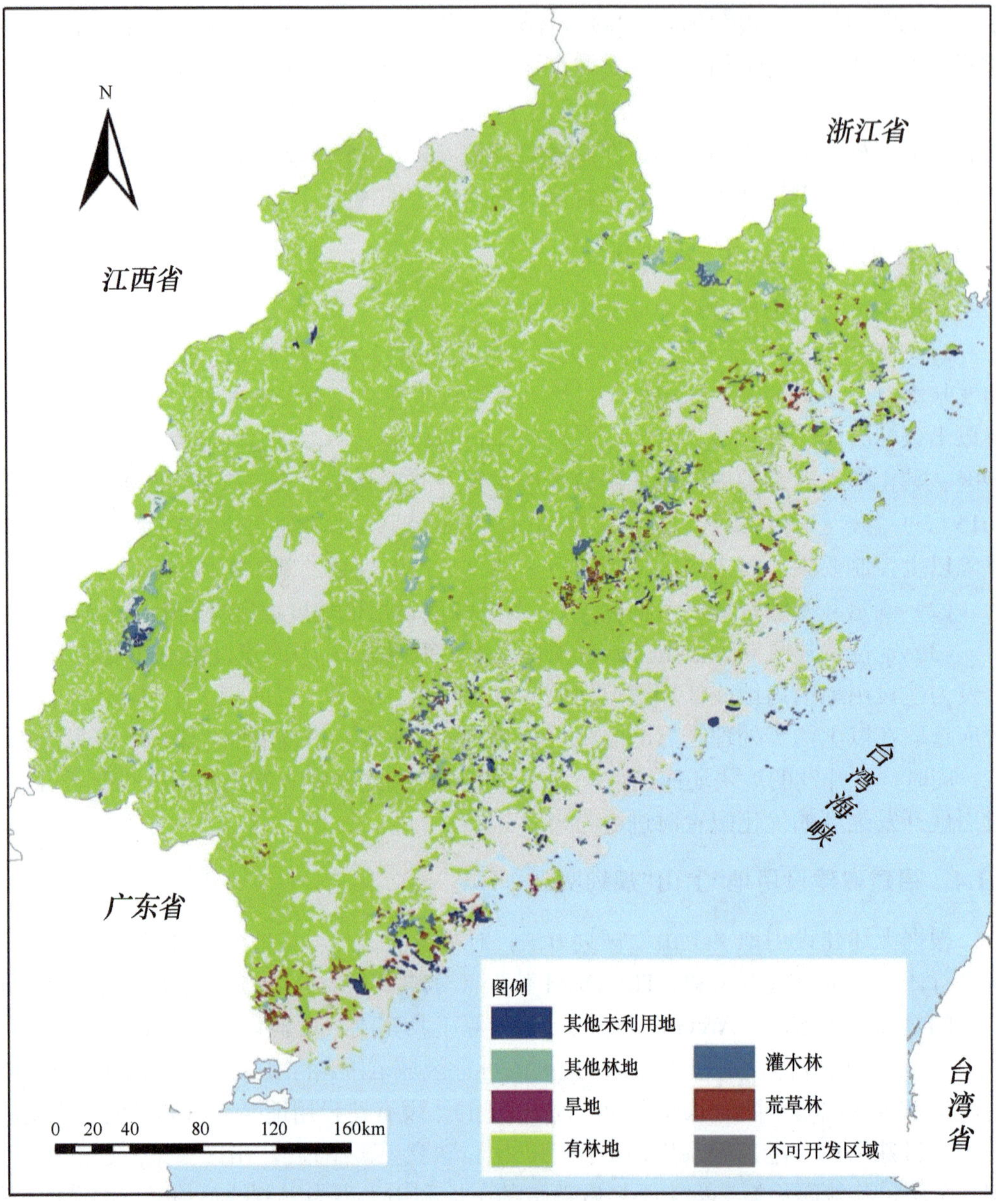

图 4-1　福建省建设用地“上山”规划适宜区的土地利用类型分布图

第三步，确立建设用地“上山”规划适宜空间。利用第一步获取的“上山”规划适宜地类（图 4-1），与第二步获取的适宜开发坡度（图 4-2）进行叠加分析，获取建设用地“上山”规划适宜空间。根据 4.1.2 节中的“上山”适宜性分级，研究将上山适宜坡度划分为≤10%和 10%~25%两个等级。其中，坡度≤10%为一类用地，属于适宜建设区域，坡度在 10%~25%的为二类用地，属于较适宜建设区。福建省各地区建设用地“上山”较适宜范围和适宜范围分布如图 4-3 所示。在建设用地优化配置中，应当首先考虑一类用地，当一类用地供给量不能满足需求量时，再考虑二类用地。

由以上计算可知，福建省建设用地“上山”规划面积大约 359.3 万 hm^2，占福建省土地总面积的 28%。其中，一类用地面积 99.8 万 hm^2，占“上山”规划总面积的 27.78%；

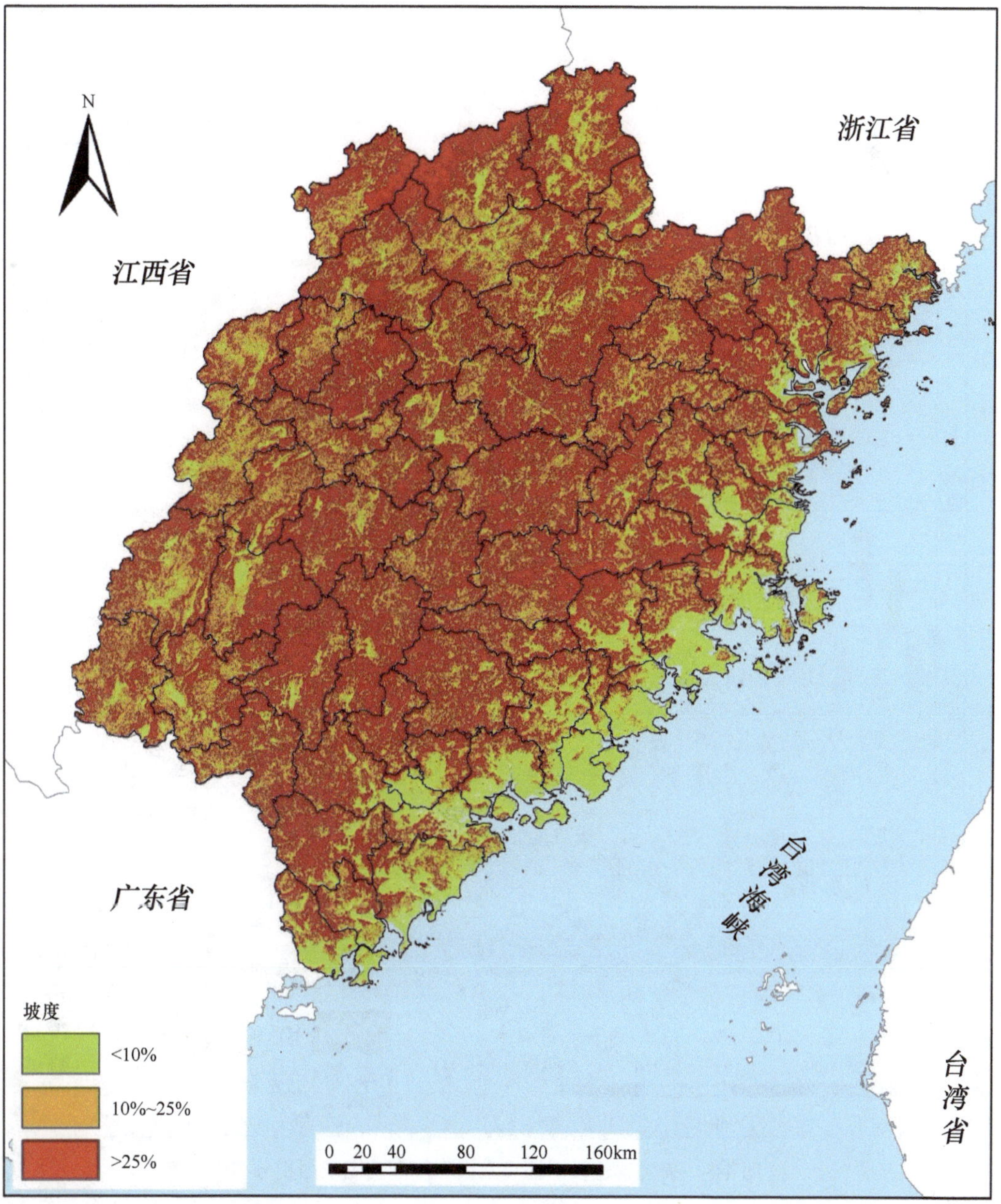

图 4-2　福建省建设用地“上山”开发坡度分布

二类用地面积 259.4 万 hm^2，占“上山”规划总面积的 72.20%。因此，非常适宜改造为建设用地的低丘缓坡地（坡度≤10%）较少。

其中，“上山”规划的面积较大的几个区域多分布于福建省的西南区域和中部区域，而沿海地区和中东部部分地区的分布较少。建瓯市、长汀县、建阳市、浦城县、上杭县、武平县、尤溪县、宁化县、连城县、南平市辖区、漳平市、邵武市、清流县、安溪县、漳浦县、永定县、平和县、龙岩市辖区等 18 个区域的可规划面积较大。“上山”规划面积较小的几个区域主要分布在福建省沿海地区，其中，平潭县、金门县、惠安县、晋江市、东山县、漳州市辖区、石狮市“上山”规划面积较小，其分布如图 4-4 所示。

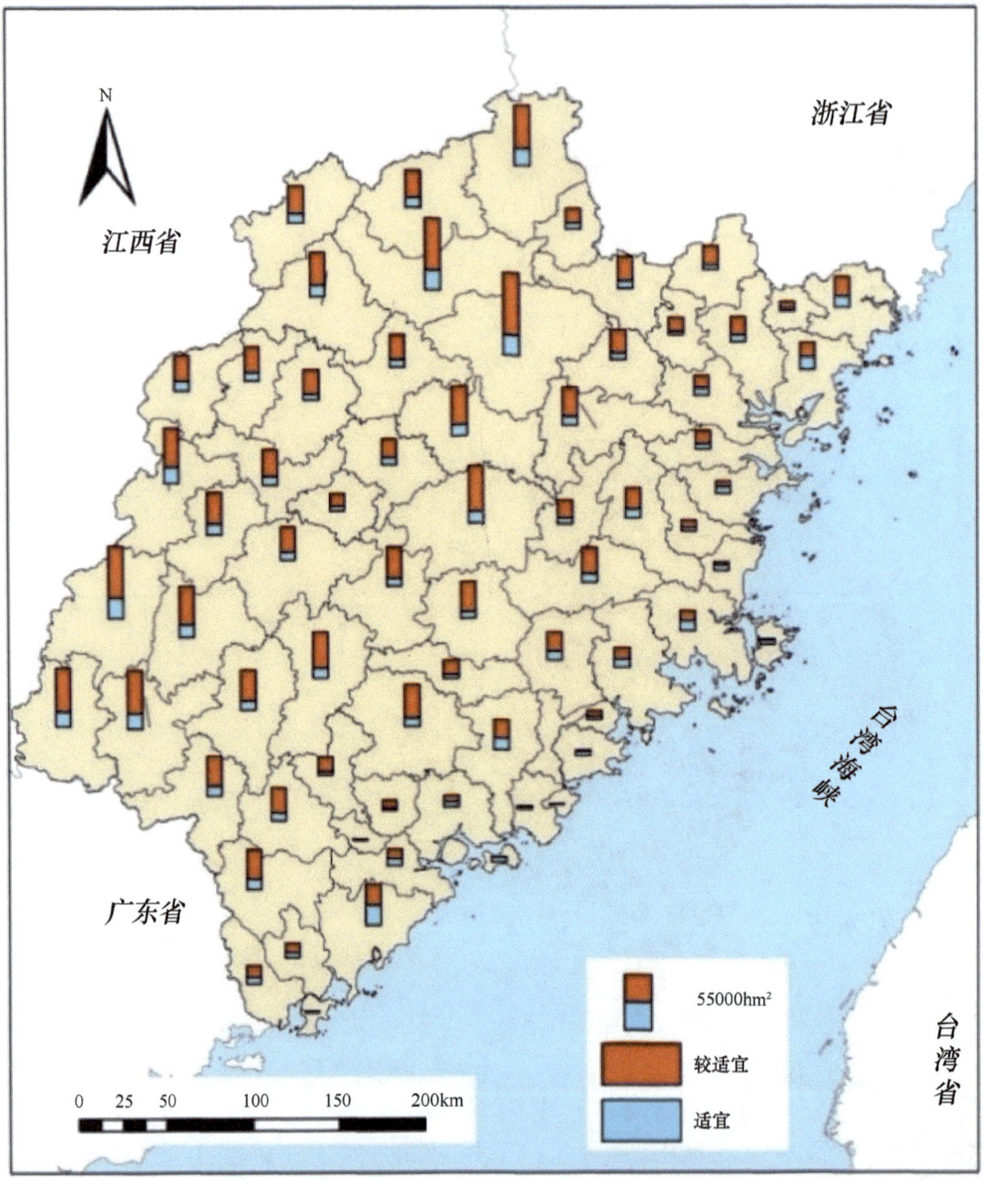

图 4-3 福建省建设用地“上山”规划范围及面积分布

这种分布格局的形成主要与两方面原因有关。第一，福建沿海地区是福建省的重要经济区域，分布着福州、厦门、泉州、莆田等经济发达城市，故其现有建设用地较多，且经济的发展促使建设用地扩展迅猛，因此，这些区域都已划归为不适宜“上山”规划的地类。第二，福建省平原大部分分布于沿海地区，而内陆山地丘陵较多。因而内陆适宜建设用地“上山”规划区域较多而沿海地区较少。因此，建设用地“上山”规划研究结果符合福建省地形及经济发展的特点。

4.2 建设用地“下海”规划

建设用地“下海”规划按照规划区域分为市域规划和省域规划。

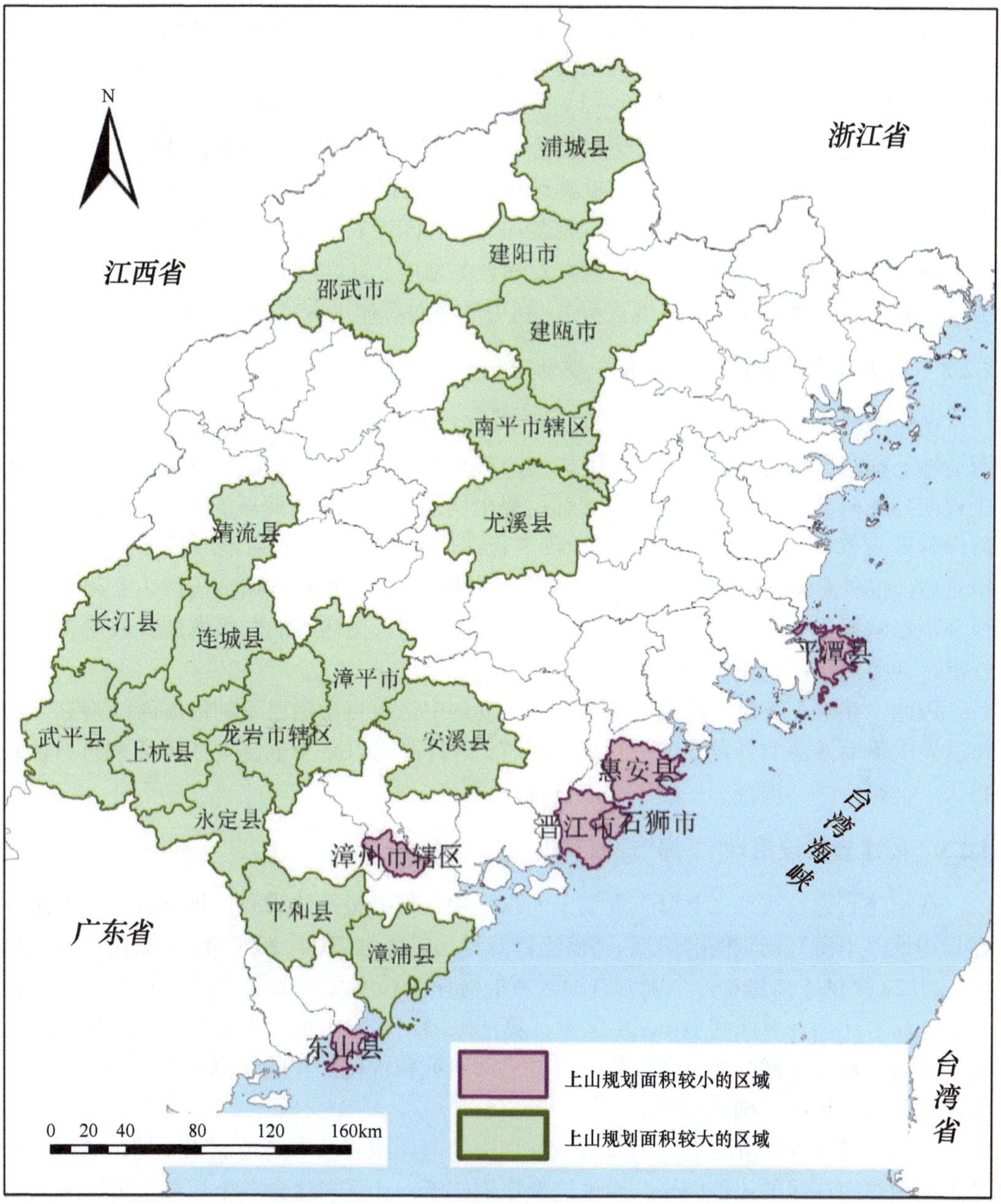

图 4-4　福建省“上山”规划面积较大和较小的评价单元

4.2.1　市县尺度建设用地“下海”规划方法

在市县范围内选择可开发为沿海滩涂地的区域时，可分为两步进行。

（1）评价海岸带保护等级。海岸带具有生态脆弱、经济要素分布复杂等特点。综合考虑海岸线地区的资源禀赋、发展潜力、环境景观与规划合理诉求，将海岸带划分为三个等级。一级保护区为特别管制地区，承载着旅游资源、有历史文化价值的遗迹或遗址、国家级风景名胜区等功能。二级保护区为重点管制地区，承载着港口工业、生态环境保护、风景名胜区等功能。三级保护区为适宜开发区域，其旅游资源不突出、开发潜力小，适宜城市居住区、工业区、农业种植、水产养殖等类别的建设用地。

（2）选择沿海滩涂开发区域。综合评价大陆架结构、滩涂范围、滩涂生态、开发难易程度等要素，将具有开发潜力的沿海滩涂划分为适建区、限建区、禁建区（李通等，2017）。其中，适建区是指适宜进行城市开发建设的区域，该类地区无重大自然地质灾害，建设后对周边环境不产生破坏，属于非生态敏感区和建设控制区，或属于“三规”中确定的建设用地，或有在建或已批建设项目。限建区是指一定条件下可以进行开发建设的地区。该区域包含生态敏感区、旅游观光区、滩涂农业发展区、文物保护区等重点保护区域。禁建区是指禁止进行任何开发建设的地区。此区域具有重大自然地质灾害的地区（如海水倒灌、塌陷区、地震等），利用后将对海岸地区产生重大破坏的地区。

4.2.2 省级尺度建设用地“下海”规划方法

向海要陆是人类征服自然的表现，但考虑到生态环境及可持续发展问题，我国对填海造地工程有严格的规定。根据《中华人民共和国海洋环境保护法》的规定，填海造地工程应当先向县级以上海洋行政主管部门提出围填海造地使用海域的申请，市、区（县）海洋行政主管部门会同级国土资源行政主管部门依法对围填海造地项目使用海域进行审查后，报省海洋行政主管部门审核。围填海造地项目在可行性研究阶段，必须编报海洋环境影响报告书，由有审批围填海造地项目权限的人民政府的同级海洋行政主管部门核准，并报同级环境保护行政主管部门备案。

因此，在对省级尺度建设用地“下海”规划中，重点考虑已有的沿海滩涂规划，对可开发的沿海滩涂的开发强度进行优化配置。这样既可以减少重复规划所带来的不必要损失，又符合“三规合一”的现代规划理念。

4.2.3 福建省建设用地“下海”规划实现

在福建省建设用地“下海”规划空间探索中，将借鉴福建省海洋规划数据，以保障建设用地“下海”规划的准确性。《福建省海洋功能区划 2011~2020 年》（福建省人民政府，2012）提供了福建省各个围海造地区域的海岸线长度及图示位置，但没有面积数据。本节采用等比例计算法和 ArcGIS 矢量计算法来确定建设用地“下海”规划面积。在此特别说明，本节计算得到的面积数据仅供后续研究和优化配置的计算使用，不是福建省沿海地区填海造地的确切数据。

首先，借鉴晋江市围头湾填海造地规划中的海岸线和填海造地面积比例，确定填海造地面积与海岸线的比例因子，通过这个比例因子，计算福建省各个填海造地区域的面积。再将图示数据在 ArcGIS 中人工矢量化，量测各个填海造地区域的面积，用于等比计算获取的数据精度的调整和验证。

因此，建设用地“下海”规划分以下四步。

第一步，确定填海造地区域面积与海岸线长度的比例因子 u。

第二步，利用比例因子 u 与各个填海造地区域的海岸线长度根据式（4-2）获取各填海造地区域的面积：

$$S_i^{\text{sea}} = L_i \times u \tag{4-2}$$

式中，S_i^{sea} 为第 i 个围海造地区域的面积，单位：hm^2；L_i 为第 i 个围海造地区域的海岸线长度；u 为晋江市围头湾填海造地区域面积与海岸线长度比，$u=4172\text{hm}^2/19540\text{m}= 0.2135$。

第三步，利用 ArcGIS 将下海区域分布图矢量化，量测各个区域的面积。

第四步，利用式（4-3）获得福建省建设用地“下海”规划空间的分布及其面积数据：

$$S_{\text{全省}}^{\text{sea}}=\sum_{1}^{n}S_{i}^{\text{sea}} \tag{4-3}$$

式中，$S_{\text{全省}}^{\text{sea}}$ 为沿海区域“下海”规划空间的面积，单位：hm^2；n 为评价单元个数，本书中，n=9；其他参数与式（4-2）中参数含义相同。ArcGIS 空间矢量化结果见图 4-5。

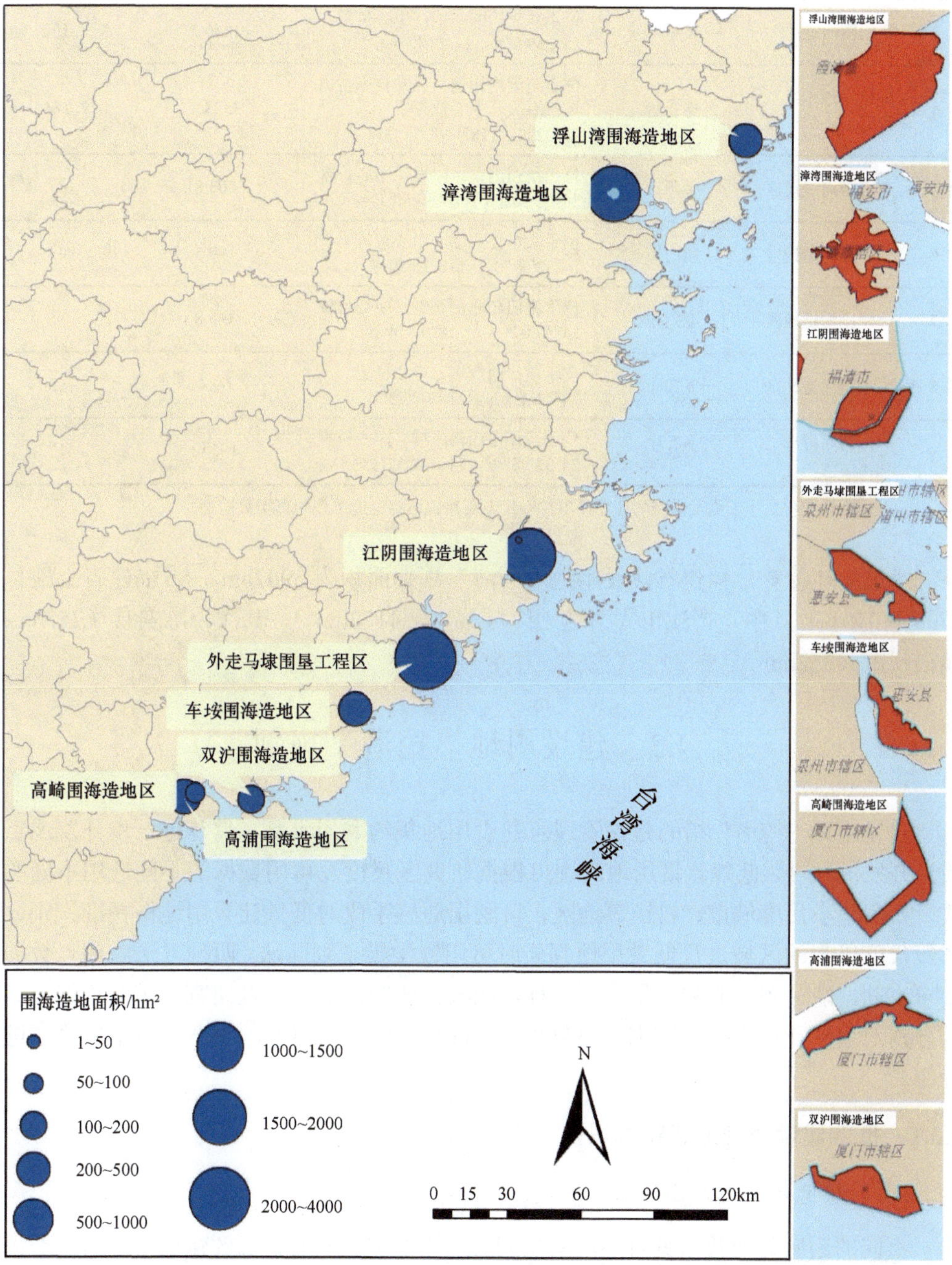

图 4-5　福建省建设用地“下海”规划范围及面积分布示意图

各个围海造地区域的研究结果如表 4-2 所示。

表 4-2　福建省建设用地"下海"规划面积

序号	区域名称	权属	地理位置	海岸线长度/m	面积/hm^2
1	浮山湾围海造地区	霞浦县	位于浮山湾，中心位置 26°55′20″N，120°06′54″E	345.8	74
2	漳湾围海造地区	宁德市蕉城区	位于三沙湾漳湾，中心位置 26°43′04″N，119°37′27″E	1514.0	324
3	江阴围海造区	福州市	位于兴化湾西北部，中心位置 25°25′48″N，119°18′56″E	1646.2	352
4	外走马埭围垦工程区	惠安县	位于湄洲湾西侧，惠安县东桥镇东侧海域，中心位置 25°02′N，118°55′E	3533.3	755
5	车垵围海造地区	泉州市	位于泉州湾车垵附近，中心位置 24°52′00″N，118°39′50″E	403.8	87
6	双沪围海造地区	厦门市	位于大嶝岛南侧，中心位置 24°32′59″ N，118°18′50″E	199.5	43
7	高崎围海造地区	厦门市	位于厦门岛北侧海域，中心位置 24°33′07″ N，118°07′54″E	395.8	85
8	高浦围海造地区	厦门市	位于厦门西海域，中心位置 24°33′45″ N，118°03′43″E	69.4	15
9	围头湾填海造地区	晋江市	位于晋江市西南区域，中心位置 24°33′38″ N，118°38′22″E	19540	4172

注：此表中数据仅为本书提供案例的计算使用，不代表福建省填海造地工程的真实数据。

经过上述计算，福建省建设用地"下海"规划面积为 5907hm^2，占福建省土地总面积的 0.048%。其中，晋江市围海造地区域最大（4172hm^2），其次为惠安县（755hm^2）和福州市（352hm^2）。

4.3　建设用地"挖潜"规划

建设用地"挖潜"指的是探索现有建设用地集约利用不高、具有进一步开发或重新改造开发的区域。低效建设用地判别可根据研究区尺度及可用数据的不同选用不同的方式，如在中小尺度城市、村镇等地区，可利用遥感手段对低效建设用地做精准识别，在省级尺度以上的区域进行低效用地判断时可用数学模型判断法。两种方法对输入数据的要求不同，能达到的监测结果也不一样，应根据研究区的尺度及研究需求合理选择。下面分别对遥感反演方法和数据包络分析（data envelope analyse，DEA）模型估算法进行介绍。

4.3.1　低效建设用地遥感精准识别

1）村镇低效用地光谱特征

不同的遥感影像数据具有不同的空间分辨率和光谱特征。低效建设用地的精准识别需要分辨出低效建设用地地上建筑物的纹理特征。通过对比现有的常用光学遥感影像数据，不难发现航拍影像和高分辨率卫星影像（空间分辨率小于 1m）具有空间分辨率高、重访周期短的特点，能够较清晰地反映低效用地的光谱特征、纹理特征，以及空间分布特征，有利于低效用地的快速识别。

2）建立示范区低效用地特征光谱库

根据研究区域的不同，建立低效用地特征光谱库是低效用地精准识别的关键。在这以福建省晋江市作为研究的示范区，研究晋江市低效用地光谱特征。高分辨率遥感数据采用法国 Pleiades 卫星数据，空间分辨率为 0.5m，数据时间为 2014 年 11 月。选取旧城镇（城市）、旧城镇（建制镇）、旧村庄、旧厂房四类典型的低效利用方式，分析晋江地区低效用地光谱特征，建立晋江低效用地特征库。特征库如表 4-3 所示。

表 4-3　晋江市低效用地特征光谱库

序号	名称	解译标识	描述	图像地点
1	旧城镇（城市）	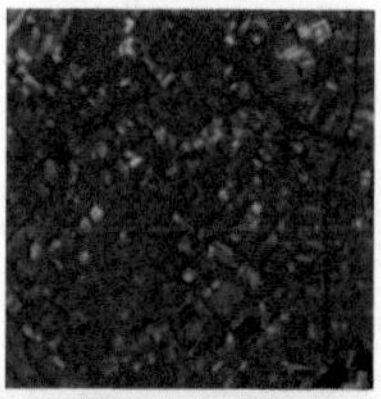	建筑低矮，分布密度，颜色单一，主要呈褐色调，零星分布新建白色建筑，错落有致	晋江市安海镇鸿塔
2	旧城镇（建制镇）		建筑低矮，密集分布、颜色较单一，主要呈暗褐、灰色调，纹理较粗	晋江市陈埭镇涵埭
3	旧村庄		建筑密集分布，村庄中心低矮，颜色呈灰色调；四周建筑较高，色调明亮，纹理较粗	晋江市英林镇
4	旧厂房		建筑以蓝色、灰色等彩钢瓦为主，单一建筑大小不一，分布无序，杂乱，低矮	晋江市龙湖镇烧灰村

3）利用低效用地评价体系检验低效用地识别结果

低效用地评价指标体系是低效建设用地识别的常用方法。虽然指标体系评价法不能对低效用地进行精准识别，但可精确评估不同区域内的土地使用效率。针对不同类型的低效用地，建立低效用地评价体系（表 4-4），对利用遥感影像监测的低效用地进行检验，检测遥感数据精准识别技术获取的低效用地是否在建设用地利用效率较低的区域，有利于提高遥感精准识别结果的准确度。并且，将低效用地评价体系与高分遥感影像识别结合，形成面向对象的低效用地识别技术，可对中小城市和村镇低效建设用地进行快速有效的精准识别。

表 4-4　低效用地评价体系

低效用地类型	指标	指标含义
旧城镇（城市、建制镇）	综合容积率	各类建筑总面积/土地面积
	人口密度	居住人口/土地面积
	基础设施完备度	指区内的水、电、路等基础设施的配套程度
	建筑密度	各类建筑基地面积/土地面积
旧厂房	综合容积率	各类工业建筑面积/土地面积
	基础设施完备度	指区内的水、电、路等基础设施的配套程度
	单位用地固定资产总额	工业企业固定资产原价/土地面积
	单位用地工业总收入	工业总产值/土地面积
	单位用地工业总税收	工业总税收/土地面积
	建筑密度	各类建筑基地面积/土地面积
	开发建设率	启动工开发建设面积/土地面积
旧村庄	综合容积率	各类工业建筑总面积/土地面积
	基础设施完备度	指区内的水、电、路等基础设施的配套程度
	道路通达度	村庄建设用地道路通达程度
	人口密度	实际居住人口/土地面积

4.3.2　低效用地面积计算方法——DEA 模型

1）DEA 方法基本原理

DEA 方法是指数据包络分析方法，其包含 CCR（也可表示为 C^2R）和 BCC（也可表示为 BC^2）两个模型。

CCR 模型是 Charnes 等（1978）在 1978 年提出来的。CCR 的基本前提是规模报酬不变。首先对现有的 n 个评价单元的输入和输出比率进行分析，确定生产过程中的有效面，然后再判定每个评价单元与该前沿面的关系，并以评价单元与前沿面的距离来断定其是否有效及差距改进程度。CCR 模型可计算获得技术效率，BBC 模型的基本前提是规模报酬可变。由于 CCR 模型是假定在固定规模报酬下来衡量整体效率，但并不是每一个 DMU（decision making unit）都处于固定规模报酬下的，鉴于此，Charnes 和 Cooper 根据 CCR 模型通过增加一个凸型假设的修订，来得到 DCC 模型（Charnes and Cooper，1991）。BBC 模型可计算获得纯技术效率。更多关于 DEA 方法中的 CCR 模型和 BBR 模型介绍请参考文献（魏权龄，2006；代丽丽，2014；李娟等，2010；李霖等，2013；王筱明和闫弘文，2005；朱巧娴等，2015）。由于本书需要对建设用地利用效率进行评定，可假定规模报酬不变，故选用 CCR 模型进行建设用地“挖潜”规划空间探索，可直接获得固定规模报酬下的建设用地“挖潜”规划空间。

2）DEA 方法特点

在评价建设用地低效利用空间时，DEA 方法具有以下优势（李通，2016）：①能够处理较多的输入参数和输出参数，与建设用地利用效率由多种要素决定的特征相符；②其核心原理是根据所有样本数据分析其相对有效的样本单元，本质是获取最优性，而以往的统计学方法其本质是平均性；③在对多个样本进行相对效率评价时，DEA 方法不受输入数据和输出数据的量纲影响；④DEA 对各输入数据的权重采取最优化方法进行自动评定，不受主观影响；⑤DEA 方法所选用的输入模型和输出模型之间的显性关系不需事先确定，因而评价结果不受错用输入和输出函数的影响；⑥对于 DEA 无效单元，模型不仅给出低效空间的调整方向，而且会给出具体的调整量。因此，DEA 模型能够计算 DEA 无效单元的建设用地多余量。

3）DEA 方法的 CCR 模型算法

对于 n 个评价单元（在 DEA 方法中成为决策单元，DMU，DMU_j（j=1，2，3，4，5，…，n），每个 DMU 都有 m 项投入 X_j=（x_{1j}，x_{2j}，…，x_{mj}），s 项产出 Y_j=（y_{1j}，y_{2j}，…，y_{sj}），它们分别表示“消耗的资源”和“工作的成效”。则第 j_0 个 DMU 的效率评估模型：

$$\begin{cases} \max \mu^t y_0 = V_p \\ \text{s.t.}\, \omega^{\mathrm{T}} x_j - \mu^{\mathrm{T}} Y_j \geqslant 0 \qquad j = 1,2,\cdots,n \\ \omega^{\mathrm{T}} x_0 = 1 \\ \omega^{\mathrm{T}} \geqslant \varepsilon e^{\mathrm{T}}, \mu^{\mathrm{T}} \geqslant \varepsilon e^{\mathrm{T}} \end{cases} \tag{4-4}$$

式中，（x_0，y_0）为 DMU_{j_0} 的投入产出；ε 为阿基米德无穷小；e 为元素为 1 的向量。其对偶规划为

$$\begin{cases} \min\left[\theta - \varepsilon\left(e^{\mathrm{T}} s^- + e^{\mathrm{T}} s^+\right)\right] = V_D \\ \text{s.t.}\sum_{j=1}^{n} x_j \lambda_j + s^- = \theta \circ x_0 \\ \sum_{j=1}^{n} y_j \lambda_j - s^+ = y_0 a \end{cases} \tag{4-5}$$

$$\lambda_j \geqslant 0 \qquad j = 1,2,\cdots,n, \qquad s^+ \geqslant 0 \qquad s^- \geqslant 0$$

式中，θ 为决策单元 DMU_{j_0} 的有效值，即投入相对于产出的有效利用程度；s^+，s^- 为线性规划问题的松弛变量；λ_j 为相对于 DMU_{j_0} 重新构造一个有效 DMU 组合中 j 个决策单元 DMU_j 的组合比例。

在 CCR 模型中：①当 $\theta = 1$ 且 $s^+ = s^- = 0$ 时，则该 DMU 为 DEA 有效，即在原投入 x_0 的基础上获得的产出 y_0 已经达到了最优；②当 $\theta = 1$ 且 $s^+ \neq 0$ 或 $s^- \neq 0$ 时，则称该 DMU 为 DEA 弱有效；③当 $\theta < 1$ 时，则称 DMU 为 DEA 无效。

4）DEA 方法实现及指标

（1）技术效率（technology efficiency），指的是评价单元在投入要素一定时，得到的产出与生产前沿面的差距。得到的产出与生产前沿面越接近，技术效率越高，反之则技术效率越低。

（2）纯技术效率（pure technology efficiency），是由 BBC 模型计算获取，与技术效率含义类似。其表示在 BBC 模型的假设条件下，计算生产前沿面的产出和该决策单元实际产出的差距。纯技术效率强调的是技术和管理是否有效，这个效率主要由管理者的管理制度、方法、水平等决定。

（3）规模效率（scale efficiency），指的是生产前沿面分别在报酬可变和不变的情况下的距离之差。当规模效率为 1 时，说明该评价单元处于规模收益不变的生产方式，也就是说，当输入要素提高 k 倍时，输出要素也提高 k 倍，即规模有效。当规模效率小于 1 时，说明该评价单元处于规模收益较低的生产方式，也就是说，当输入要素提高 k 倍时，输出要素提高量大于 k 倍或小于 k 倍，即规模无效。

5）DEA 方法的建设用地低效利用空间计算

综上所述，在建设用地“挖潜”规划中，可以选用技术效率来判断输入指标的有效性及利用程度。若技术效率<1，则 CCR 模型计算得出的理论投入要素小于实际投入要素，表示投入要素没有得到充分使用。其中，建设用地的理论投入要素与实际投入要素之间的差即为低效建设用地面积，即建设用地“挖潜”规划面积。

4.3.3 福建省建设用地“挖潜”规划实现

在对福建省建设用地“挖潜”规划时，目的是获取各评价单元（以各县市区为评价单元）低效建设用地的面积。首先选取评价指标，利用统计年鉴数据，选取投入与产出相匹配的经济、社会、土地数据，组成评价指标体系。再利用 DEA 方法，对各个评价单元的建设用地利用效率进行评价。最后，统计各个评价单元的低效建设用地面积。因此，福建省低效用地“挖潜”规划分为以下三步。

1. 评价指标选择

本着科学性、系统性、区域性、数据可获取性原则，考虑到 DEA 方法对评价指标数量的限制，在综合较多的国内学者研究的基础上（朱巧娴等，2015；代丽丽，2014；李霖等，2013；李娟等，2010；王筱明和闫弘文，2005），研究从土地、资本、劳动三个方面选用模型指标。具体指标包括：第二次土地调查中获取的建设用地面积（hm^2）、固定资产投资（不含农户）（亿元）、公共财政支出（亿元）、城镇单位年末从业人员数（万人）、地区生产总值（二三产业）（亿元）、地方公共财政收入（亿元）、社会消费品零售总额（亿元）。

其中，投入指标中的固定资产投资对应产出地区生产总值，由于研究着重评价建设用地的经济产出，故在固定资产投资中减去农户部分，在地区生产总值中只统计二三产业的生产总值；投入指标的公共财政支出对应产出指标的地方公共财政收入；劳动指标的城镇单位年末从业人员数对应着社会消费品零售总额。DEA 模型的评价体系如表 4-5

所示。各个评价单元的各指标数值采用《2015年福建省统计年鉴》数据。

表 4-5　DEA 模型评价指标体系

应用	类别	具体指标
投入	土地	建设用地面积/hm^2
	经济	固定资产投资（不含农户）/亿元
		公共财政支出/亿元
	劳动	城镇单位年末从业人员数/万人
产出	经济	地区生产总值（二三产业）/亿元
		地方公共财政收入/亿元
	社会	社会消费品零售总额/亿元

2. DEA 模型运行

在利用 DEA 方法对福建省建设用地效率进行评价时，由于 DEA 模型根据所有评价单元的整体效率来确定低效区域，为了消除经济社会指标较高的评价单元提高整体评价单元的效率，也考虑到城市区域的建设用地利用效率要远远高于县级区域的利用效率（夏露，2013），故本书将福建省建设用地“挖潜”规划空间探索分为市辖区和县级市两部分进行。

首先，对 9 个地级市辖区和 14 个县级市组成的城市评价区域进行低效用地评价工作。研究借助澳大利亚新英格兰大学 Coelli T.J 团队研发的 DEAP（data envelopment analysis program）Version 2.1 来实现 DEA 方法。

（1）创建数据矩阵。将 23 个评价单元的以上 7 个指标的数据组成一个 23 行 7 列的矩阵，并存储于 txt 文档中，命名为 fjdat_23shi.txt，并与 DEAP 2.1 程序放于同一根目录下。

（2）创建执行文件。在参数选择中，DATA FILE NAME 输入以上 7 个指标所列的矩阵所在的文件的名字 fjdat_23shi.txt；OUTPUT FILE NAME 为输出计算结果的文本文件名，命名为 fjout_23shi.txt；NUMBER OF FIRMS 为评价单元的个数，在此为 23；NUMBER OF TIME PERIODS 为输入矩阵的时间序列，由于本书采用的是 2015 年统计年鉴数据，属于截面数据，故时间序列数为 1；NUMBER OF OUTPUTS 为产出要素的个数，本书中共有 3 个产出要素，故为 3；NUMBER OF INPUTS 为输入要素的个数，本书中共有 4 个输入要素，故为 4；0=INPUT AND 1=OUTPUT ORIENTATED 为投入或产出导向，本书为投入导向，故选择 0；0=CRS AND 1=VRS 为选择具体模型，CRS 代表 CCR 模型，VRS 代表 BBC 模型，本书选用 CCR 模型，故为 0；0=DEA（MULTI–STAGE），1=COST–DEA，2=MALMQUIST–DEA，3=DEA（1–STAGE），4=DEA（2–STAGE），选择 0 为多阶 DEA 分析。设置好参数后，将执行文件保存为 fjins_23shi.txt。

（3）执行 DEA 方法。利用根目录下的 DEAP.exe 程序，在程序中输入执行文件 fjins_23shi.txt 的文件名，得到 fjout_23shi.txt。

在得到的输入文件中，获取 crste（综合效率）、vrste（技术效率）、scale（规模效率）、规模效率变化、理论投入要素值。用实际建设用地面积减去利用 DEA 模型获得的理论建设用地面积得到低效建设用地面积，低效建设用地面积即为评价单元的低效建设用地面积，见表 4-6。

表 4-6　福建省 23 个地市 DEA 模型运算结果

地名	crste（综合效率）	vrste（技术效率）	scale（规模效率）	规模效率变化	理论建设用地面积/hm^2	实际建设用地面积/hm^2	低效用地面积/hm^2
福安市	1	1	1	—	10415.18	10415.18	0
福鼎市	0.87	1	0.87	irs	7683.56	7683.56	0
福清市	0.92	0.92	1.00	drs	18255.58	27989.73	9734.16
福州市辖区	1	1	1	—	25644.06	25644.06	0
建瓯市	1	1	1	—	12056.44	12056.44	0
建阳市	1	1	1	—	11408.18	11408.18	0
晋江市	1	1	1	—	35920.06	35920.06	0
龙海市	0.88	0.88	1.00	—	15918.08	22812.06	6893.99
龙岩市辖区	1	1	1	—	17685.56	17685.56	0
南安市	1	1	1	—	38288.77	38288.77	0
南平市辖区	0.68	1	0.68	irs	10744.42	10744.42	0
宁德市辖区	0.61	0.93	0.66	irs	7335.20	7861.05	525.85
莆田市辖区	0.95	0.95	1.00	irs	27810.43	40922.35	13111.91
泉州市辖区	1	1	1	—	23667.41	23667.41	0
三明市辖区	1	1	1	—	7320.18	7320.18	0
厦门市辖区	1	1	1	—	55353.28	55353.28	0
邵武市	1	1	1	—	9760.41	9760.41	0
石狮市	1	1	1	—	10087.89	10087.89	0
武夷山市	0.65	1	0.65	irs	8584.13	8584.13	0
永安市	1	1	1	—	11572.78	11572.78	0
漳平市	0.75	1	0.75	irs	8502.66	8502.66	0
漳州市辖区	1	1	1	—	12241.98	12241.98	0
长乐市	1	1	1	—	16008.31	16008.31	0

由表 4-6 可见，在福建省 23 个地市评价单元中，大部分评价单元 DEA 有效，且技术效率较高，表明能够充分利用投入要素进行生产活动，建设用地利用效率也达到了 23 个评价单元的前沿面。但福清市、龙海市、宁德市辖区、莆田市辖区的技术效率较低，建设用地投入多余量较大，说明建设用地要素的利用效率不高，需要提高建设用地利用效率。通过对 23 个地市评价单元的研究，获取建设用地低效建设用地面积共 3.02 万 hm^2，评价单元的纯技术效率及“挖潜”规划区域的具体空间分布如图 4-6 所示。

其次，对福建省 44 个县级评价单元的低效建设用地进行“挖潜”探索。研究方法和实现过程同 23 个地市评价单元类似，仅将创建的执行文件中的 NUMBER OF FIRMS 参数改为 44，并重新建立输入矩阵，以及输入和输出文件名。获得的运算结果如表 4-7 所示。

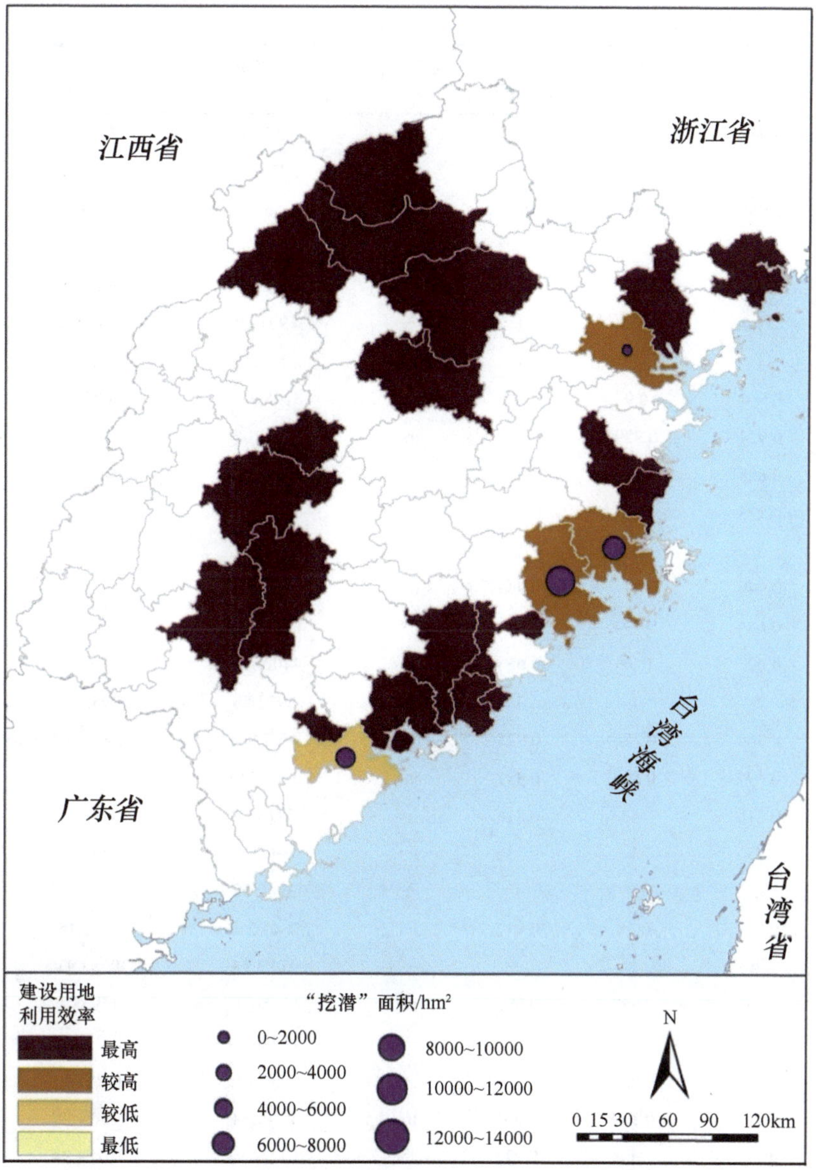

图 4-6 福建省各市建设用地“挖潜”范围规划图

表 4-7 福建省 44 个地市 DEA 模型运算结果

地名	crste（综合效率）	vrste（技术效率）	scale（规模效率）	规模效率变化	理论建设用地面积/hm²	实际建设用地面积/hm²	低效用地面积/hm²
安溪县	1	1	1	—	20802.84	20802.84	0
大田县	0.872	0.934	0.934	irs	7799.809	10707.33	2907.521
德化县	1	1	1	—	8159.5	8159.5	0
东山县	1	1	1	—	6020.47	6020.47	0
古田县	0.99	1	0.99	irs	7743.48	7743.48	0
光泽县	0.865	1	0.865	irs	5441.62	5441.62	0
华安县	0.679	1	0.679	irs	6404.6	6404.6	0
惠安县	1	1	1	—	22621.13	22621.13	0

续表

地名	crste（综合效率）	vrste（技术效率）	scale（规模效率）	规模效率变化	理论建设用地面积/hm^2	实际建设用地面积/hm^2	低效用地面积/hm^2
建宁县	0.964	1	0.964	irs	4183.9	4183.9	0
将乐县	1	1	1	—	5877.11	5877.11	0
连城县	0.987	1	0.987	irs	9381.1	9381.1	0
连江县	1	1	1	—	12223.23	12223.23	0
罗源县	1	1	1	—	6221.84	6221.84	0
闽侯县	1	1	1	—	19014.2	19014.2	0
闽清县	1	1	1	—	7182.34	7182.34	0
明溪县	0.664	0.9	0.738	irs	3208.485	4082.61	874.125
南靖县	0.924	0.929	0.995	irs	8549.05	9880.36	1331.31
宁化县	0.888	0.91	0.976	irs	5175.217	7720.22	2545.003
平和县	0.775	0.841	0.921	irs	7521.323	10170.73	2649.407
平潭县	1	1	1	—	6948.43	6948.43	0
屏南县	0.949	1	0.949	irs	2926.93	2926.93	0
浦城县	0.684	0.794	0.861	irs	6560.217	10961.75	4401.533
清流县	0.627	0.96	0.653	irs	4402.952	4588.5	185.548
沙　县	1	1	1	—	8952.78	8952.78	0
上杭县	0.766	0.786	0.975	drs	9797.963	14026.88	4228.917
寿宁县	0.694	0.835	0.832	irs	3071.714	3677.96	606.246
顺昌县	0.816	1	0.816	irs	5713.25	5713.25	0
松溪县	0.736	1	0.736	irs	3994.8	3994.8	0
泰宁县	1	1	1	—	3942.08	3942.08	0
武平县	0.711	0.78	0.912	irs	7641.211	9802.15	2160.939
霞浦县	1	1	1	—	8083.93	8083.93	0
仙游县	0.653	0.658	0.992	irs	10480.03	15933.8	5453.768
永春县	1	1	1	—	11220.44	11220.44	0
永定县	0.929	0.929	1	—	8939.743	12255.43	3315.687
永泰县	0.738	0.819	0.901	irs	6145.54	7505.32	1359.78
尤溪县	0.972	1	0.972	drs	10274.94	10274.94	0
云霄县	0.794	0.918	0.865	irs	6787.992	7395.92	607.928
漳浦县	0.763	0.822	0.929	drs	12160.57	21613.42	9452.847
长泰县	0.868	0.941	0.922	irs	7646.873	8127.45	480.577
长汀县	0.614	0.677	0.907	irs	7549.905	11148.57	3598.665
诏安县	1	1	1	—	7798.57	7798.57	0
柘荣县	0.925	1	0.925	irs	1775.04	1775.04	0
政和县	0.546	0.873	0.625	irs	3799.303	4349.52	550.217
周宁县	0.736	1	0.736	irs	2467.28	2467.28	0

由表 4-7 可见，在福建省 44 个县级评价单元中，大多数评价单元 DEA 有效，且技术效率较高，表明能够充分利用投入要素进行生产活动，建设用地利用效率也达到了 44 个评价单元的前沿面。但漳浦县、仙游县、浦城县、上杭县、长汀县、永定县、大田县、

平和县、宁化县、武平县、永泰县、南靖县、明溪县、云霄县、寿宁县、政和县、长泰县、清流县的技术效率较低，建设用地投入冗余量（建设用地投入大于实际生产需求）较大，说明建设用地要素的利用效率不高，需要提高建设用地利用效率。通过对 44 个县级评价单元的研究，获取低效建设用地面积共 4.67 万 hm^2，评价单元的纯技术效率及“挖潜”规划区域的具体空间分布如图 4-7 所示。

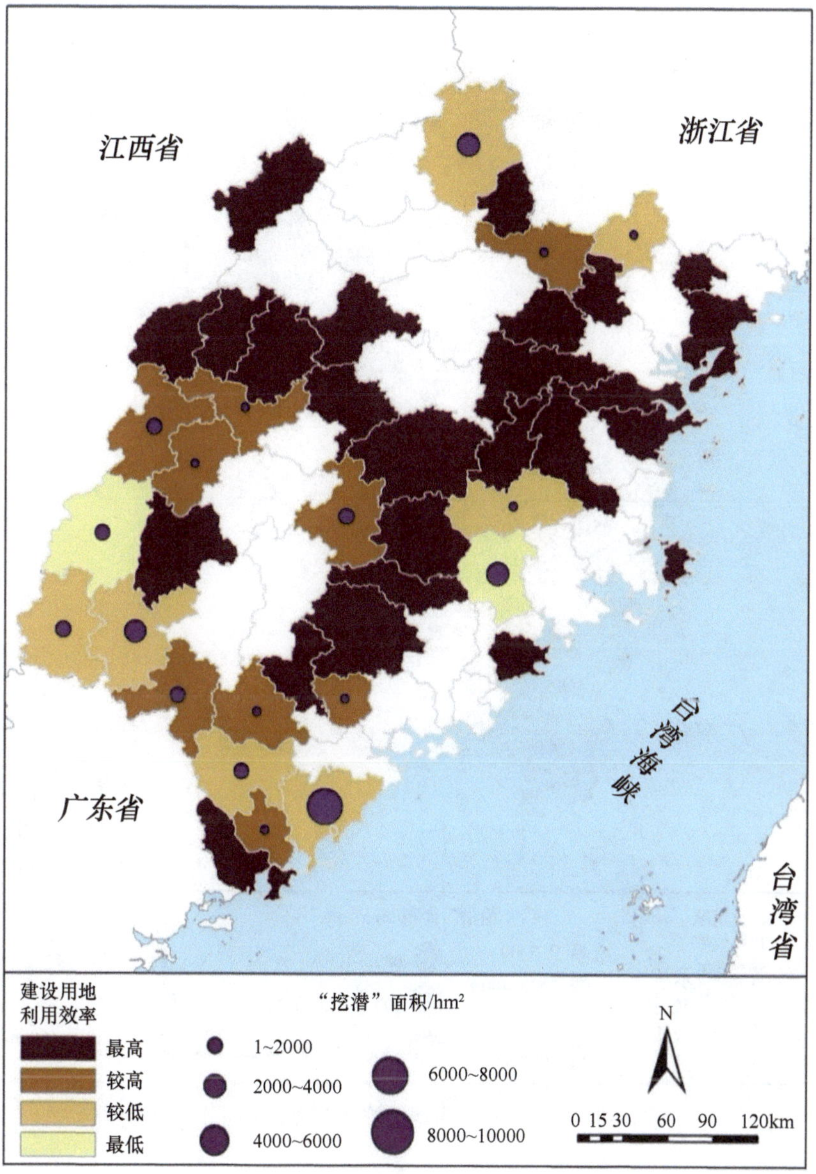

图 4-7　福建省各县建设用地“挖潜”范围规划图

3. 建设用地“挖潜”规划面积合并

基于各市建设用地“挖潜”范围规划图和各县建设用地“挖潜”范围规划图整合，经统计得出，福建省建设用地“挖潜”规划面积共约 7.7 万 hm^2（23 个市 3.0 万 hm^2，

44 个县 4.7 万 hm^2），占全省土地总面积的 1.12%，空间分布如图 4-8 所示。可以看出，福建省大部分地区建设用地利用效率已较高，低效评价单元共有 37 个，主要集中于福建省的北部区域、南部区域，以及东部沿海部分城市。

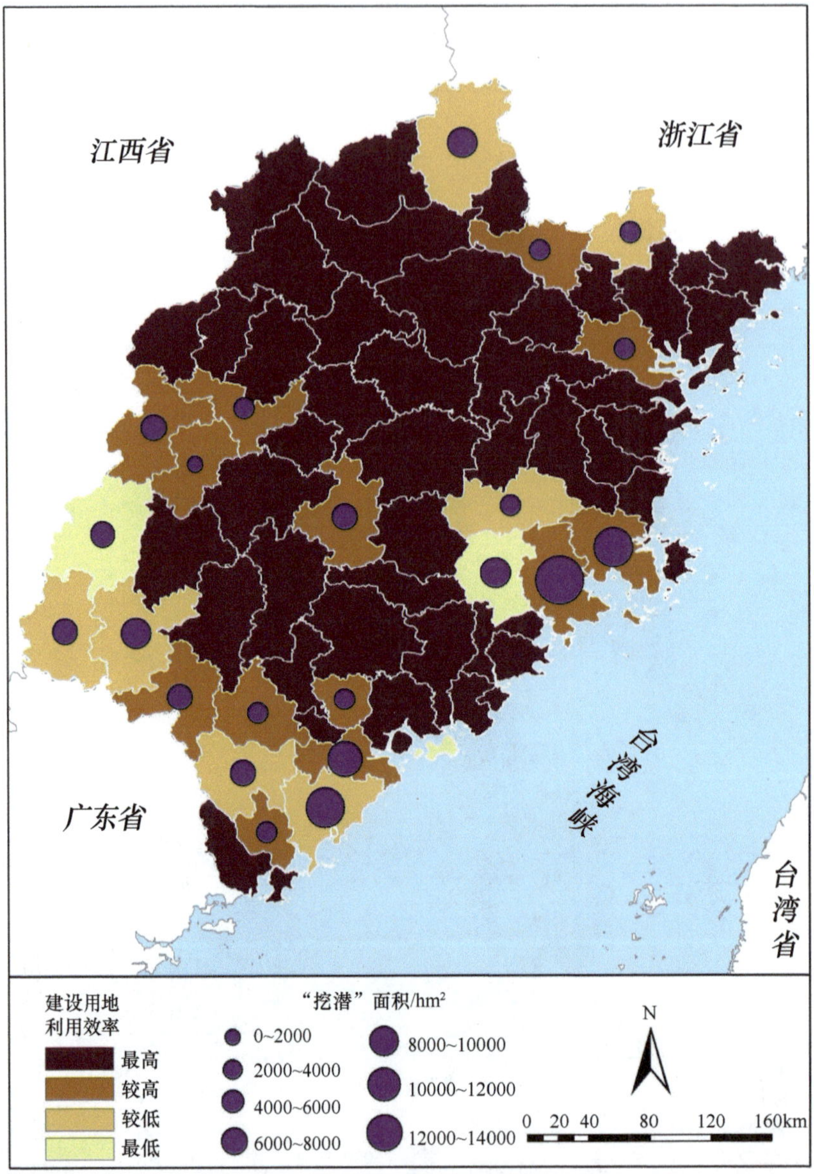

图 4-8 福建省建设用地"挖潜"规划空间分布图

参考文献

代丽丽. 2014. 基于 DEA 的河南省土地利用生态效率评价. 河南大学硕士学位论文

福建省人民政府. 2012. 福建省海洋功能区划 2011-2020. https: //wenku.baidu.com/view/93d24208844769eae009ed03. html. 2011-11-30

姜广辉, 张凤荣, 吴建寨, 等. 2006. 北京山区建设用地扩展及其与耕地变化关系研究. 农业工程学报, 22(10): 88-93

李娟, 李建强, 吉中贵, 等. 2010. 基于超DEA模型的成都市城市土地利用效率评价. 资源与产业, (02): 40-45
李霖, 沈忱, 于忠海, 等. 2013. 基于空间洛伦茨曲线和DEA的省域土地利用结构及效率评价——以黑龙江省为例. 国土资源科技管理, (06): 68-73
李通. 2016. 福建省建设用地"山海原"一体化立体规划与优化配置研究. 山东农业大学硕士学位论文
李通, 张丽, 韩向旭, 等. 2017. "海-原"建设用地空间一体化拓展与优化配置. 地理与地理信息科学, (03): 98-105
彭建, 谢盼, 刘焱序, 等. 2015. 低丘缓坡建设开发综合生态风险评价及发展权衡——以大理白族自治州为例. 地理学报, 70(11): 1747-1761
王筱明, 闫弘文. 2005. 城市土地利用效率的DEA评价. 山东农业大学学报(自然科学版), (04): 573-576
魏权龄. 2006. 数据包络分析(DEA). 北京: 科学出版社
吴志强, 李德华. 2010. 城市规划原理. 第4版. 北京: 中国建筑工业出版社
夏露. 2013. 福建省23个市土地利用效率研究. 福建师范大学硕士学位论文
朱巧娴, 梅昀, 陈银蓉, 等. 2015. 基于碳排放测算的湖北省土地利用结构效率的DEA模型分析与空间分异研究. 经济地理, 35(12): 176-184
Charnes A, Cooper W W, Rhodes E. 1978. Measuring the efficiency of decision making units. European Journal of Operational Research, 2(6): 429-444
Charnes A, Cooper W W, Thrall R M. 1991. A structure for classifying and characterizing efficiency and inefficiency in data envelopment analysis. Journal of Productivity Analysis, 2(3): 197-237

第5章 建设用地优化配置理论与技术

资源优化配置是一项复杂的系统工程，也是一个具有多目标、多层次的特征的持续拟合与决策过程（李伟国，2008）。随着计算机技术、GIS 技术的推广，建设用地开发强度配置和区域优化方法不断出现新的生机（龙瀛，2007；郭志恭，2014；郑新奇等，2001）。线性规划是解决资源优化配置的主要方法，能够解决以下两类问题：一类是利用限定人力、物力等资源条件，研究如何利用这些资源更好地完成任务；另一类是研究如何统筹安排，利用尽可能少的资源达到预期的目标。这两类问题一般可分为在一定的约束条件下，求解目标函数能达到的极值（王永县，1993）。因此，建设用地优化配置可以利用线性规划模型来解决，即在一定的空间范围内，根据影响建设用地空间扩张的限制因素，合理配置建设用地资源，满足建设用地需求量。

5.1 线性规划模型的理论基础

线性规划是用线性数学式表示的。线性规划模型的特点是它的约束条件表现为一组线性等式或不等式。其目标函数是由系统内诸因素构成的线性方程，其解为一组单一的变量值，是目标函数在约束条件下可达到的极大值或极小值（吴次芳和潘文灿，2003）。

线性规划问题的数学公式见式（5-1）和式（5-2）：

$$\min(\max)\ Z=\sum_{j=1}^{n}c_j x_j \tag{5-1}$$

$$\text{s.t.}\begin{cases}\sum_{j=1}^{n}a_{ij}x_j \leqslant (=,\geqslant)\ b_i & i=1,2,\cdots,m\\ x_j\geqslant 0\quad \text{或不限} & j=1,2,\cdots,n\end{cases} \tag{5-2}$$

式中，s.t.为 subject to 的缩写，代表着约束条件；a_{ij}，b_i，c_j为已知或可测的；x_j为待求变量。式（5-1）表示求目标函数Z的最小值（或最大值），Z的大小与变量x_j的取值有关；式（5-2）为约束条件，限制着变量x_j的取值范围。

线性规划模型的建立一般分为以下步骤：①确定决策变量；②确定目标函数，即线性方程，它含有代表解决问题的目标的决策变量，可以表示出在选择不同决策变量值时对目标的各种影响；③确定约束条件，即含有决策变量的线性表示式，它对于可能作出的决策规定出限制条件，对决策变量取满足这些约束条件的不同值，就可以产生出各种待选方案。

建立了数学模型之后面临的就是求解问题。线性规划模型的求解方法很多，一般有图上作业法、表上作业法、图解法、单纯形法等（郭志恭，2014）。单纯形法是在图解法的思路上扩展而成的，所解决的是两个以上变量的线性规划问题，也是获取线性规划函数最优解的常用方法。其基本思路是将问题的约束条件表示为空间中的凸多面体，最优解必然在凸多面体的顶点中取得。因此，可以从凸多面体的某个顶点出发，通过检验数判断方向，然后通过线性变换转到另一个顶点，经过有限次地重复上述步骤，便可求出最优解。所以，在建设用地优化配置中，只要把优化配置的实际问题提炼成线性规划模型，往往就可以利用单纯形法求解模型的最优解。

在求解单纯形法时，可利用蒙特卡罗（Monte Carlo），即随机抽样或统计试验方法（朱辉等，2010）思想，形成能够满足空间约束条件的凸多面体，再利用目标函数来寻找凸多面体的最优顶点。而且在建设用地开发强度的优化配置中，蒙特卡罗方法具有易改造、随机性强的特征，符合建设用地空间随机蔓延拓展的特性。在解算优化配置模型中，蒙特卡罗也是常用的方法（段学军等，2009；肖长江等，2015）。因此，选用蒙特卡罗方法来计算建设用地“山海原”一体化优化配置的最佳方案。

5.2 “山海原”一体化建设用地优化配置模型

“山海原”一体化建设用地空间的优化配置是为了合理配置地块的开发强度。按照 5.1 节的线性规划理论，优化配置的模型应包含一个目标函数和一个约束条件函数。目标函数是优化配置需要达到的最终目标，然而，找一个尽可能简单又能反映客观世界的约束函数是一个至今难以解决的问题。在本书中，将同时满足生态安全和经济适宜性作为优化配置的最终目标，经济适宜性好、生态安全系数高的地块应配置较高的开发强度；经济适宜性差、生态安全系数低的地块应配置较小或者不配置建设用地开发。土地的生态适宜性评价和建设用地的经济适宜性评价技术相对成熟，可参考本书第 6 章的案例应用，本节不再赘述。约束条件应为“山海原”一体化建设用地立体开发范围，也是本书第 4 章研究获取的建设用地“上山”“下海”“挖潜”范围的总和。约束条件还包含决策变量自身的因子属性。

在不同尺度的应用区域中，所包含的建设用地后备资源类型不同，如晋江市没有低丘缓坡地后备资源，但其沿海滩涂地和低效用地较多，因此在建立建设用地一体化优化配置模型时，只考虑“下海”“挖潜”两个类型的土地资源开发强度配置即可；再如，在大尺度区域的福建省范围内，可综合考虑“上山”“下海”“挖潜”三个类型的土地资源开发强度配置。并且，由于配置的最小单元的不同，且所考虑的优化配置目标不同，最终目标函数、约束函数的组成也会有所差异，但优化配置模型基本结构都是由目标函数和约束函数组成的。因此，“山海原”一体化立体规划与优化配置技术能够针对不同尺度研究区域的特点进行合理的组合和改造。

下面以福建省为例，建立“山海原”一体化建设用地优化配置模型；再以晋江市为例，建立“海-原”一体化建设用地优化配置模型。

5.2.1 “山海原”一体化建设用地优化配置模型

福建省建设用地状况已在本书第 1 章中介绍，在此不再赘述。经过“山海原”一体化建设用地优化配置后的土地开发格局应达到生态效益最优化和经济发展适宜性最大化两个目标。因此，建立优化配置的目标函数如式（5-3）所示：

$$目标函数\Omega = \max\left[\sum_{i}^{n} K_i \times (a+b)\right] \tag{5-3}$$

式中，Ω 为优化配置应达的目标函数，是本书筛选最优配置结果的依据；a 和 b 分别为生态安全指数和经济发展适宜性指数，分别来自 1.2.2 节中的生态安全指数和 1.2.3 节中计算的经济发展适宜性指数；K_i 为第 i 个评价单元的开发强度，是利用蒙特卡罗方法配置的参量。

同时，也要考虑以下三个约束条件：①配置后的各地区建设用地总和等于 2020 年福建省建设用地需求量；②各地区的最小开发面积应当大于已有建设用地面积与低效建设用地面积之差；③最大开发强度应小于将所有“山海原”总面积都开发为建设用地的强度。因此，建立约束函数如式（5-4）~式（5-6）：

$$\text{约束函数}\begin{cases}\sum_{i}^{n}\left(A_i \times K_i\right)=T & (5\text{-}4)\\ K_i \geqslant \dfrac{R_i - S_i^{\text{plain}}}{A_i} & (5\text{-}5)\\ K_i \leqslant \dfrac{S_i^{\text{hill}}+S_i^{\text{sea}}+S_i^{\text{plain}}+R_i}{A_i} & (5\text{-}6)\end{cases}$$

式中，T 为福建省 2020 年建设用地需求量；A_i 为第 i 个评价单元的总面积；R_i 为第 i 个单元的现有建设用地面积；S_i^{plain} 为第 i 个单元的低效用地面积；S_i^{hill} 为第 i 个单元的低丘缓坡地面积；S_i^{sea} 为第 i 个单元的沿海滩涂地面积；K_i 含义同式（5-3）。

5.2.2 “海-原”一体化建设用地优化配置模型

晋江市的建设用地情况已在第 1 章中阐述。在对晋江市建设用地地块进行优化配置时，经济适宜性好、生态安全系数高的地块应配置较高的开发强度。优化配置还要考虑到未来城市的发展方向，当未来需要经济发展较快时，应加大经济适宜性指数对优化配置的引导作用，当未来以环境保护为主时，应加大生态安全指数的引导作用。同时还要考虑到当地已有规划，优化配置结果应当符合“三规合一”的规划理念。因此建设用地优化配置满足的条件如下。

（1）“海-原”一体化拓展方式。围头湾填海造地工程是晋江市“十三五”期间的重大工程项目，为使研究结果与已有规划结果相符，本书将已有的沿海滩涂开发范围作为优先配置的区域，并在计算建设用地配置量时扣除。低效用地的集约利用需要为低效地块中的原有建筑物预留建造面积（如预留棚户区改造时拟占用的一部分低效地块范围）。本书采用地块面积、经济适宜性指数、比例系数（γ）三者之积的方式确定地块的预留面积。因此，建设用地开发强度的配置应大于预留面积与总面积比，并且还要小于等于把所有空间全部开发为建设用地时的开发强度。

（2）考虑目标年份建设用地需求量及配置量。以《晋江市土地利用总体规划（2006~2020 年）》中的 2020 年建设用地总量 $S_{\text{总需求}}$ 控制在 33135hm^2 为优化配置目标，并由式（5-7）计算得到配置量 X 为 1279.62 hm^2。有

$$S_{\text{现有面积}} - S_{\text{低效面积}} + X = S_{\text{总需求}} - S_{\text{滩涂面积}} \tag{5-7}$$

式中，$S_{\text{现有面积}}$ 为 2015 年土地变更数据库中的建设用地总面积；$S_{\text{低效面积}}$ 为晋江市低效

用地面积；$S_{总需求}$ 为 2020 年建设用地的控制量；$S_{滩涂面积}$ 为晋江市围头湾填海造地面积；X 为建设用地的配置量，单位均为 hm^2。

（3）根据不同发展情景构建生态-经济格局。根据晋江市近年来的发展情景，设定三种发展模式和模拟情景，即经济高速发展、生态保护优先、经济-生态协调发展。通过组织晋江市国土行业人员、土地规划方面的专家共 13 人组成打分小组，打分确认不同发展模式下的经济适宜性格局和生态安全格局的权重，获得生态-经济格局（表 5-1）。从表 5-1 中可以看出，专家小组普遍倾向于生态安全格局的权重，注重建设用地开发过程中的生态环境安全。

表 5-1　不同发展模式下经济适宜性格局和生态安全格局的权重

	经济适宜性格局权重（a）	生态安全格局权重（b）
经济高速发展情景	0.65	0.35
生态保护优先情景	0.25	0.75
经济-生态协调发展情景	0.5	0.5

基于以上条件，创建优化配置模型。

$$目标函数：Y=\max\left[\sum_{i}^{n}K_i\times\left(a\times P_i+b\times E_i\right)\right] \tag{5-8}$$

$$约束函数:\begin{cases}\dfrac{\left(P_i\times A_i\right)\times\gamma}{A_i}\leqslant K_i\leqslant 1 & (5\text{-}9)\\ \sum_{i}^{n}\left(A_i\times K_i\right)=X & (5\text{-}10)\end{cases}$$

式中，Y 为建设用地在生态-经济格局影响下配置的目标函数；n 为地块数量；a、b 为不同情景下生态-经济格局的权重（表 5-1）；K_i 为 i 地块建设用地配置强度；X 为建设用地的配置量；γ 为预留面积比例系数；A_i 为 i 地块土地总面积；E_i 为 i 地块生态安全指数；P_i 为 i 地块综合经济适宜性指数。

参 考 文 献

段学军, 秦贤宏, 陈江龙. 2009. 基于生态-经济导向的泰州市建设用地优化配置. 自然资源学报, (07): 1181-1191

郭志恭. 2014. 城市与区域规划实用模型. 北京: 北京大学出版社

李伟国. 2008. 城市规划学导论. 杭州: 浙江大学出版社

龙瀛. 2007. 规划支持系统原理与应用. 北京: 化学工业出版社

王永县. 1993. 运筹学: 规划论及网络. 北京: 清华大学出版社

吴次芳, 潘文灿. 2003. 国土规划的理论与方法. 北京: 科学出版社

肖长江, 欧名豪, 李鑫. 2015. 基于生态-经济比较优势视角的建设用地空间优化配置研究——以扬州市为例. 生态学报, (03): 696-708

郑新奇, 阎弘文, 徐宗波. 2001. 基于 GIS 的无棣县耕地优化配置. 国土资源遥感, (02): 53-56

朱辉, 刘义保, 游运. 2010. 蒙特卡罗方法与拟蒙特卡罗方法的历史、现状及展望. 东华理工大学学报(自然科学版), (04): 357-362

第 6 章　建设用地优化配置案例

本章基于第 4 章立体规划和第 5 章优化配置的方法，对福建省全省、晋江市、邵武市的“山海原”建设用地空间进行立体规划和优化配置，形成大尺度区域的建设用地优化配置案例和县市级尺度的建设用地优化配置案例。

6.1 “山海原”一体化建设用地立体规划与优化配置——福建省

本节以福建省为案例，利用 5.2.1 节创建的模型，研究福建省“山海原”一体化建设用地优化配置技术。基于“山海原”一体化建设用地空间范围和生态安全性评估数据，结合夜间灯光数据评价的经济发展适宜性，在生态要素和经济要素的共同引导下，创建“山海原”一体化优化配置模型，对 2020 年福建省各地区建设用地开发指标进行优化配置，配置福建省各地区“山海原”空间的开发量，为福建省建设用地空间拓展提供借鉴。

6.1.1 研究数据

用到的数据主要有前期研究获取的“山海原”一体化建设用地空间范围和福建省生态安全指数。在经济发展适宜性研究中，采用夜间灯光数据及 GDP 统计数据，数据清单如表 6-1 所示。

表 6-1　数据列表

数据类别	具体数据	时间	属性	来源	应用
“山海原”一体化建设用地空间范围	DEM 数据	无	栅格（30m）	地理空间数据云	建设用地“上山”规划
	第二次全国土地普查数据库——福建省	2009 年	数值	第二次全国土地调查——福建省	建设用地“上山”规划 福建省概况研究 研究区矢量边界
	《福建省海洋功能区划》	2005 年	图片	《福建省海洋功能区划》	建设用地“下海”规划
	《福建省统计年鉴》	2009 年、2015 年	数值	《2009 年福建省统计年鉴》数据 《2015 年福建省统计年鉴》数据	建设用地“挖潜”研究
生态安全指数数据	福建省生态安全适宜性	2015 年	栅格	北京师范大学	福建省生态安全适宜性
夜间灯光数据	NPP-VIIRS 夜间灯光数据	2012 年、2016 年	栅格（450m）	NOAA	用于福建省各地区建设用地经济发展适宜性
其他数据	《福建省土地利用总体规划（2006~ 2020 年）》	2005 年	矢量、数值	福建省国土资源勘测规划院	辅助验证
	《晋江市城市总体规划（2010~2030 年）》	2010 年	矢量、数值	晋江市国土资源局	辅助验证

1.“山海原”一体化建设用地空间范围

可开发的“山海原”一体化建设用地空间范围由福建省国土资源勘测规划院提供。其中，“山”数据是利用 DEM 结合第二次土地普查数据（以下简称“二调数据”）确定的可开发低丘缓坡区域；“海”数据是福建省各地区可开发的沿海滩涂范围，来源于《福建省海洋功能区划》，详见 4.2 节；“原”数据是利用 4.5.1 节中提到的低效建设用地遥感精准识别方法获取的福建省低效用地范围。本书结合福建省各地区市县的矢量边界数据，统计获得每个地区（本书指福建省各市区和县，下同）的可开发的“山海原”总面积。

2. 生态安全指数数据

生态安全性指数由北京师范大学提供，其利用 Landsat 系列、GF 系列遥感数据，评价了生态环境、灾害风险、地形条件三种重要的生态因素，并考虑了基本农田、生态保护区等禁止开发区域的影响，通过空间叠加及归一化的方法获取了福建省各地区的生态安全性指数（图 6-1）。指数越高的地区，环境承载力越高，越适宜开发建设用地（陈杜彬等，2017）。

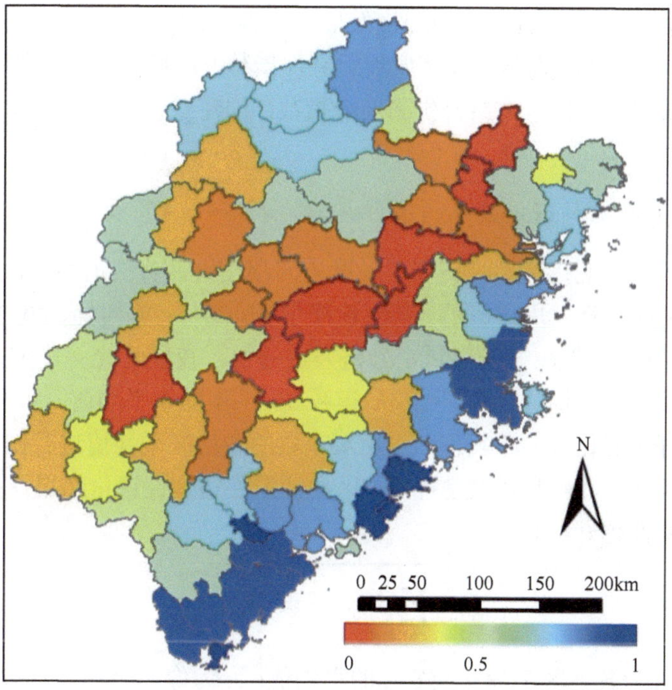

图 6-1 福建省生态安全指数

3. 夜间灯光数据

为了获取福建省经济发展适宜性，采用 NPP-VIIRS 夜间灯光（http：//ngdc.noaa.gov）月均值（monthly，空间分辨率约 450m）数据评价经济发展适宜性。该数据能准确反映每个月内该地区夜间灯光的平均亮度值，亮度变化越明显的区域，其经济发展适宜性越好（徐梦洁等，2011）。

NPP-VIIRS 夜间灯光数据是由 Suomi-NPP 卫星利用 VIIRS 拍摄，距地表约 824 km，采用极地轨道，由多幅无云影像拼接得到。与 DMSP-OLS 数据不同，NPP-VIIRS 数据并没有过滤火光、气体燃烧、火山或极光，背景噪声也未剔除，但是其影像分辨率达到了 15″（约 450m），所采用的广角辐射探测仪消除了灯光过饱和现象，增强了探测敏感度，其在轨检校程序也进一步提高了影像的清晰度。

4. 其他数据

福建省各地区边界数据为第二次土地调查获取的矢量边界，由福建省国土资源勘测规划院提供。为了验证经济发展适宜性评价结果，从福建省统计局（http：//www.stats-fj.gov.cn）获取各地区 2012 年、2016 年的 GDP 二三产业产值数据，并计算了 2012~2016 年数据的差，得到 GDP 二三产业增加幅度。为了使研究结果符合福建省实际情况，获取《福建省土地利用总体规划（2006~2020 年）》和《晋江市城市总体规划（2010~2030 年）》中的规划资料作为验证参考。

6.1.2 研究方法

由于土地利用结构受自然和经济两个主要因素的影响（王万茂和王群，2010），在优化配置前应先确定生态适宜性和经济发展适宜性。本书已经获取生态安全指数（图 6-1），需进一步获取经济因素的经济发展适宜性指数。因此，先利用灯光数据评价福建省各地区经济发展适宜性，再结合生态安全指数，创建建设用地优化配置模型。具体方法如下。

1. 基于灯光数据的经济发展适宜性评价

夜间灯光数据的变化量与经济发展速度之间存在着显著的正相关，且灯光数据能够客观反映地区之间经济发展速度的差异（徐康宁等，2015；韩向娣，2012；Elvidge et al.，1997）。经济发展适宜性越好的区域，经济发展越快，夜间灯光亮度增加越显著。首先利用夜间灯光数据的月均值计算了 2012 年和 2016 年的年平均值，再利用式（6-1）计算各地区年际灯光变化量的平均值，最后对获取的各地区平均值进行归一化，使得经济发展适宜性指标在 0~1，得到福建省各地区经济发展适宜性评价结果，指数越接近 1 的地区的经济适宜性越好。有

$$\Delta_{2016\sim2012}=\overline{\sum_{i=1}^{n}(\mathrm{DN}_i^{2016}-\mathrm{DN}_i^{2012})} \tag{6-1}$$

式中，$\Delta_{2016\sim2012}$ 为各地区年际灯光变化的平均值；n 为像元个数；DN_i^{2016} 为 2016 年数据中第 i 个像元的 DN 值；DN_i^{2012} 为 2012 年数据中第 i 个像元的 DN 值。

2. 建设用地“山海原”一体化优化配置模型

福建省建设用地优化配置模型利用 5.2.1 节中阐述的“山海原”一体化建设用地优化配置模型，在此不再赘述。

6.1.3 结果与分析

1. 经济发展适宜性格局分析

经济发展适宜性越高的地区，GDP 二三产业增加值也应越高。利用 GDP 二三产业增加值对利用灯光数据评价的经济发展适宜性结果进行精度检验（图 6-2、图 6-3），得到 R=0.617（p-value<0.001），说明灯光数据评价的经济发展适宜性与 GDP 二三产业增加值具有显著的正向相关性。而利用灯光数据评价经济发展适宜性在不同区域对比方面更有优势（徐康宁等，2015），因此利用夜间灯光数据评价的福建省经济发展适宜性能够准确的反映福建省地区的经济发展适宜性。

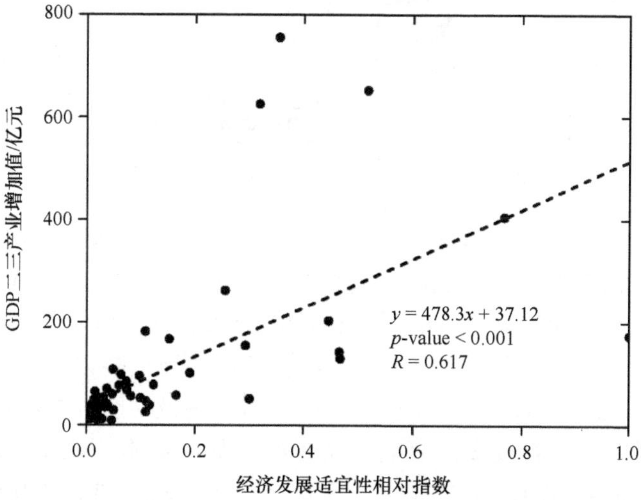

图 6-2 经济发展适宜性与 GDP 二三产业增加值相关性分析

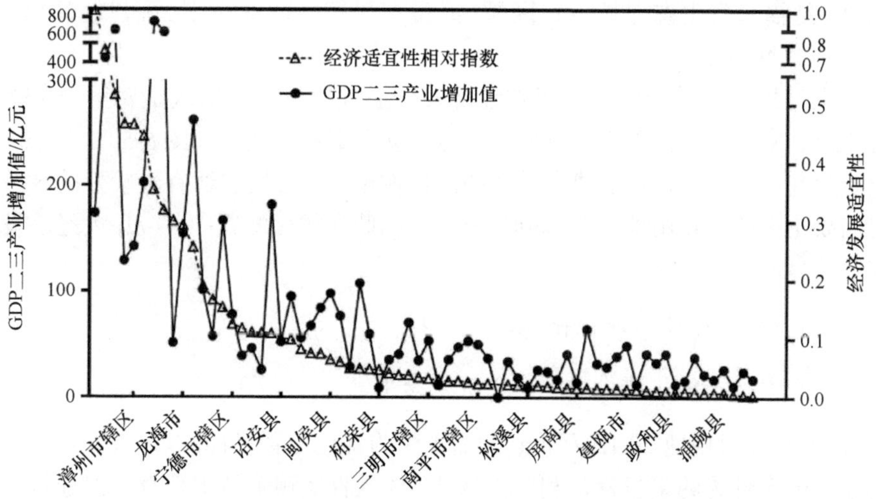

图 6-3 经济发展适宜性与 GDP 二三产业增加值分布分析

福建省 2012~2016 年夜间灯光变化量如图 6-4 所示，灯光值越亮的区域，经济发展速度越快。可见，近 5 年来福建各地区灯光值均有增加，东部海岸带区域增长明

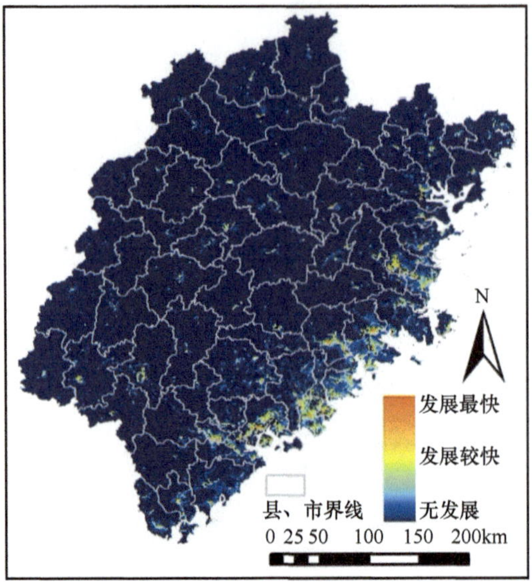

图 6-4 福建省 2012~2016 年夜间灯光变化

显。图 6-5 为福建省经济发展适宜性指数空间分布图，从东部沿海向内陆地区经济发展适宜性逐渐变小趋势，且呈现出三个条带状。第一条带（图 6-5A 处）位于福建省东部沿海区域，此区域是福建省的经济中心，分布着福州港、厦门港、泉州港等港口城市和莆田市、晋江市等轻工业重镇。第一条带的地形多以平原、低缓丘陵为主，适宜的地形也利于经济活动，经济发展较快。第二条带（图 6-5B 处）位于福建省中部区域，这一区域分布着较多的著名旅游景区，如武夷山、永定土楼等，第三产业的发展使得这些区域的经济增长较快。在第一条带的辐射带动作用下，第二条带的经济发展适宜性也较高。第三条带（图 6-5C 处）位于福建省西部区域，此区域临近武夷山脉，是福建省生态保护重点区域，经济多以第一产业为主（福建统计局，2012），经济发展适宜性较低。

从以上结果中可以看出，福建省经济发展适宜性最好的地区是属第一条带的石狮市、晋江市、厦门市、长乐市、漳州市、惠安县六个沿海地区（图 6-5）。其中，石狮和晋江位于福建泉州地区，是福建省重要的港口城市。经济发展适宜性较好的区域的经济发展也需要更多的建设用地作为基础性支持，因此在优化配置中，应加大经济发展适宜性较好的区域的配置强度。

2. “山海原”建设用地优化配置

1）“山海原”一体化建设用地优化配置结果

以 2020 年建设用地 20.12 万 hm^2 的需求量为优化配置目标，以最大满足经济发展适宜性与生态安全性为约束目标，利用 MATLAB 软件实现蒙特卡罗算法对建设用地开发指标进行配置，并优选使目标函数呈现最大值的三个配置方案。

从表 6-2 中可以看出，三种方案中，随着建设用地开发强度的增加，生态安全指数与经济发展适宜性指数也相应地增加，符合环境承载力高且经济发展水平高的区域更适合开发建设用地的条件。

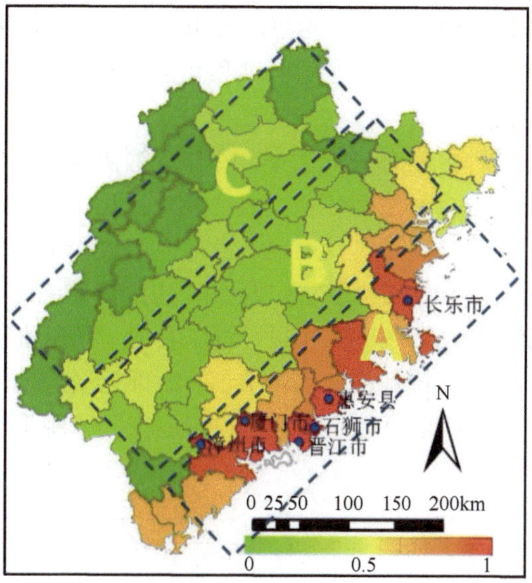

图 6-5 福建省经济发展适宜性指数

表 6-2 建设用地空间优化配置结果

优化配置的开发强度	方案一		方案二		方案三	
	生态安全指数	经济发展适宜性指数	生态安全指数	经济发展适宜性指数	生态安全指数	经济发展适宜性指数
10%~50%	0.80	0.38	0.78	0.33	0.80	0.35
6%~9.9%	0.61	0.06	0.57	0.06	0.57	0.05
4%~5.9%	0.58	0.05	0.59	0.02	0.52	0.03
3%~3.9%	0.53	0.02	0.53	0.02	0.56	0.02
1%~2.9%	0.51	0.01	0.52	0.01	0.56	0.01
偏相关系数	0.70	0.92	0.62	0.92	0.65	0.92

三种方案中，经济发展适宜性与优化配置的开发强度的偏相关系数（partial correlation）都大于生态安全指数与开发强度的偏相关系数，说明在优化配置过程中，经济发展适宜性的影响力度要大于生态安全性，经济对建设用地空间拓展具有优势主导作用。但方案一的生态安全指数的偏相关系数最高，表明此方案的生态安全性的主导作用大于其他两种方案。而根据《福建省土地利用总体规划（2006~2020年）》中协调土地利用和生态保护的任务要求，方案一的配置结果更能有效地保护建设用地开发过程中的生态环境，因此研究优选方案一作为建设用地空间配置最优方案。

从方案一的模拟结果（图 6-6）看出，配置后建设用地总面积的空间分布与经济发展适宜性指数空间布局具有相似性（图 6-5），都呈现由东部沿海向内陆逐渐降低的趋势。其中沿海区域的福州市、福清市、莆田市、泉州市、晋江市、厦门市辖区和内陆地区的龙岩市辖区（图 6-6 蓝点）的建设用地面积最大。同时，配置后建设用地总面积的空间分布与生态安全指数空间布局（图 6-1）趋势相同。其中，福建省中部和西部的区域建设用地面积较小，北部区域最小，这些区域的生态安全指数也较低，生态保护效用阻止了建设用地向此处配置。《福建省土地利用总体规划（2006~2020 年）》中指出，福建省正在发展“一带、四轴、双极、多核”的海西城市群。方案一所配置的开发强度较大的地区都位于沿海城市发展带、南部厦龙发展轴和北部福武发展轴上。因此，方案一的最优化配置结果与政府的决策相对应。

根据建设用地开发过程中生态保护优先、海陆统筹协调规划的原则，考虑到低丘缓坡地与沿海滩涂地的开发都会对生态环境造成影响，而低效用地的改造利用可以提高土地资源集约利用程度。因此，在对建设用地“山海原”供给空间选择时，首先考虑低效用地供给空间，然后考虑低丘缓坡地资源，最后考虑沿海滩涂地，由此得到“山海原”建设用地利用空间分布（图 6-6 中柱状图）。可以看出，东部沿海区域开发强度较大的土地利用空间多来源于对低效用地的改造，中部、西部建设用地空间多来源于低丘缓坡地开发，东部沿海的晋江市和东山县的部分建设用地空间来源于沿海滩涂地的开发利用（图 6-6 蓝星）。

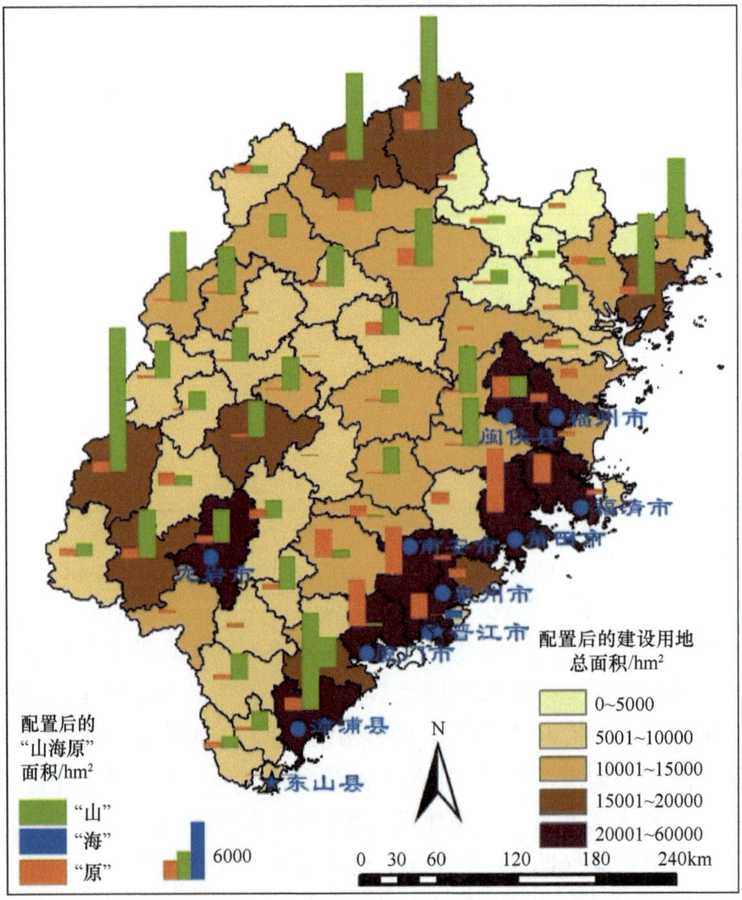

图 6-6　福建省“山海原”建设用地优化配置优选方案

2）“山海原”建设用地空间布局分析

对“山海原”建设用地开发空间进行定量统计分析。由图 6-7（a）可知，71.09%的建设用地来源于低丘缓坡地开发，面积约 14.1 万 hm^2；28.51%的建设用地来源于低效用地改造，约 5.7 万 hm^2；0.39%的建设用地来源于沿海滩涂合理利用，约 0.08 万 hm^2。

低丘缓坡地开发空间最大，是福建省未来 5 年内建设用地的主要来源，这也是福建省低丘缓坡地资源丰富的必然选择。

低丘缓坡地改造空间较大的 15 个县市如图 6-7（b）所示，主要集中于福建中部和西部区域。其中面积最大的是长汀县，开发量可达 0.33 万 hm^2。长汀县地处福建西部，武夷山南部，区内支脉纵横交错向腹地延伸，形成东、西、北三面高，中、南部低，自北向南倾斜的地势，尤其是长汀县西部，地势以低山为主，为低丘缓坡地开发提供天然资源。

低效用地改造空间较大的 15 个县市如图 6-7（c）所示，这些地区主要是沿海城市，其中莆田市辖区可改造面积最大，约 0.58 万 hm^2。莆田市辖区位于福建中部沿海地区，地势由西北向东南倾斜，东南部平原广阔，土地开发强度较大，但也形成了较多的低效用地空间。

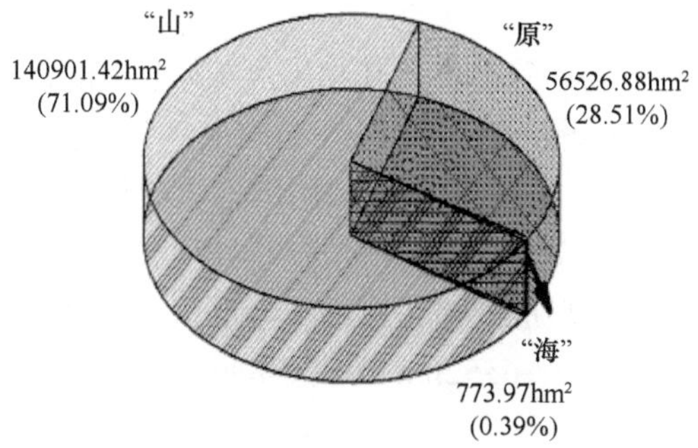

(a) "山海原"建设用地配置比例

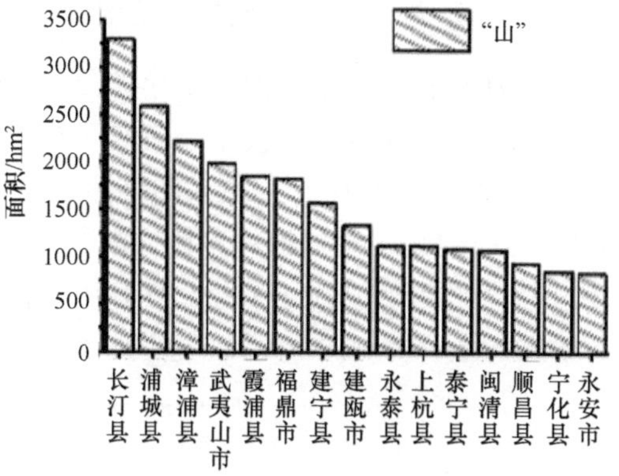

(b) "山"建设用地配置较大的县市

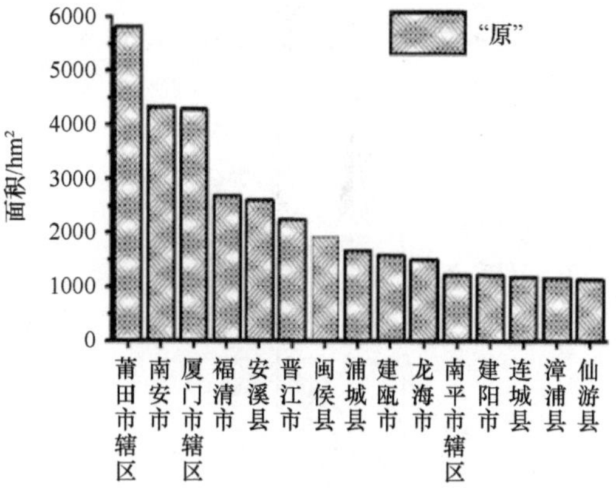

(c) "原"建设用地配置较大的县市

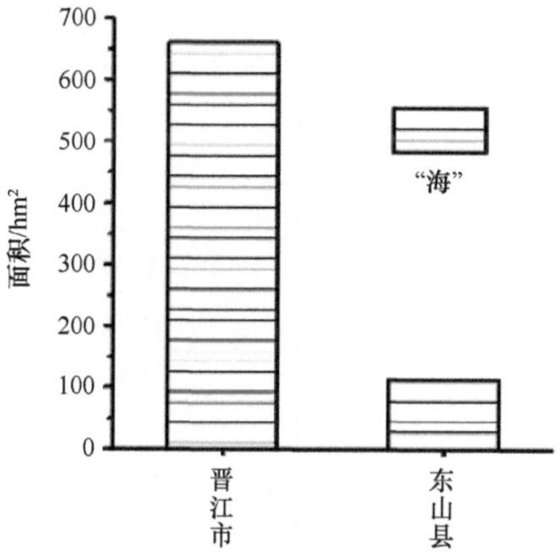

(d) "海"建设用地配置县市

图 6-7 "山海原"建设用地配置结果

沿海滩涂地占比最小，晋江市和东山县分别可供给约 660hm^2 和 113hm^2 的沿海滩涂用地（图 6-7（d））。《晋江市城市总体规划（2010~2030 年）》中显示，晋江市沿海滩涂地已纳入城市总体规划中，可提供有效建设用地约 700hm^2，并且晋江市是典型的"海-原"建设用地研究地区；本书所配置的结果与其相符。

6.2 “海-原”一体化建设用地立体规划与优化配置——晋江市

本节以晋江市为研究区，针对经济和生态对建设用地空间拓展影响复杂、建设用地供需矛盾的问题，利用多源遥感数据和土地利用数据评价研究区的生态安全指数和经济适宜性指数，构建基于生态-经济格局的建设用地“海-原”一体化拓展与优化配置模型，以 2020 年晋江市建设用地需求量为目标，通过蒙特卡罗算法优化配置不同发展情景下研究区各地块可开发的建设用地，为晋江市的经济发展提供土地资源保障。

6.2.1 研究数据

1）“海-原”建设用地拓展范围

晋江市低效用地范围由福建省国土资源勘测规划院提供，其利用 4.5.1 节中的低效建设用地遥感精准识别技术，获取了晋江市低效用地图斑，面积共 $3152hm^2$。其中，最小图斑面积为 $30.10m^2$，最大图斑面积为 $31.78hm^2$，磁灶镇的低效用地地块较集中（图 6-8 中 A 区域）。沿海滩涂范围（海）来源于《晋江市城市总体规划（2010~2030 年）》，其中围头湾可形成约 $4533hm^2$ 规划用海范围，预计形成陆域范围约 $3400hm^2$。将以上两个数据结合，组成“海-原”建设用地空间，面积共计 $6552hm^2$（图 6-8）。

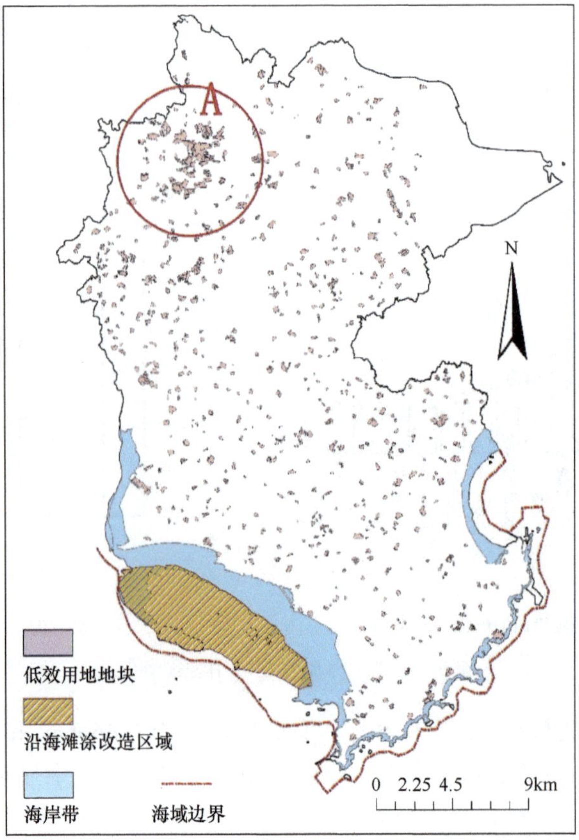

图 6-8 晋江市“海-原”建设用地范围

2）土地利用数据、多源遥感数据和经济数据

土地利用数据为晋江市第二次土地调查数据（以下简称“二调”数据）、2015 年土地年度变更数据，以及《晋江市城市总体规划（2010~2030 年）》和《晋江市土地利用总体规划(2006~2020 年)》两个规划文本。遥感数据为 2009~2013 年 5~10 月的 Landsat5 TM 和 Landsat8 OLI 数据共 12 景（来源：www.ceode.cas.cn/sjyhfw），空间分辨率为 30m；ASTER 传感器获取的 30m DEM 数据（来源：www.gscloud.cn）、2015 年的 NPP-VIIRS 灯光数据（来源：www.ngdc.noaa.gov/eog/download，分辨率为 742m，光辐射亮度为 2×10^{-11}W/（$cm^2\cdot sr$））。经济数据是晋江市 2015 年 GDP 二三产业产值，来源于晋江市统计局（www.jinjiang.gov.cn/xxgk/tjxx）。

6.2.2 研究方法

“海-原”一体化建设用地空间优化配置是为了优化配置“海-原”建设用地空间的开发强度，主要流程如图 6-9 所示。首先，对研究区的生态安全格局和经济适宜性格局进行评价；然后，以生态-经济格局为引导条件，以目标年份建设用地需求量为目标，设定不同的发展情景构建优化配置模型；最后，利用蒙特卡罗方法对各开发地块的开发强度进行优化配置。

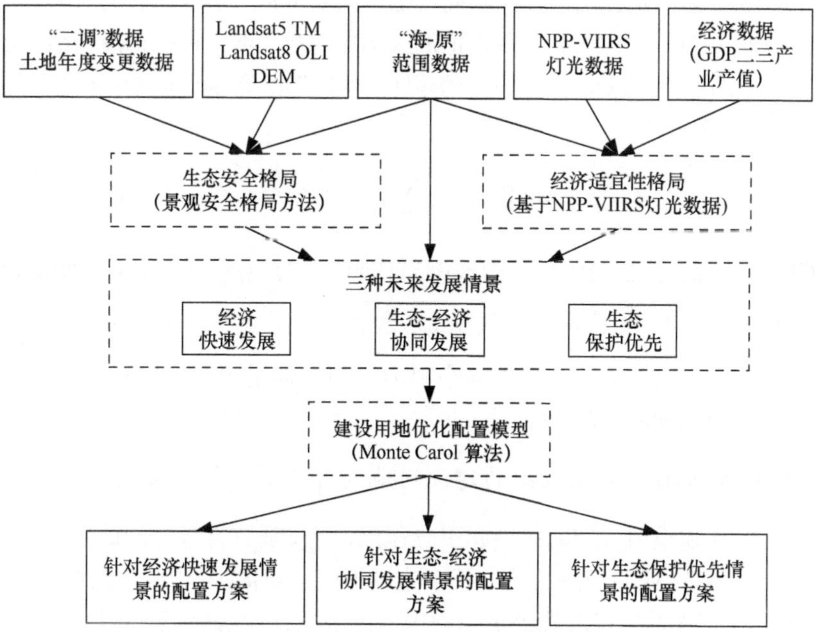

图 6-9 建设用地空间优化配置技术流程

1. 生态安全格局评价方法

区域生态安全格局是自然生态抗干扰能力强弱的体现，生态安全对建设用地空间无序拓展具有抑制作用（王海鹰等，2009），科学的构建生态安全格局评价指标是研究生态安全格局的重点和难点（王让虎等，2014）。根据晋江市的地形和生态状况，选取自然、灾害、人文三方面的 4 个指标构建生态安全格局指标体系（图 6-10）。其中，水源涵养格局

可为维护区域生态安全提供保障，洪水调蓄格局和灾害安全格局可保护建设用地免受自然灾害的破坏，游憩廊道格局是人类生活及建设用地调整的策略性依据（喻锋等，2015）。

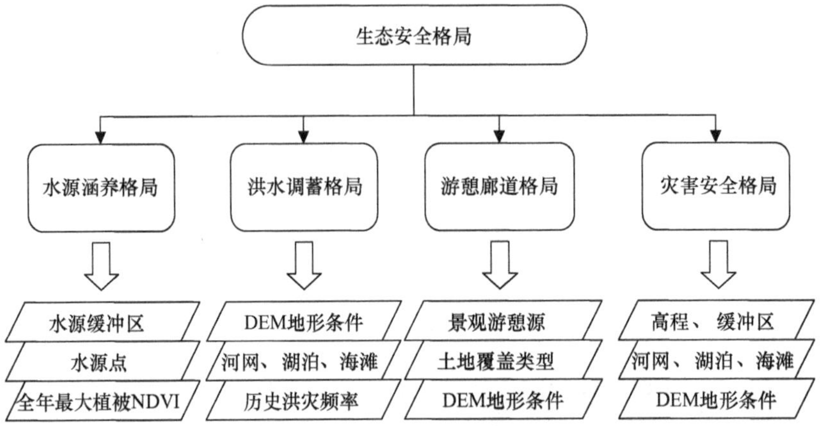

图 6-10　生态安全格局研究框架

最小阻力模型（minimum cumulative resistance，MCR）是构建生态安全格局的常用方法（肖长江等，2015）。确定事物或事件向外扩散的起点和基底的“源”（周锐等，2015；匡晓明等，2016），以及构建阻碍“源”向周围空间随机扩展所要克服的阻力面是最小阻力模型的关键内容（李晖等，2011）。阻力值的大小影响着“源”向外扩展的能力，阻力值越大，“源”克服的阻力就越小，最小阻力模型可以客观评价多要素影响的生态安全格局。

MCR 模型的公式为

$$\text{MCR} = f_{\min} \sum_{j=n}^{i=m} (D_{ij} \times R_i) \tag{6-2}$$

式中，MCR 为从源 j 扩散到任一点的最小累积阻力；f 为反映 MCR 与变量 $(D_{ij} \times R_i)$ 之间正比关系的函数；D_{ij} 为目标单元从源 j 扩散到空间某点穿过要素 i 的距离；R_i 为要素 i 对要素流向某个方向扩散的阻力。最小阻力模型具体采用 ArcGIS 中的费用距离模型（least-cost distance model）来实现。

2. 基于 NPP-VIIRS 灯光数据的建设用地经济适宜性评价方法

经济适宜性对建设用地空间拓展起引导作用，经济适宜性越好的地块，配置的开发强度应越大。由于二三产业的经济活动助长了建设用地空间扩张，导致夜间灯光亮度的增强，选用 NPP-VIIRS 灯光数据可准确评价建设用地经济适宜性格局（张志刚等，2016）。首先，利用 2015 年土地年度变更数据库中的建设用地范围裁剪出晋江市建设用地灯光范围，并取此范围中最小像元的 DN 值为最小值，再将灯光值进行降序排列，取 99.9%处的 DN 值为最大值，在此阈值范围之外的区域皆赋值为 0，获取有效灯光值。将 2015 年的 12 期灯光数据做以上处理，并对空间对应像元叠加取平均值获取晋江市 2015 年灯光数据。然后，利用式（6-3）获取灯光值与 GDP 二三产业产值的回归系数 η（η=0.034），通过式（6-4）获取晋江市 GDP 二三产业增加值空间分布（图 6-11）。最后，采用双线性插值法对空间化的 GDP 二三产业增加值进行重采样，并利用 ArcGIS 中的 Zonal Statistic 工具统计每个低效用地地块的 GDP 二三产业增加值的平均值，再对所有低效用地地块进行归一化处理，使得每个地块的指数都在 0~1，得到晋江市建设用地经济适宜性格局：

$$\sum I(x,y)\times\eta=\text{GDP}_{23} \tag{6-3}$$

$$\text{GDP}_{23}(x,y)=I(x,y)\times\eta \tag{6-4}$$

式中，$I(x,y)$ 为每个像元的灯光亮度值，单位：nW/（cm·sr）；η 为回归系数，单位：亿元/［nW/（cm·sr)］；GDP_{23} 为晋江市 2015 年全市的二三产业产值，共 1601.4 亿元；$\text{GDP}_{23}(x,y)$ 为图像内每个像元的二三产业产值，单位：亿元。

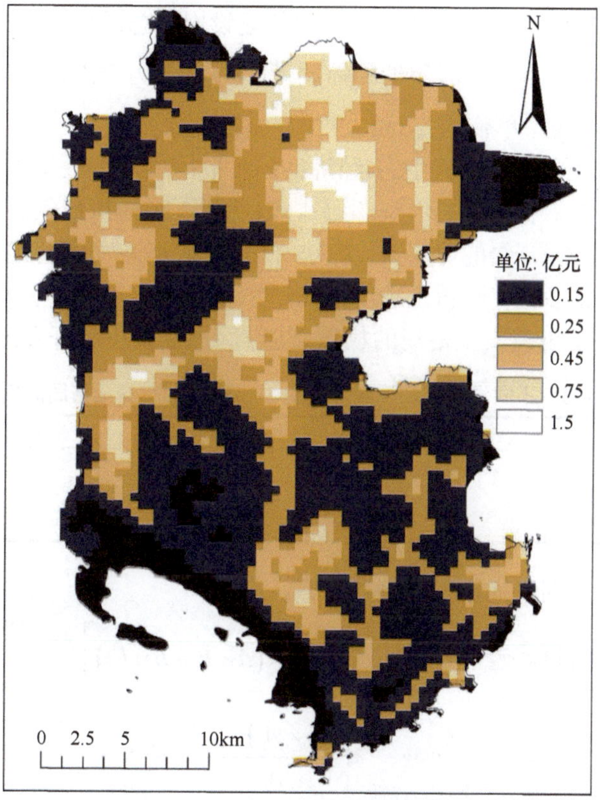

图 6-11　2015 年晋江市 GDP 二三产业增加值空间分布

3. 建设用地优化配置模型建立

“海-原”一体化建设用地空间的优化配置是为了合理配置地块的开发强度。经济适宜性好、生态安全系数高的地块应配置较高的开发强度。优化配置还要考虑到未来城市的发展方向，当未来需要经济发展较快时，应加大经济适宜性指数对优化配置的引导作用，当未来要以保护环境为主时，应加大生态安全指数的引导作用。同时还要考虑到当地已有规划，优化配置结果应当符合“三规合一”的规划理念。因此建设用地优化配置满足的条件如下。

（1）“海-原”一体化拓展方式。围头湾填海造地工程是晋江市“十三五”期间的重大工程项目，为使研究结果与已有规划结果相符，本书将已有的沿海滩涂开发范围作为优先配置的区域，并在计算建设用地配置量时扣除。低效用地的集约利用需要为低效地块中的原有建筑物预留建造面积（如预留棚户区改造时拟占用的一部分低效地块范围）。本书采用地块面积、经济适宜性指数、比例系数（γ）三者之积的方式确定地块的预留面积。因此，建设用地开发强度的配置应大于预留面积与总面积比，并小于或等于完全开发为建设用地强度。

（2）目标年份建设用地需求量及配置量。以《晋江市土地利用总体规划（2006~2020年）》中的2020年建设用地总量控制在33135.67hm^{2}为优化配置目标（叶剑平和高峰，2016），并由式（6-5）计算得配置量X为1279.62 hm^2。有

$$S_{现有面积}-S_{低效面积}+X=S_{总需求}-S_{滩涂面积} \tag{6-5}$$

式中，$S_{现有面积}$为2015年土地变更数据库中的建设用地总面积；$S_{低效面积}$为晋江市低效用地面积；$S_{总需求}$为2020年建设用地的控制量；$S_{滩涂面积}$为晋江市围头湾填海造地面积；X为建设用地的配置量；单位均为hm^2。

（3）根据不同发展情景构建生态-经济格局。根据晋江市近年来的发展情景，设定经济高速发展、生态保护优先、经济-生态协调发展3种模拟情景。通过组织晋江市国土行业人员、土地遥感方面的专家共13人，打分确认不同发展模式下的经济适宜性格局和生态安全格局的权重，获得生态-经济格局（表6-3）。从表6-3的权重中可以看出，参评专家普遍倾向于生态安全格局的权重，注重保护建设用地开发过程中的生态环境。

表6-3　不同发展模式下经济适宜性格局和生态安全格局的权重

	经济适宜性格局权重（a）	生态安全格局权重（b）
经济高速发展情景 t	0.65	0.35
生态保护优先情景	0.25	0.75
经济-生态协调发展情景	0.5	0.5

基于以上条件，创建优化配置模型如下。

$$目标函数：Y=\max\left[\sum_{i}^{n}K_i\times\left(a\times P_i+b\times E_i\right)\right] \tag{6-6}$$

$$约束函数：\begin{cases}\dfrac{\left(P_i\times A_i\right)\times\gamma}{A_i}\leqslant K_i\leqslant 1 & (6\text{-}7)\\ \sum_{i}^{n}\left(A_i\times K_i\right)=X & (6\text{-}8)\end{cases}$$

式中，X为建设用地的配置量；K_i为i地块建设用地配置强度；γ为预留面积比例系数；A_i为i地块土地总面积；E_i为i地块生态安全指数；P_i为i地块综合经济适宜性指数；Y为建设用地在生态-经济格局影响下配置的约束条件；n为地块数量；a、b为不同情景下生态-经济格局的权重。

6.2.3　生态、经济格局反演结果与分析

1．生态安全格局

1）水源涵养安全格局

良好的水源涵养格局可防止水土流失。研究选取2015年土地年度变更数据库中

的湖泊水面、坑塘水面、沟渠、内陆滩涂、河流水面、水库水面等 7 个地类组成水源涵养源，设置 1km 涵养源缓冲区作为水源涵养范围。利用 2009~2013 年 5~10 月（植被生长期）的 12 期遥感数据（landsat5 TM、landsat8 OLI），通过植被覆盖度最大值处理方法（Stow et al.，2004）计算水源涵养区的水源涵养能力。反演结果按照自然断点法从高到低划分为高、中、低、极低 4 个安全水平等级，水源涵养功能空间反演结果如图 6-12 所示。

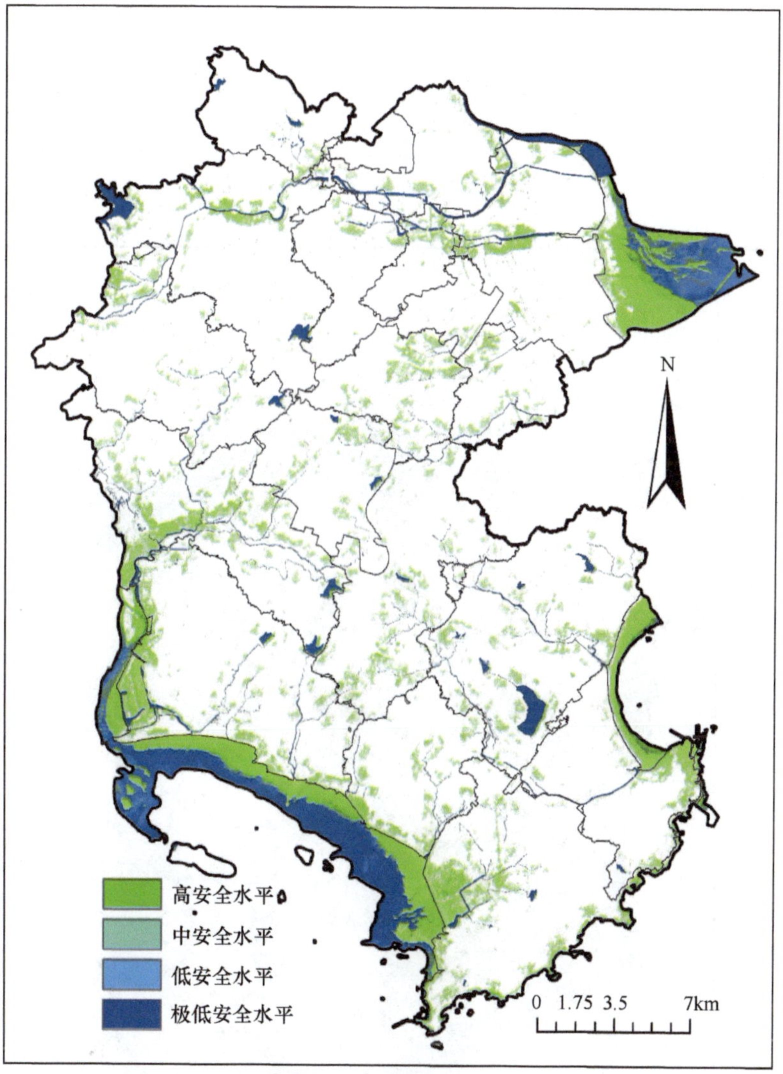

图 6-12　晋江市水源涵养功能空间反演结果

2）游憩廊道格局

游憩廊道的研究对确保生活休闲空间的完整性和历史信息感知的连续性有着积极意义（孙琨等，2016）。本书将具有休闲价值的公园、风景区、湖泊水域等各类游憩要素作为游憩廊道的"源"，将有林地、园地、草地、耕地等土地利用类型及地形高程等作为阻力因子，并通过德尔菲法为阻力因子赋予阻力系数（表 6-4），通过最小阻力模型

（式（6-2））计算阻力面，并将结果利用自然断点法将区域从高到低划分为高、中、低、极低 4 个等级（图 6-13），获取游憩廊道格局。

表 6-4　与游憩过程相关的土地覆盖类型、地形条件的阻力系数

相关要素	阻力因子	阻力系数
土地覆盖类型	游憩源	0
	有林地	100
	园地	250
	草地	300
	耕地	500
地形条件（DEM）	<10m	0
	11~30m	100
	31~40m	300
	>41m	500

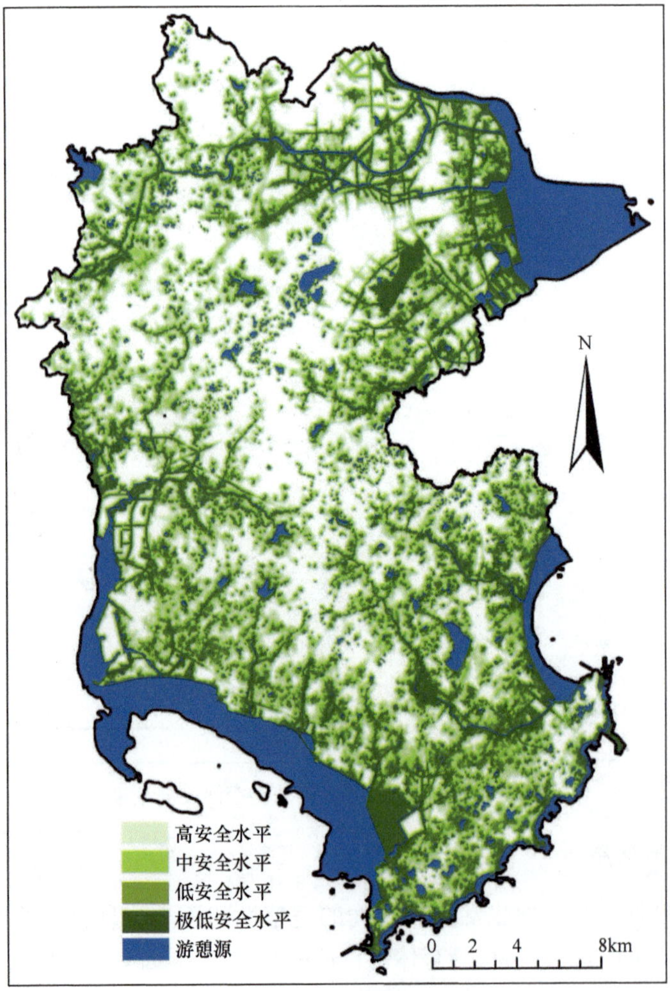

图 6-13　晋江市游憩廊道安全格局

3）洪水调蓄格局

晋江市地势较为平坦，选用“无源淹没”方法模拟洪水的威胁区域作为洪水调蓄格局。首先构建防洪源及缓冲区，利用 2015 年土地年度变更数据库，提取河流、湖泊、水库水面、沿海滩涂 4 种地类组成防洪源，并依据晋江地势情况及不同水系洪水的危害程度，为河流、沿海滩涂构建 0~50m、50~80m、80~150m 缓冲区，为湖泊、水库水面构建 0~10m、10~40m、40~80m 缓冲区。其次构建洪灾防御区，选取山美水库及石砻测站两个重点水文站的历史洪灾数据，结合 DEM 数据计算 20 年一遇（4m）及 100 年一遇（4.73m）洪灾的淹没范围作为洪灾防御区。最后综合防洪源及缓冲区、洪灾防御区，利用空间叠加分析和自然断点法得到高、中、低、极低 4 个等级，获取洪水调蓄安全格局（图 6-14）。

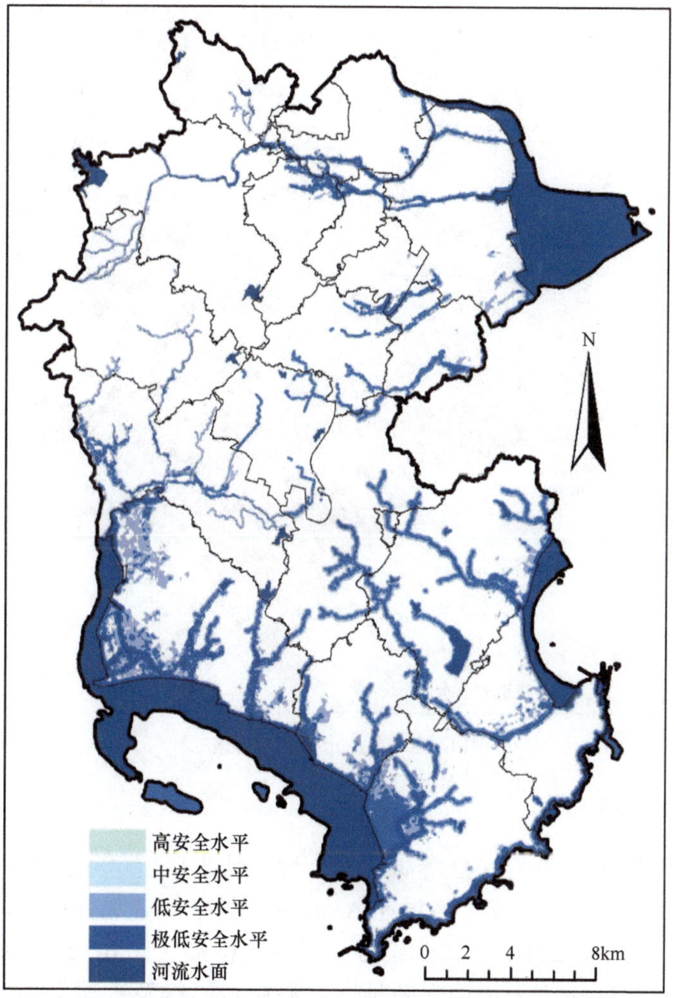

图 6-14 晋江市洪水调蓄安全格局

4）灾害安全格局

台风灾害是晋江主要的灾害威胁，而由台风引起的次生灾害往往发生在沿海、河流湖泊、高山丘陵等区域，尤其是山地丘陵地区因台风导致的滑坡等灾害较为严重。研究选取海拔大于 100m 的丘陵作为极低安全水平区域，选取海岸带、河流湖泊等水域的 500m 缓冲区作为低安全水平区域，1km 缓冲区作为中安全水平区域，其余范围作为高安全水平区域，得到晋江市灾害安全格局（图 6-15）。

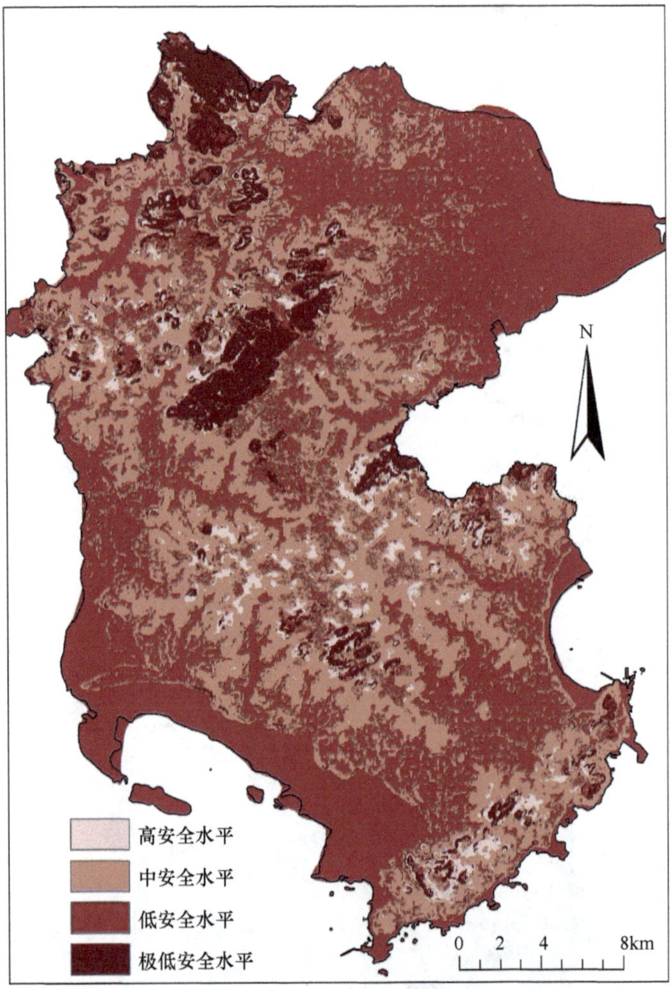

图 6-15　晋江市灾害安全格局

5）综合生态安全格局

为了保障每种生态要素安全格局的安全性，依据研究区生态服务因子的影响和贡献程度不同，将 4 个要素安全格局在 ArcGIS 中做空间叠加并取对应空间位置安全格局的最小值（杨莹，2016），得到综合生态安全格局（图 6-16）。从图 6-16 可以看出，极低安全水平区域位于山地丘陵地区、海岸带沿线及水域周围，低水平区域围绕着极低安全水平区域分布。这种分布状况与选取的生态安全格局评价要素有关，恰当的突出了水域周边的生态脆弱性和山地丘陵的地质危险性。安全水平越高的地块开发为建设用地时，对生态的破坏程度越小。为了评价每个低效用地图斑的生态安全状况，将综合安全格局从极低安全水平到高安全水平分别赋予权重 1、3、5、7，并利用 ArcGIS 中的 Zonal Statistic 工具统计每个低效用地地块范围内的平均值，将其归一化处理，最终得到各个图斑的生态安全指数（图 6-17），指数越高越适宜改造为建设用地。

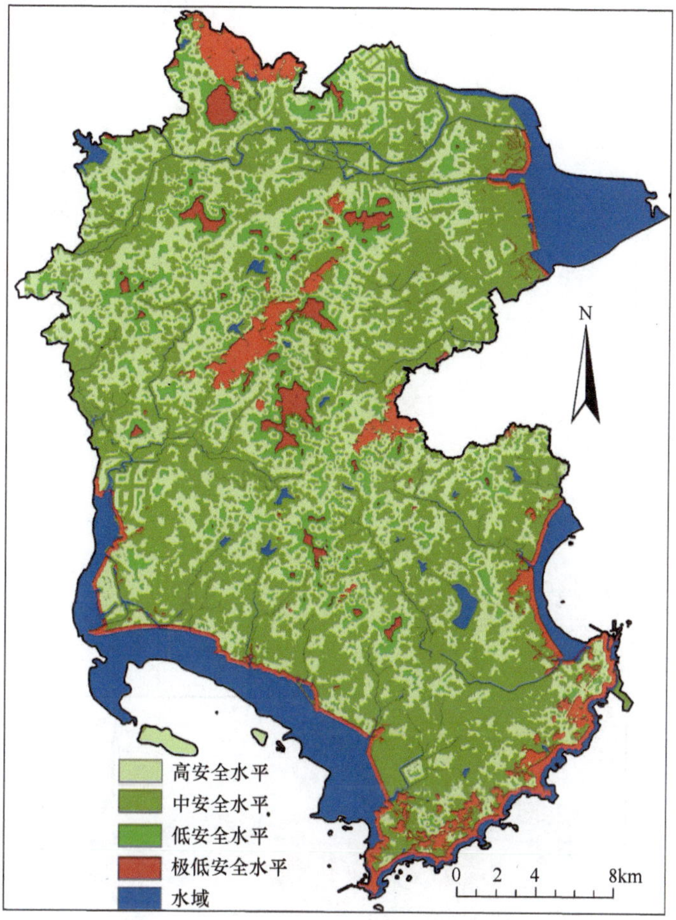

图 6-16　晋江市综合生态安全格局

2. 经济适宜性格局

从晋江经济适宜性格局分析结果看（图 6-18），经济水平较高的区域呈现组团式发展。其中，晋江东北部的经济适宜性水平明显高于南部区域，中西部的经济适宜性水平也较南部地区高。这种分布格局也与《晋江市城市总体规划（2010~2030 年）》中的三组团发展战略相符。其中，东北部为晋江市中心区组团（图 6-18 中 A 区域），承载着晋江市经济、政治、文化中心的职能；西部为产业经济组团（图 6-18 中 B 区域），主要是重工业产业集中区域，包括安平工业园和五里工业园；南部为滨海宜居组团（图 6-18 中 C 区域），此区域三面环海，适宜居住。因此，晋江市经济适宜性格局评价结果与晋江市目前的经济发展战略吻合。同样，类似于生态安全指数计算过程，利用低效用地范围对经济适宜性格局数据进行统计分析，得到经济适宜性指数分布（图 6-19）。

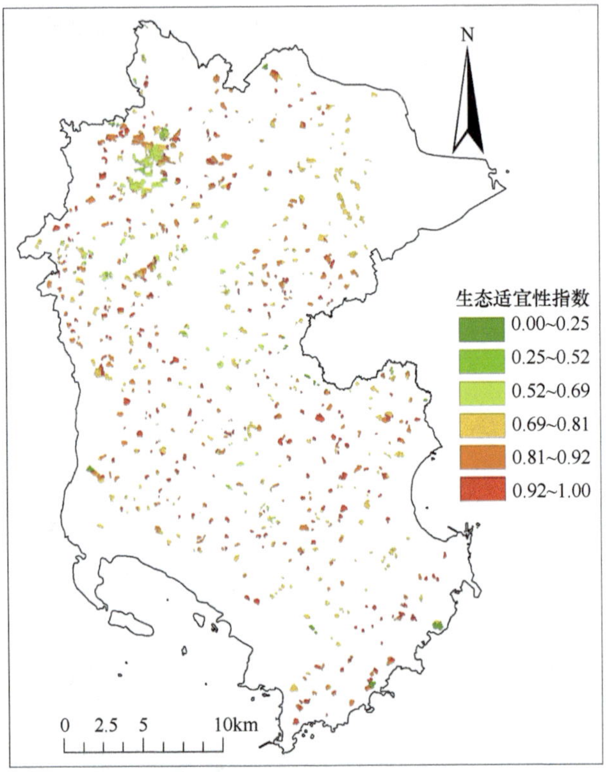

图 6-17　晋江市生态安全指数

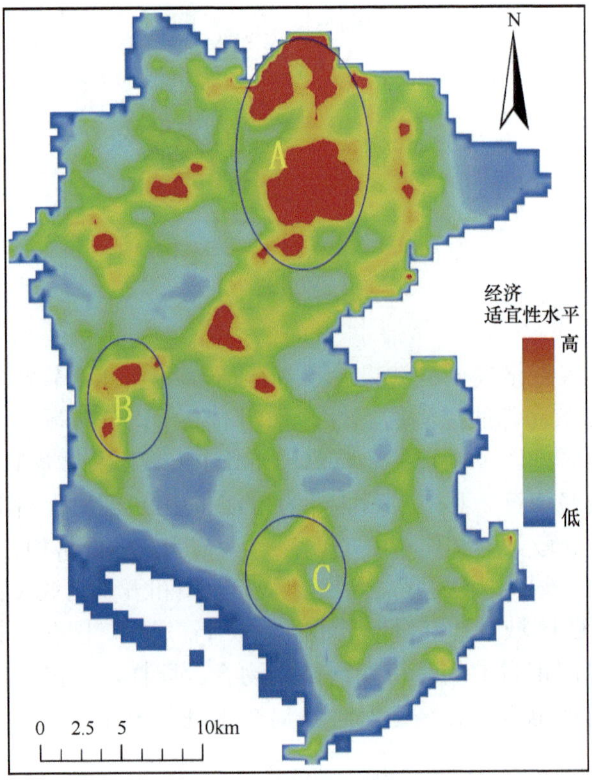

图 6-18　晋江市建设用地经济适宜性水平

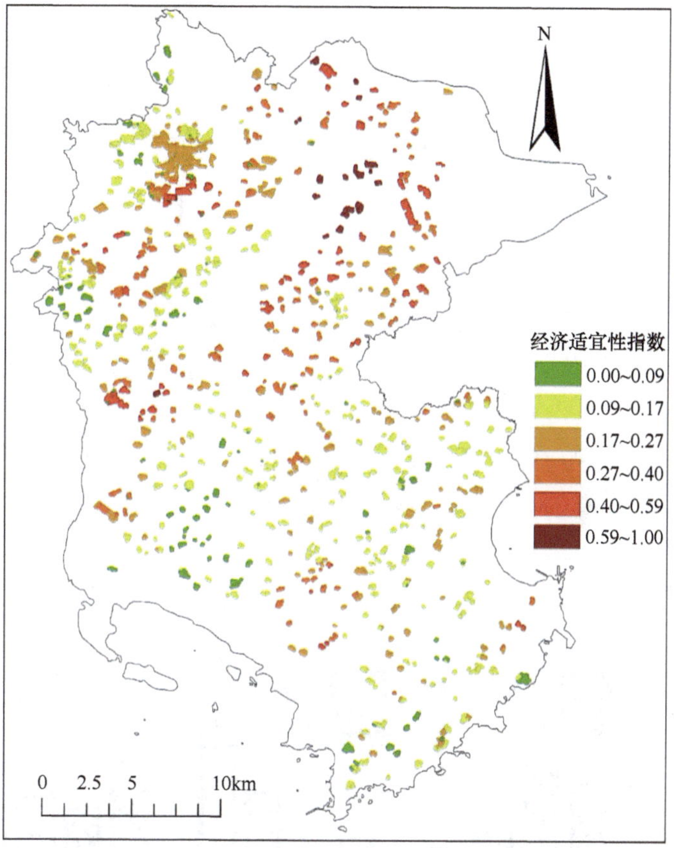

图 6-19 晋江市建设用地经济适宜性指数

6.2.4 优化配置结果与分析

以 2020 年晋江市建设用地需求量为总体约束条件，通过 MATLAB 软件实现蒙特卡罗算法（Metropolis and Ulam，1949；张靓和曾辉，2014），对 3 种发展情景下的晋江市“海-原”建设用地空间进行迭代优化，分别得到 3 种模拟配置方案（图 6-20）。图 6-20（a）经济高速发展情景中，配置强度较大的区域主要是晋江市的东北部、中西部和东南部，分布格局大致与经济适宜性格局相似；图 6-20（b）生态保护优先情景中，配置强度较大的区域主要位于中西部偏北的区域和南部沿海区域，这两个区域的生态安全性较高，且具有一定的经济适宜性；图 6-20（c）经济-生态协调发展情景中，其最大开发强度分布较分散，但分布区域具有经济高速发展情景和生态保护优先情景两者的特点，晋江市中部和南部分布较为集中。

利用自然断点法将低效用地地块的配置结果分为极适宜规划区、较适宜规划区、适宜规划区、不适宜规划区，定量分析每种情景下的开发空间，结果如图 6-21 所示。可以看出，在经济高速发展情景下，晋江市的极适宜规划面积和较适宜规划面积大于适宜规划和不适宜规划面积，因而经济发展会促进建设用地开发强度的加大；在生态保护优先情景下，晋江市的极适宜规划面积和较适宜规划面积小于适宜规划和不适宜规划面积，当生态保护强度变大时会抑制建设用地的开发；而在经济-生态协调发展情景中，4 种规划适宜性的面积相当，具有平衡发展的趋势。

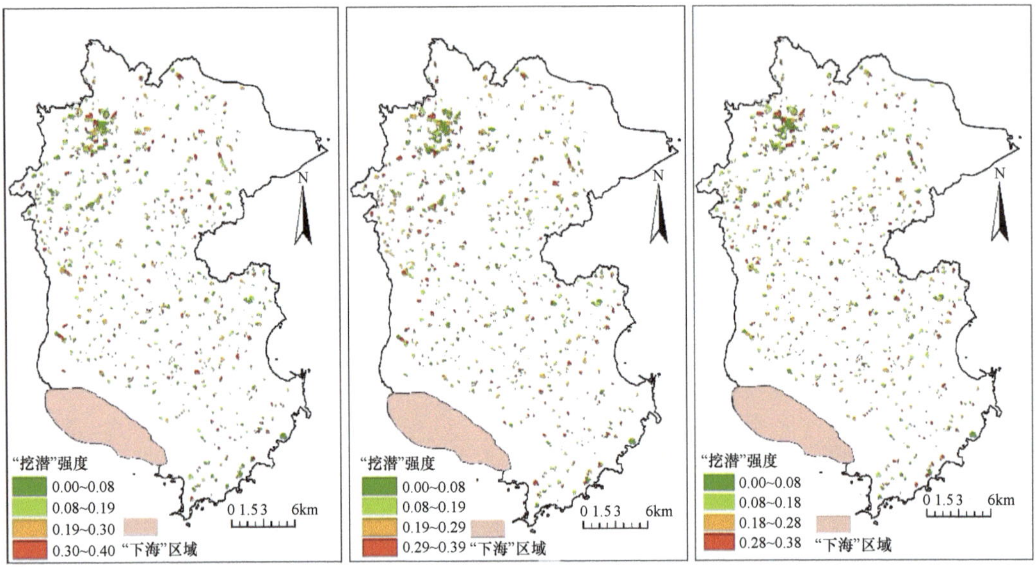

(a) 经济高速发展情景　　(b) 生态保护优先情景　　(c) 经济-生态协调发展情景

图 6-20　晋江市 3 种不同发展情景下的优化配置方案

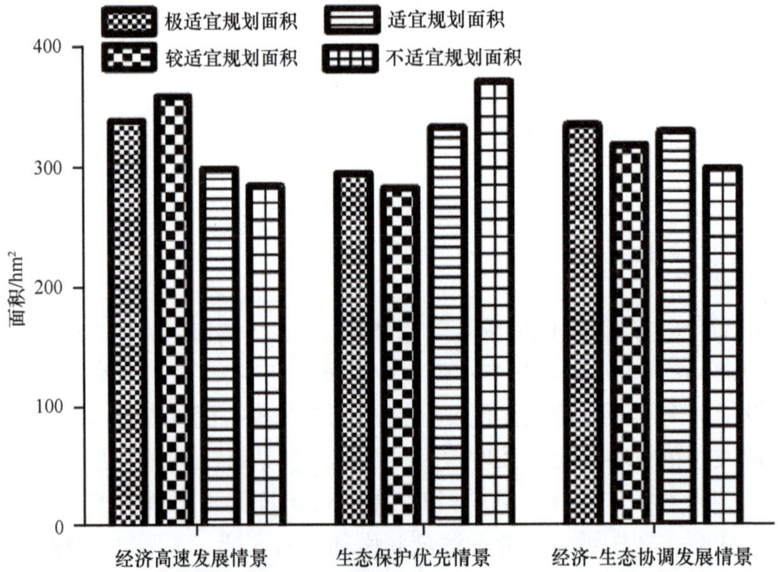

图 6-21　晋江市 3 种配置方案的建设用地开发量

为了评价 3 种情景模拟方案的优劣性，研究统计 3 种配置情景开发强度的 Moran 指数（Moran's *I*）和 *Z*-score 值，见表 6-5。3 种配置方案的 *Z*-score 指数都为–1.96~1.96，说明空间分布为随机分布，这是由于蒙特卡罗模型的随机性造成的。但由其值的大小可以看出经济-生态协调发展情景的空间聚集效果要优于其他两种方案，因此经济-生态协调发展情景的方案既保证了建设用地空间分布满足经济-生态格局的引导条件又表现出了建设用地空间分布的随机性，而且还保证了空间上有一定的聚集效果，此方案可为晋江未来的建设用地空间开发提供借鉴。

表 6-5 不同配置方案的 Moran's I 与 Z-score 值

	经济高速发展情景	生态保护优先情景	经济-生态协调发展情景
Moran's I	–0.02	–0.02	–0.04
Z-score	–0.45	–0.88	–1.20

6.2.5 结论

基于生态-经济格局的“海-原”一体化建设用地优化配置是一种建设用地“精明增长”的规划方式，将提高土地集约利用和围海造地结合的方法对现存土地格局进行统筹，为建设用地后备资源不足的区域争取了土地资源，避免了建设用地的无序扩张。晋江市的生态安全水平在山地丘陵地区、海岸带沿线，以及水域周围较低，其他区域的生态安全水平较高，且高安全水平围绕着低安全水平分布；经济适宜性格局呈现组团式分布，晋江东北部的经济适宜性水平明显高于南部区域，中西部的经济适宜性水平也较南部地区高。晋江 2020 年建设用地约 27%（约 1279.62hm^2）来源于低效用地改造，约 73%（3400hm^2）来源于围头湾填海造地。其中，低效用地规划范围建议优选经济-生态协调发展情景的配置方案，既能够保证对生态效应的影响最低，又符合经济发展的需要，并且在空间上还有一定的聚集效果。

6.3 “山”建设用地立体规划与优化配置——邵武市

本节以邵武市为例，研究低丘缓坡地的开发和优化配置。首先从坡度、高程和地块面积方面确定低丘缓坡的范围，然后选取土地资源适宜性、生态安全性和灾害危险性三个障碍因子对地块进行指数计算，最后构建优化配置模型采用蒙特卡罗方法求解各个地块配置的建设用地面积。本书有针对性地提出一套与低丘缓坡土地特点相适应的建设用地空间拓展优化配置方法，为邵武市低丘缓坡土地资源合理开发提供参考。

6.3.1 研究数据

采用邵武市 DEM 数据（来源于邵武市国土资源局）获得坡度和坡向数据；基于邵武市 2013 年土地利用矢量地形要素集（来源于第二次全国土地调查数据），提取邵武低丘缓坡范围，根据国土资源部办公厅文件（国土资厅发〔2009〕51 号）文件《国土资源部办公厅关于印发市县乡级土地利用总体规划编制指导意见的通知》中提供的土地规划分类体系获得邵武市建设用地面积；土地资源适宜性、生态安全性与灾害危险性评价障碍因子数据（图 6-22）由北京师范大学提供（李坤和岳建伟，2015）；其他辅助数据包括地震断裂带、地质灾害、林地保护图件、统计年鉴、规划文本、野外调研等数据（来源于晋江市、邵武市国土局）。

6.3.2 研究方法

1. 可开发的低丘缓坡范围确定

由于各地低丘缓坡的情况不同，国内对于低丘缓坡并没有严格的定义。在地貌学上，狭义的低丘缓坡是指海拔在 300m 以下，坡度 5°～14°的坡地。广义上的低丘缓坡是指海拔在 10～300m，坡度 5°～35°的坡地（潘凤英等，1989）。赵展翔指出低丘缓坡即海拔低于 300m、坡度 2°～25°的土地范围（赵展翔，2013）。王旭熙等选取坡度 10°～25°，地块面积大于 $2hm^2$ 的区域作为研究区低丘缓坡的开发后备资源（王旭熙等，2016）。从以上表述中可以看出，对低丘缓坡范围的定义主要是从坡度、海拔和地块面积 3 个方面确定的。

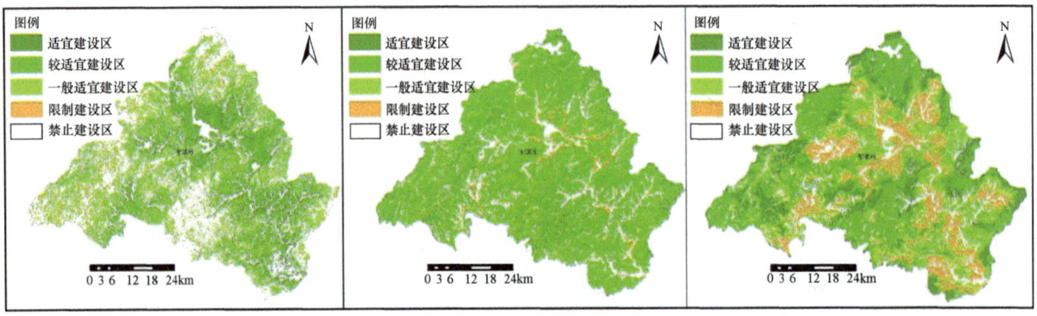

(a) 土地资源适宜性　　(b) 生态安全性　　(c) 灾害危险性

图 6-22　邵武市建设用地空间拓展障碍因子等级图

基于以上表述和《中华人民共和国水土保持法》，从坡度、海拔和地块面积出发确定可开发的低丘缓坡地范围。《中华人民共和国水土保持法》规定坡度>25°的坡地禁止开发（尤笛等，2016），研究区大部分耕地都分布在 10°以下，所以选取坡度范围在 10°～25°；由于邵武市平均高程为 778m，所以将海拔范围扩大到 500m 以下；而地块较小限制开发规模（王旭熙等，2016），所以选取地块面积大于 $2hm^2$ 的区域作为研究区低丘缓坡开发资源。然而，并非所有低丘缓坡地均能开发利用，需对现有的建设用地首先予以扣除，再扣除基本农田保护区、自然保护区、森林禁止建设区、地质灾害易发区、地震断裂带地区等禁止开发区域，最终得到可开发的低丘缓坡范围。

2. 优化配置模型

建设用地优化配置是在一定的研究区范围内，根据土地资源利用现状、土地自然属性和经济属性，利用科学的技术方法，对该研究区域内的建设用地数量、结构和布局进行合理的安排和调控，提高土地利用效率，促进土地资源可持续利用，以达到既定的社会、经济和生态环境效益（姚小薇，2009）。

根据《南平市土地利用总体规划（2006~2020 年）》，邵武市 2020 年建设用地总量控制在 $9197.33hm^2$，而当前邵武市建设用地面积为 $8512.767hm^2$，为了满足邵武市 2020 年建设用地需求，则需要再拓展 $684.563hm^2$ 的低丘缓坡用地。根据在低丘缓坡范围内，建设用地开发面积应小于其建设范围的总面积，且配置的面积之和为规划期内研究区总需求面积，在不同的建设用地空间拓展障碍因子权重下，土地面积与开发强度与障碍因子指数与每个地块分别到交通主干道和居民点的距离的乘积为最大时，求解出每个地块的配置面积（韩向旭等，2017）。根据以上条件，创建优化配置模型如下。

$$\text{目标函数：} Z=\max\left[\sum_{i}^{n} A_i \times S_i \times \left(p\times E_i + q\times D_i + m\times R_i\right)\times l_i \times d_i\right] \tag{6-9}$$

$$\text{约束条件：}\begin{cases}\sum_{i}^{n}\left(S_i \times A_i\right)=T & (6\text{-}10)\\ 0\leqslant A_i \leqslant 1 & (6\text{-}11)\end{cases}$$

式中，S_i 为 i 地块土地总面积；A_i 为 i 地块建设用地开发强度；T 为建设用地配置总量；E_i 为 i 地块生态安全指数；D_i 为 i 地块灾害危险指数；R_i 为 i 地块土地资源适宜性指数；p，q，m 为不同方案下三个障碍因子的权重；l_i 为 i 地块到交通主干道的距离；d_i 为 i 地块到居民点的距离；地块 n 为地块数量；Z 为约束条件。

在求解上述创建的优化配置模型过程中，需采用土地优化配置方法。目前流行的方法有蒙特卡罗算法、多目标规划法、元胞自动机、蚁群智能、遗传算法等。蒙特卡罗方法，也称统计模拟方法、随机抽样技术，属于统计实验的一种方法，是用随机数执行大量模拟试验从而解决许多计算问题的方法。由于蒙特卡罗算法具有直观易懂，受几何条件限制小，可同时处理相似问题，并且概率收敛与问题维数无关的优点（朱陆陆，2014），且可随机分配邵武市低丘缓坡地块开发强度，因此，本书选用蒙特卡罗算法来求解每个地块的建设用地配置面积。

6.3.3 结果与分析

1. 可开发的低丘缓坡范围

从坡度、海拔和地块面积 3 个主要方面考虑，再扣除了基本农田保护区、自然保护区、森林禁止建设区、地质灾害易发区、地震断裂带地区等禁止开发区域，提取邵武市可开发的低丘缓坡地范围（图 6-23）。可开发的低丘缓坡地范围总面积约为 2.76 万 hm^2，共有 1393 个低丘缓坡地块。

可开发面积较大的乡镇主要有位于邵武市北部的水北镇、西南部的拿口镇和城区中心的城郊镇。位于邵武市北部的水北镇，可开发的低丘缓坡地占总的低丘缓坡底面积的 24%。山多、林多是水北镇的一大特色，低丘缓坡资源丰富，可供未来建设用地拓展。位于邵武市西南部的拿口镇，可开发的低丘缓坡地占总的低丘缓坡地面积的 16%。拿口镇为中心集镇，森林覆盖率为 72%，低丘缓坡资源较为丰富。位于邵武市城区中心附近的城郊镇，可开发的低丘缓坡地占总的低丘缓坡地面积的 13%，全镇山多林茂，森林覆盖率达 80%，有林地面积为 9538.67hm^2，低丘缓坡资源十分丰富。提取出的可开发的低丘缓坡地类全为有林地。

2. 优化配置结果

由于邵武市独特的低丘缓坡地条件，生态环境脆弱，地质灾害高易发区较多，需要考虑到生态安全与地质灾害对低丘缓坡地拓展的影响。通过改变土地资源适宜性、生态安全性与灾害危险性三种障碍因子影响因素权重，其中，土地资源适宜性考虑了高程、坡度和坡向三个评价指标；生态安全性考虑了生物多样性、土壤保持、气候、气体、水文、食物生产、原材料生产和文化娱乐评价指标；灾害危险性考虑了灾害分布密度、地质构造、植被分布、人口密度评价指标。方案一为三种障碍因子权重相同，方案二和方案三中重点考虑了生态安全与灾害风险占比是土地资源适宜性占比的两倍，得到不同的拓展方案，如表 6-6 所示。

利用自然断点法划分不适宜、一般适宜、较适宜和最适宜四个等级，得到配置结果如图 6-24 所示。

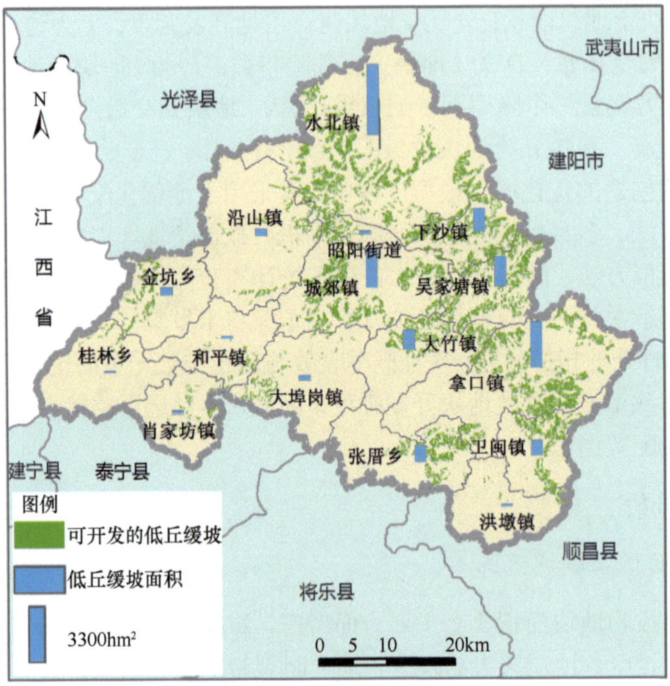

图 6-23 邵武市可开发的低丘缓坡范围

表 6-6 优化配置影响因子权重表 （单位：%）

	土地资源适宜性	生态安全性	灾害危险性
生态灾害因素均衡考虑	33	33	33
生态保护优先	25	50	25
灾害避免优先	25	25	50

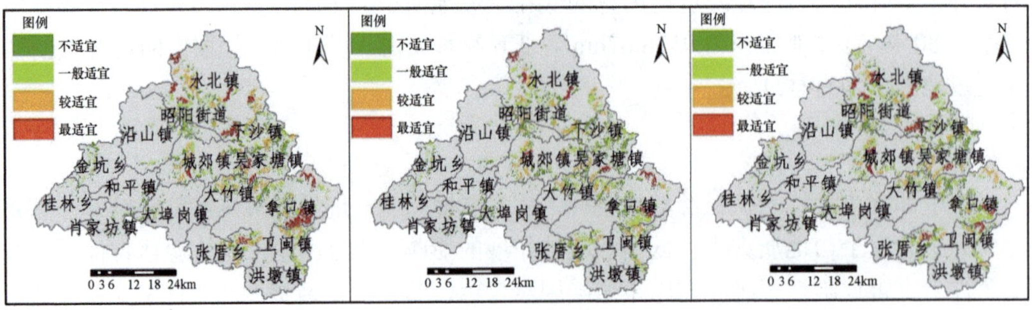

(a) 优化配置方案一　　(b) 优化配置方案二　　(c) 优化配置方案三

图 6-24 邵武市低丘缓坡地优化配置结果

从三个优化配置结果中均看出，邵武市建设用地开发方向主要位于邵武市中心城区附近及西北至东南的城镇发展轴上，中部为中心城区，是未来的主要发展方向。由于邵武市生态环境脆弱，地质灾害高易发区较多的自然条件，且要加强对耕地和基本农田的保护，因此最适宜低丘缓坡拓展为建设用地的比例较小。北部和东部虽然拥有较多的低丘缓坡资源，但大多被林地覆盖，受生态保护原因的影响，难以进行大规模的低丘缓坡建设用地开发（赵展翔，2013）。

三种低丘缓坡建设用地配置结果如表 6-7 所示。从三种配置结果的数量结构看出，当生态安全所占的权重较大时，最适宜的面积所占的比例为 12%，比平衡发展时的最适宜面积所占的比例（17%）与灾害优先考虑时的最适宜面积所占比例（19%）要小，说明综合考虑生态保护和灾害避免因素有利于低丘缓坡用地的开发拓展。

表 6-7　低丘缓坡建设用地配置结果

适宜性等级	面积/hm^2（占总低丘缓坡面积的比例/%）		
	方案一（生态灾害因素均衡考虑）	方案二（生态保护优先）	方案三（灾害避免优先）
不适宜	192.43（28%）	237.15（35%）	207.27（30%）
一般适宜	186.88（27%）	199.16（29%）	201.43（29%）
较适宜	193.96（28%）	168.66（25%）	147.93（22%）
最适宜	111.29（17%）	79.59（12%）	127.94（19%）

根据优化配置结果统计出邵武市各乡镇低丘缓坡地拓展面积如表 6-8 和图 6-25 所示。

表 6-8　邵武市各乡镇低丘缓坡拓展结果三种方案对照表　　（单位：hm^2）

镇名	方案一（生态灾害因素均衡考虑）	方案二（生态保护优先）	方案三（灾害避免优先）
城郊镇	81.71	97.28	94.27
大埠岗镇	16.32	14.10	14.30
大竹镇	38.58	36.19	40.10
桂林乡	3.93	4.55	4.85
和平镇	5.26	6.36	5.92
洪墩镇	3.98	5.73	8.18
金坑乡	16.77	20.66	17.37
拿口镇	84.12	92.21	77.66
昭阳街道	7.60	10.17	7.41
水北镇	182.36	178.45	182.31
卫闽镇	31.12	38.12	37.55
吴家塘镇	69.88	58.82	70.27
下沙镇	65.69	55.05	59.28
肖家坊镇	10.21	9.97	8.47
沿山镇	18.14	18.66	14.60
张厝乡	48.83	38.25	42.03
合计	**684.57**	**684.57**	**684.57**

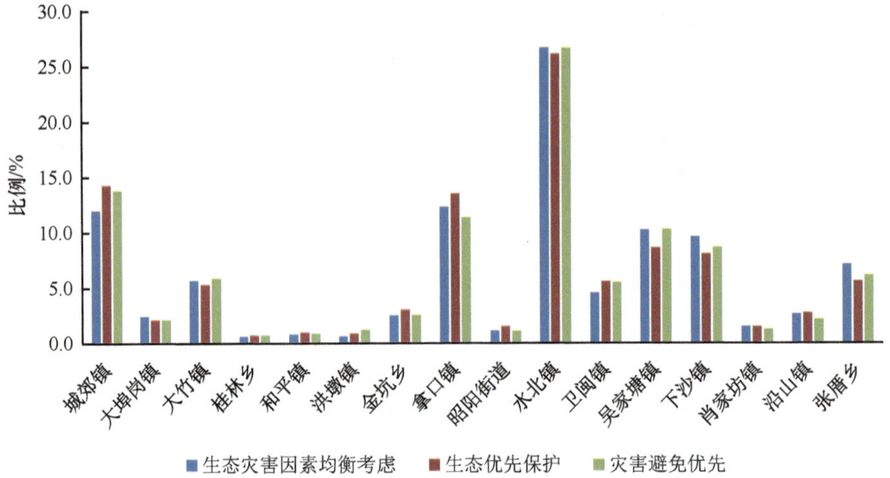

图 6-25 邵武市各乡镇低丘缓坡拓展面积占比

由邵武市各乡镇低丘缓坡地拓展的面积看出，三种方案均显示水北镇、城郊镇和拿口镇的面积占比较大，符合邵武市土地利用总规划文本中邵武市城镇体系规划格局。《邵武市土地利用总体规划（2006~2020 年）》指出：“一城”——以老城区、水北镇为主体，水北镇新建高速铁路火车站成为规划重点；“两片”——其中城郊镇属于莲塘片区，规划以工业用地为主；“辐射周边”——拿口为中心镇，可带动周边村镇发展。

由于邵武市的低丘缓坡地生态环境脆弱，地质灾害高易发区较多，考虑到邵武市大规模的开发低丘缓坡资源还有一定技术与施工条件上的困难，因此在进行开发时必须要保证生态环境不被破坏，同时还要避开灾害易发区，否则会危及邵武市人民生产生活安全。因此本书最终选用生态灾害因素均衡考虑的方案，即方案一。

与《邵武市城市总体规划（2013~2030 年）》和《邵武市土地利用总体规划（2006~2020 年）》进行对比，对优化配置结果进行有效性分析。城郊镇西南部的最适宜开发区域为邵武市低丘缓坡开发利用试点项目区的香林片区附近，香林片区以发展轻纺、生物制药、竹木加工、工艺品制造、食品加工等无污染工业企业为主，是综合工业园区，靠近城区，人口稠密，经济发达，交通便利（尤笛等，2016），应加大建设用地开发力度。位于水北镇西部的最适宜开发区域为《邵武市城市总体规划（2013~2030 年）》的规划区附近，是未来城市发展方向，其配置的建设用地面积也应加强。位于邵武市东南部的拿口镇为邵武中心集镇，是最适宜的开发区域，应多加配置建设用地，拉大城市框架，拓展城市核心区域。综上所述，邵武市低丘缓坡建设用地优化配置与规划文件相一致，是合理可行的，为实施运作提供保障，为邵武市大规模的低丘缓坡土地开发利用的顺利实施提供了科学的依据。

参 考 文 献

陈杜彬，岳建伟，丁克松. 2017. 基于模糊综合评价的多障碍因子建设用地空间拓展评价. 亚热带资源与环境学报，(2): 51-57

福建统计局. 2012. 2012 福建统计年鉴. 北京：中国统计出版社

韩向娣，周艺，王世新，等. 2012. 夜间灯光遥感数据的 GDP 空间化处理方法. 地球信息科学学报，14(1): 128-136

韩向旭，李通，张丽，等. 2017. 低丘缓坡建设用地拓展与优化配置——以邵武市为例. 亚热带资源与

环境学报, 12(2): 44-50
匡晓明, 魏本胜, 王路. 2016. 规模与生态增长并举的城市开发边界划定——以东湖国家自主创新示范区为例. 规划师, 32(6): 10-15
李晖, 易娜, 姚文璟, 等. 2011. 基于景观安全格局的香格里拉县生态用地规划. 生态学报, 31(20): 5928-5936
李坤, 岳建伟. 2015. 我国建设用地适宜性评价研究综述. 北京师范大学学报(自然科学版), 51(z1): 107-113
李通. 2016. 福建省建设用地“山海原”一体化立体规划与优化配置研究. 山东农业大学硕士学位论文
刘莉, 魏晋, 高雪松, 等. 2016. 四川丘陵区耕地资源优化配置研究——以泸县为例. 安徽农业科学, 39(21): 13148-13150
潘凤英, 沙润, 李久生. 1989. 普通地貌学. 北京: 测绘出版社
孙琨, 钟林生, 张爱平, 等. 2016. 城市生态游憩空间休闲价值对比分析——以常熟市为例. 地理研究, 35(2): 256-270
王海鹰, 张新长, 康停军. 2009. 基于 GIS 的城市建设用地适宜性评价理论与应用. 地理与地理信息科学, 24(1): 14-17
王让虎, 李晓燕, 张树文, 等. 2014. 东北农牧交错带景观生态安全格局构建及预警研究——以吉林省通榆县为例. 地理与地理信息科学, 29(2): 111-115
王万茂, 王群. 2010. 土地利用规划学. 北京: 北京师范大学出版社
王旭熙, 彭立, 苏春江, 等. 2016. 基于景观生态安全格局的低丘缓坡土地资源开发利用——以四川省泸县为例. 生态学报, 2016(12): 3646-3654
肖长江, 欧名豪, 李鑫. 2015. 基于生态-经济比较优势视角的建设用地空间优化配置研究——以扬州市为例. 生态学报, 35(3): 696-708
徐康宁, 陈丰龙, 刘修岩. 2015. 中国经济增长的真实性: 基于全球夜间灯光数据的检验. 经济研究, (09): 17-29
徐梦洁, 陈黎, 刘焕金, 王慧. 2011. 基于 DMSP/OLS 夜间灯光数据的长江三角洲地区城市化格局与过程研究. 国土资源遥感, (03): 106-112
杨莹. 2016.“山-海-原”一体化建设用地优化配置研究. 江西理工大学硕士学位论文
姚小薇. 2009. 建设用地优化配置研究——以襄樊市城区为例. 中国地质大学(武汉)硕士学位论文
叶剑平, 高峰. 2016. 全方位拓展城市发展新空间——以福建省为例. 中国土地, (01): 33-35
尤笛, 蒋金豹, 郭海强. 2016. 低丘缓坡建设用地空间拓展评价——以福建邵武市为例. 江苏农业科学, (07): 508-512
喻锋, 李晓波, 张丽君, 等. 2015. 中国生态用地研究: 内涵、分类与时空格局. 生态学报, 35(14): 4931-4943
张靓, 曾辉. 2014. 城市建设用地增长预测主要模型类型及特征. 地理与地理信息科, 29(1): 50-55
张志刚, 张安明, 郭欢欢. 2016. 基于 DMSP/OLS 夜间灯光数据的城乡结合部空间识别研究——以重庆市主城区为例. 地理与地理信息科学, 31(6): 37-42
赵展翔. 2013. 基于 GIS 的低丘缓坡资源综合开发利用评价研究. 浙江大学硕士学位论文
周锐, 王新军, 苏海龙, 等. 2015. 平顶山新区生态用地的识别与安全格局构建. 生态学报, 35(6): 2003-2012
朱陆陆. 2014. 蒙特卡罗方法及应用. 华中师范大学硕士学位论文
Elvidge C D, Baugh K E, Kihn E A, et al. 1997. Relation between satellite observed visible-near infrared emissions, population, economic activity and electric power consumption. International Journal of Remote Sensing, 18(6): 1373-1379
Metropolis N, Ulam S. 1949. The Monte Carlo method. Journal of the American Statistical Association, 60(247): 115-129
Stow D A, Hope A, Mcguire D, et al. 2004. Remote sensing of vegetation and land-cover change in Arctic Tundra Ecosystems. Remote Sensing of Environment, 89(3): 281-308

第7章 建设用地规划系统的设计与实现

7.1 面向地块的建设用地空间拓展定量综合评价原型系统

为推动海西战略的实施，充分合理的利用低效用地、低丘缓坡地和滨海地带三种建设用地拓展源，将面向地块的建设用地空间拓展定量评价研究有效的应用于实际中，开发了面向地块的建设用地空间拓展定量综合评价原型系统。系统以晋江市内部整合“挖潜”（中小城市和村镇土地集约利用）和邵武市低丘缓坡合理开发利用为目标，依据面向地块的建设用地空间拓展定量评价模型，分析低效利用地块的开发潜力。可通过对低效利用地块进行空间拓展潜力的定量评价，为建设用地优化配置提供了依据。

7.1.1 需求分析

1. 功能需求

需求分析是整个软件工程中首要且关键的一个环节，是进行系统设计和开发的重要基础，通过调查实际情况，分析问题，明确系统要完成的业务，即系统必须提供哪些功能。假如在需求分析时未能正确地分析客户的需要，那么结果可能不会完全贴合用户的需要，造成返工，耽误软件项目无法在规定的时间内完工。

本系统在全面调查和分析了解用户需求后，得出在功能的需求上主要实现以下功能。

1）数据加载及浏览

将评价所需的各类图层准确、清晰地加载到系统中，能够方便地查询、浏览、更新，使得图层管理快捷化和自动化，为评价模型提供数据支持。

2）评价指标数据处理

对评价过程中所需用到的评价指标数据进行预处理，使其满足评价模型的数据要求，包括：定性数据的定量化、统计数据的矢量化、评价要素（点、线、面）影响分值计算、数据去量纲化处理等。

因为此系统具有多种类型的数据源，包括矢量数据、栅格数据、统计文本数据等，如各类基础设施矢量数据、交通矢量数据、经济统计数据、各类地形数据、DEM 数据等，不同数据具有不同的类型及单位，无法直接进行比较和运算，需要进行矢量数据栅格化、定性数据的定量化、数据去量纲化等处理。需要综合考虑此类需求并进行相应设计。

3）空间拓展定量评价

以评价指标数据为基础，调用相应的定量评价模块（低效用地评价模块、低丘缓坡地评价模块、沿海地带评价模块及空间拓展定量综合评价模块），对建设用地的空间拓展潜力进行定量评价。

4）评价结果分析

根据评价模型所计算出来的各评价单元的综合分值，根据层次分析法等计算各因素权重，然后调用空间拓展定量评价综合分析模块，对评价单元进行空间拓展潜力分级。

5）结果展示与输出

对评价结果进行直观的展示，包括形成的地图与报表，用户可根据自己的需要和要求对相关显示属性进行编辑修改。数据展示的同时，用户还能够对地图与报表进行查询，包括图查询、表查询、图表双向查询。评价结果均可根据需要输出相应的地图文件、图片及文档。

2. 系统性能需求

（1）面向地块的建设用地空间拓展定量综合评价原型系统为数据显示、数据处理、定量评价为一体的系统。系统采用三层 C/S 结构进行搭建，功能实现分为：数据访问层（DAL）、业务逻辑层（BLL）、表现层（UI）。

各层的作用如下：数据访问层负责数据库的访问，可以访问数据库系统、二进制文件、文本文档或是 XML 文档；业务逻辑层负责针对具体问题的操作，也可以理解成对数据层的操作，对数据业务逻辑的处理；表现层负责显示数据和接收用户输入的数据，为用户提供一种交互式操作的界面。

系统采用分层设计，使得结构清晰明确，层与层之间弱耦合，可以降低层与层之间的依赖，减小了系统开发的难度，有利于各层逻辑的复用，在后期的维护中也能够极大降低维护的成本和时间。

（2）空间数据和非空间数据的关系数据库一体化存储。建设用地所涉及的数据很多，包括空间图形数据、空间属性数据和非空间属性数据。系统采用 SQL Server 数据库管理系统维护关系数据库，利用 SQL 语言对空间与非空间数据进行各种数据库操作，同时可以利用关系数据库的各种数据处理功能，使空间和非空间数据一体化集成。

（3）基于 ArcEngineGIS 组件库实现空间数据的分析显示功能。ArcGIS Engine 是用于构建定制应用的一个完整的嵌入式的 GIS 组件库，通过在开发环境中添加控件、工具、菜单条和对象库，在应用中嵌入 GIS 功能。软件系统通过调用 AE 中各种组件的接口、方法、属性来实现所需要各种 GIS 功能，包括对 Geodatabase 的查询与读写、数据的空间分析、图层的显示、对 ArcGIS 地理模型的调用等。

（4）基于 DevExpress 控件实现菜单栏与统计图表的展示。DevExpress 控件不仅功能丰富，应用简便，而且数据展示灵活、界面华丽，它的菜单栏控件及图表控件更具代表性，完全可以替代开发环境提供的基本控件，使编写的程序或软件更显专业化。

3. 系统技术路线

本系统开发的技术路线如图 7-1 所示，以低丘缓坡地的空间拓展适宜性为例。

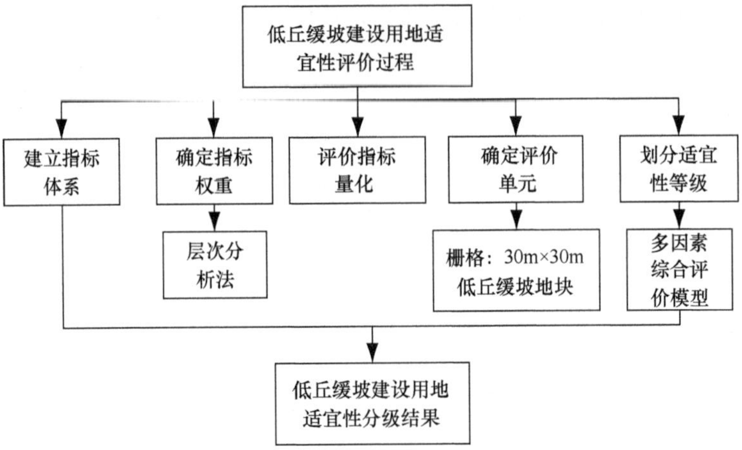

图 7-1　系统技术路线图

4. 系统建设难点分析

本系统数据类型包括矢量数据、栅格数据、统计数据，评价指标涉及多层多要素，各要素的量纲不同，对不同量纲指标进行统一化处理是系统运行的难点。

由于本系统编制目的是以地块为基本单元对建设用地进行空间拓展适宜性评价，且栅格数据是基于像素点组成的数据，每个像素点都有一个属性值。因此本系统选用栅格数据为基本数据类型，矢量数据则按照欧氏距离的方法进行栅格化，然后根据不同指标的特点，选用相应的函数进行数值归一化，使每个像素的属性值在 0~1。

7.1.2　系统设计

1. 系统功能模块设计

系统总体结构在整个开发过程中起着非常重要的作用，确定系统需要完成的功能是系统开发的基础。根据实际需要，系统共有五个功能模块，如图 7-2 所示。

1）地图浏览模块

地图浏览模块的功能是对数据视图窗口内的地图进行一系列的文件操作及浏览显示，如打开、保存地图等；对地图进行浏览，包括对地图视图的浏览，如放大、缩小、平移、全局视图等按钮，以及对地图对象属性的查看，如属性查询。

2）数据加载模块

数据加载是对各评价指标代表的相应图层在系统中进行准确、清晰的加载，并在地图中进行浏览、更新、查询，使得图层管理快捷化和自动化，为评价模型提供数据支持。

3）评价指标构建及确权模块

土地评价菜单功能是为了实现对影响建设用地开发潜力的一些要素的构建及判断他们的影响程度大小，即构建评价指标体系和计算各评价因子的权重。包括添加指标，用户可根据具体需要构建合适的评价指标体系，系统支持评价指标添加及分层；构建评价指标体系后，对不同层构建判断矩阵，用户可根据具体需要输入打分值，同时可以导入外部编辑好的Excel数据作为判断矩阵；系统提供计算权重功能，可计算出各指标层，各单个指标的权重；提供权重的导出功能，可将指标的权重结果导出为Excel形式。

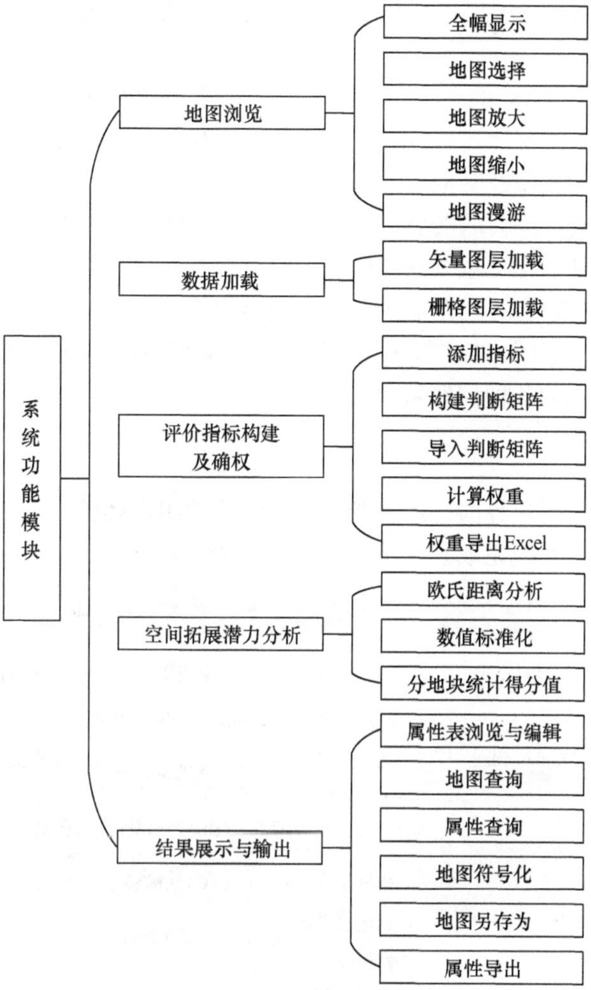

图 7-2　系统功能模块设计图

2. 系统架构设计

本系统使用三层架构的开发模式，分为表现层、应用层和数据层。

三层架构的开发模式把所做的工作分成若干个部分去做，这样条理清楚，维护方便，易于移植。本系统详细架构如图 7-3 所示。

1）数据层

数据层是整个系统的基础，它能为其他层提供数据支持，同时它是数据的管理、操作、查询及统计分析的基础。数据层包括两个层次：数据访问层和数据存储层。数据存储层存储了系统需要的各类空间数据库和非空间属性数据库，空间数据以 Geodatabase 来进行统一存储和管理，非空间属性数据库采用 SQL Server 数据库进行数据的存储和管理。数据访问层是支持各专业应用服务的基础。

2）应用层

应用层包括基础服务层、业务应用层和控制层三个层次。

（1）基础服务层：该层提供系统各模块的实现方法及关键算法，为其他层的正常运行提供保障。

本书开发的基于 GIS 的金属矿山采矿方法优选系统的基础服务层主要包括数值归一化理论和函数、空间统计理论、欧氏距离分析法和层次分析法等算法。这些关键理论和算法为系统的功能实现及其他层的运行提供了基础。

（2）业务应用层：该层是整个系统的核心和关键的一层，主要是具体实现各个功能模块，具体各模块功能详见系统功能模块的设计及系统具体功能实现。

（3）控制层：控制层的工作是接收用户发出的请求，进行判断以后调用业务层，并将获得的结果转发给视图。本系统采用.NET Framework 框架来进行系统设计，用户请求通过操作系统框架中的各种控件来实现。

3）表现层

这一层主要是指用户界面，是展现在用户面前的用户体验，是人机交流的桥梁，用户通过操作界面来使系统完成某些功能。

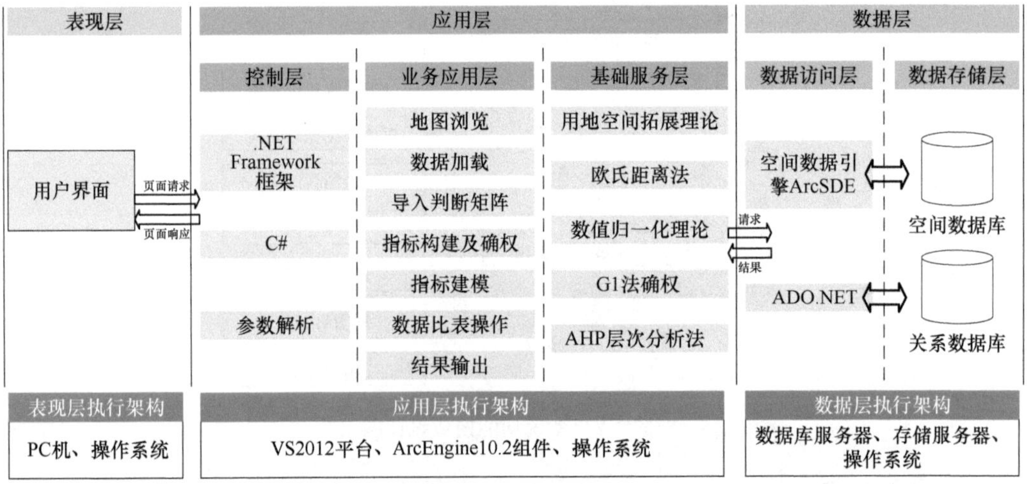

图 7-3　系统架构设计图

3. 系统数据库设计

（1）数据库设计内容：由于本系统是一个基于 GIS 的系统，系统数据包括空间数据和非空间数据，所以对数据库的设计包括空间数据库的设计和属性数据库的设计。

（2）空间数据库设计：本系统的空间数据包括各类评价要素图层、低效地块及低丘缓坡地块图层、乡镇行政区图层，评价要素图层包括各类点线面图层。空间数据库结构如表 7-1 所示。

分点层、线层、面层和文本图层，分别用来存储点、线、面和文本数据，并给属性表添加属性信息，最终便于直观的表示地理对象。

点层主要用来存储可以抽象成点状的对象，如学校、医院、机场、码头、火车站等；线层主要用来存储可以抽象成线状的对象，如公路、河流、地震断裂带等；面层主要用来存储可以抽象成面状的对象，如低效地块及低丘缓坡地块图层、乡镇行政区图层、基本农田保护区图层、森林保护区图层等，注记图层主要用来标记要素。

表 7-1　系统空间数据库

类型	所含图层
点层	学校、医院、 供水站、供电站、机场、码头、火车站、港口
线层	公路、河流、地震断裂带
面层	低效地块、低丘缓坡地块、乡镇行政区、基本农田保护区、森林保护区
文本标注	乡镇名称注记

（3）属性数据库设计：属性数据库以关系型数据表的形式来表示，用来存储非空间数据，构成系统的知识库。本系统建立的数据表包括低效地块及低丘缓坡地块表、乡镇行政区表等，在此不一一列举。

7.1.3　系统主要界面及功能实现

用户界面又称人机界面，是系统和用户之间进行交互和信息交换的媒介，它实现了信息的内部形式与人类可以接受形式之间的转换。凡参与人机信息交流的领域都存在着用户界面。用户界面是用户与系统打交道的地方，是一个系统的“外衣”。用户界面的好坏直接决定了用户对系统的印象。总的来说，用户界面应该友好、操作简便，具有可使用性、灵活性和可靠性。

本系统界面采用的是 Ribbon 界面，与传统的菜单式用户界面相比，它有组织结构化的存储功能模块，不用一个个地查找级联菜单、工具栏，容易查找需要的功能；可以显示更多的功能命令项；可以对命令按钮添加背景图片以对其要实现的功能进行预览。本系统不同的模块使用共同的主界面，并且每个模块占菜单栏 Ribbon 的一个 RibbonTab 项，具体模块的操作由菜单栏 Ribbon 项点击进入新弹出的窗体实现。

系统主界面如图 7-4 所示，分为菜单栏、图层窗口、鹰眼窗口和地图数据视图窗口。

菜单栏包含一系列功能按钮，可以实现对应的操作；图层窗口用来显示当前打开的所有图层，包括矢量图层和栅格图层等，并可以通过图层名称前面的复选框实现其在数据视图的显示和隐藏，在图层名上单击右键可以弹出快捷菜单，实现一系列的操作和功能（详情参见后文）；地图数据视图窗口用来显示地图内容，即图层窗口中设置的可见图层；鹰眼窗口可以像从空中俯视一样查看地图框中所显示的地图在整个图中的位置，通过拖动鹰眼窗口中的红色矩形框，可以控制地图窗口的显示范围。

1. 地图操作与浏览

地图操作选项卡内的功能是对数据视图窗口内的地图进行一系列的文件操作，如打开、保存地图、添加数据等，可满足用户对于不同数据的加载需求，如图 7-5 所示；对地图进行浏览，包括对地图视图的浏览，如放大、缩小、平移、全局视图等按钮，使用户可以从不同比例及角度进行地图浏览，满足用户多样化的视图需求；鹰眼功能的实现，以及对地图对象属性的查看，如图 7-6 所示。

系统选用 ArcEngine 开发组件的 MaPControl 控件显示地图，TocControl 控件关联 MaPControl 所示地图中的图层文件信息，ToolbarControl 控件用来实现快速控制地图的工具栏，并添加放大、缩小、移动和全图按钮。鹰眼的实现通过自定义鹰眼类来实现。

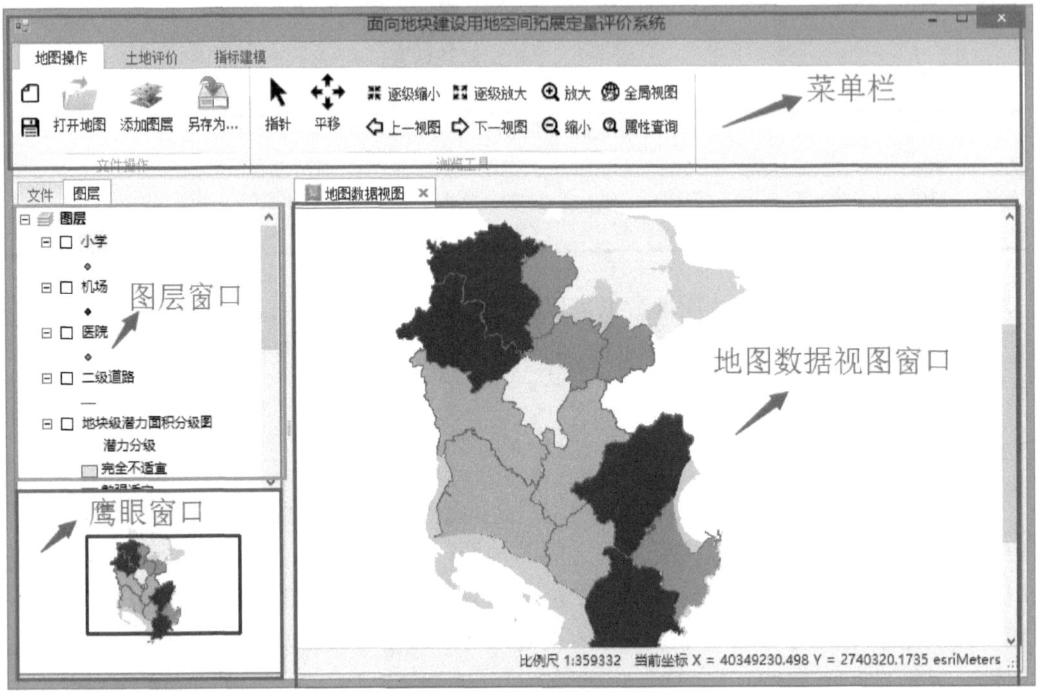

图 7-4　系统主界面

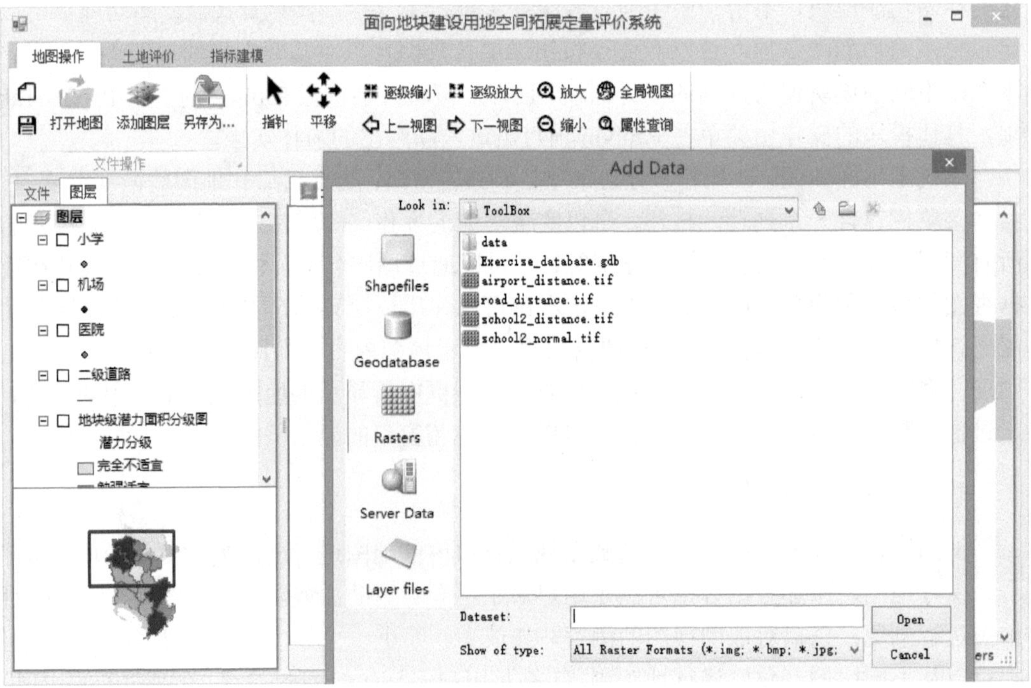

图 7-5　添加图层

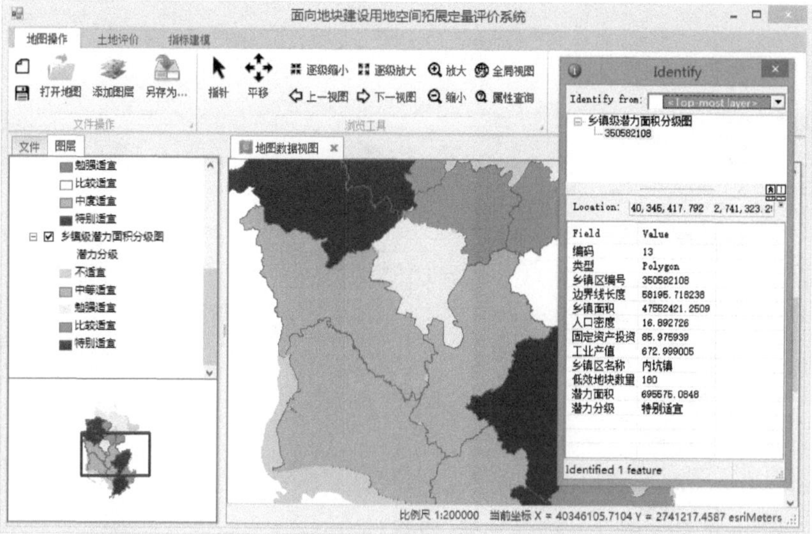

图 7-6　属性查询

2. 指标构建及确权

指标构建及确权是为了实现对影响建设用地空间拓展潜力的一些要素的构建及判断他们的影响程度大小，即构建评价指标体系和计算各评价因子的权重。本书采用层次分析法进行评价指标体系的构建及指标确权，AHP 法把定性分析与定量分析有机地结合起来，原理简单易于掌握，并且分析结果简单明确，容易被决策者接受和掌握，应用范围极为广泛。

本系统指标构建及确权功能包括添加指标、构建评价指标体系、构建判断矩阵、判断矩阵输入或导入、计算权重、保存权重结果。

主要功能界面如图 7-7 所示，导入判断矩阵如图 7-8 所示。

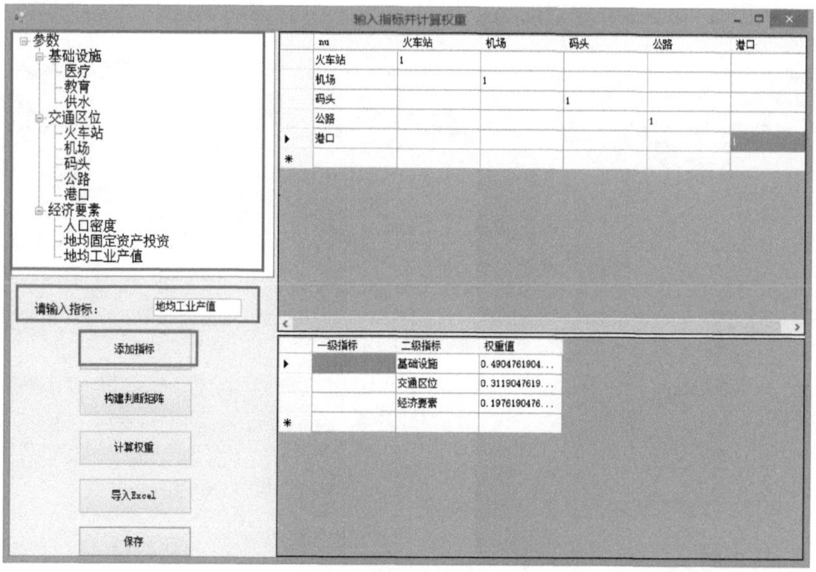

图 7-7　构建评价指标体系及确权

图 7-8　导入判断矩阵

3. 建设用地空间拓展潜力分析

建设用地空间拓展潜力分析用于对构建的评价指标体系中的各指标分别进行分析，通过欧氏距离分析、数值归一化操作，以及分地块统计潜力值等，对各要素计算空间拓展潜力。其中各功能的实现通过在 ArcMap 中建立空间模型，然后在 ArcEngine 中调用空间模型来实现。

1）欧氏距离分析

在指标建模选项卡内，单击距离分析按钮，弹出距离分析对话框如图 7-9 所示。单击“浏览”选择输入要素（要分析的影响指标和矢量图层）和输出距离栅格图层（选择保存位置和名称），单击确定按钮。

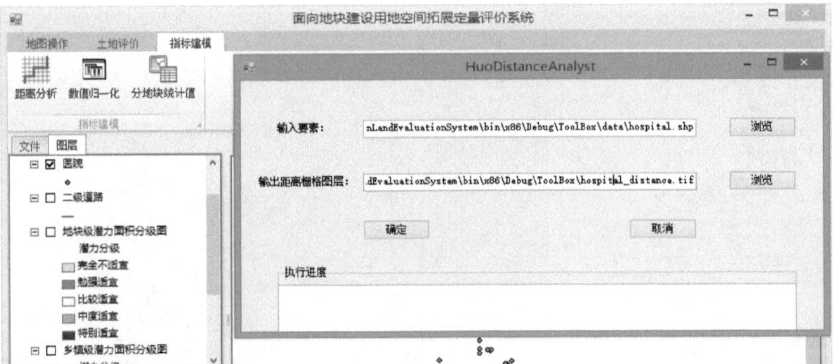

图 7-9　欧氏距离分析

2）数值归一化

数值归一化是原始数据标准化处理方法的一种，用于对评价指标原始数据进行无量纲化、归一化处理，将各评价指标的真实数据按照各自影响效果进行转换计算，最终确定各评价指标的标准值。本书所涉及的非线性标准化法，针对评价指标影响效果的不同，分别采用 Logistic 函数、高斯函数进行评价指标的标准化计算，两种函数的表达式见式（7-1）、式（7-2）：

$$f(x)=L/(1+\mathrm{e}^{\pm k(x-x_0)}) \tag{7-1}$$

式中，L 为函数的最大值；x_0 为自变量的中间值；k 为影响函数曲线的倾斜度。

$$f(x)=a\mathrm{e}^{(-(x-\mu)^2)/\sigma^2} \tag{7-2}$$

式中，a 为函数的最大值；μ 为自变量的中间值；σ 为影响函数曲线的倾斜度。

根据各项指标的影响效果（正向、负向、适度）选择合理的转换函数：正向、负向指标采用 Logistic 函数（正向指标 k 前符号为–，负向指标 k 前符号为+）；适度指标采用高斯函数。

然后根据指标合理值范围确定转换函数各参数值：本书中将指标标准化值控制在（0~1），因此 L 与 a 取值为 1；x_0 与 μ 取值为合理值范围的中间值（适宜度指标合理值范围中间值为最优值）；k 与 σ 取值分别为 $6/\Delta x$、$\Delta x/4$（Δx 为合理值范围的大小）。

在地图操作选项卡，用添加图层工具添加上一步生成的距离栅格图层；然后在指标建模选项卡，单击“数值归一化”按钮，弹出栅格计算器窗口，如图 7-10 所示，此窗口的输入图层下拉框包含所有在图层列表包含的栅格图层，在计算器下面的文本框中根据上述公式输入归一化表达式。

计算完成后，对结果进行保存，如图 7-11 所示。

图 7-10　数值归一化构建表达式

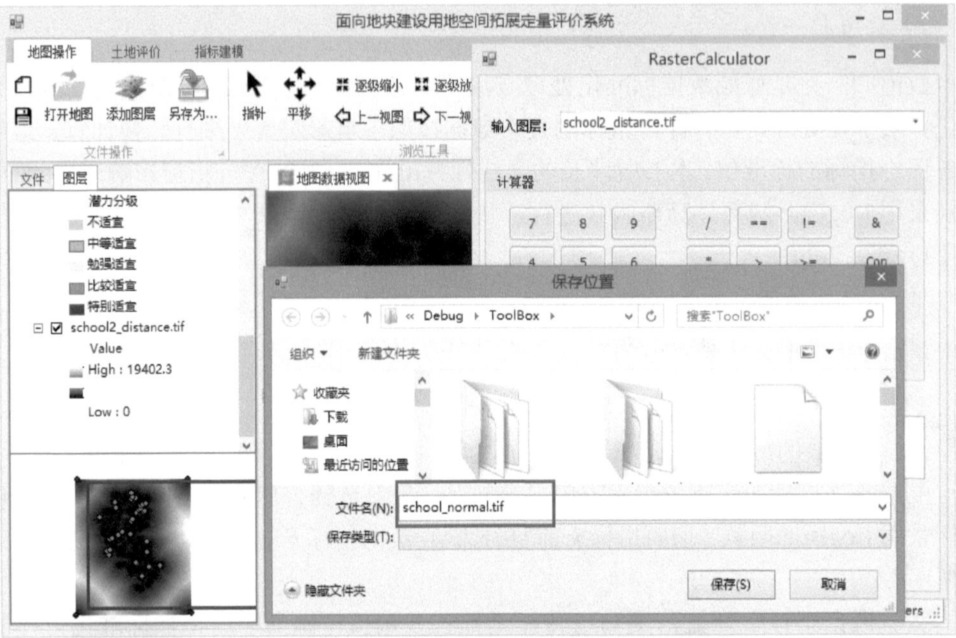

图 7-11　保存计算结果文件

3）分地块统计各指标潜力值

对各指标的潜力值，在地块尺度上统计均值，得到每个地块的平均开发潜力。

运行结果即第一步选择的进行距离分析的矢量图层（如学校）在每个地块的得分值，结果自动在低效地块图层属性表中添加一列属性，每个对象都含有一个得分值，如图 7-12 所示。

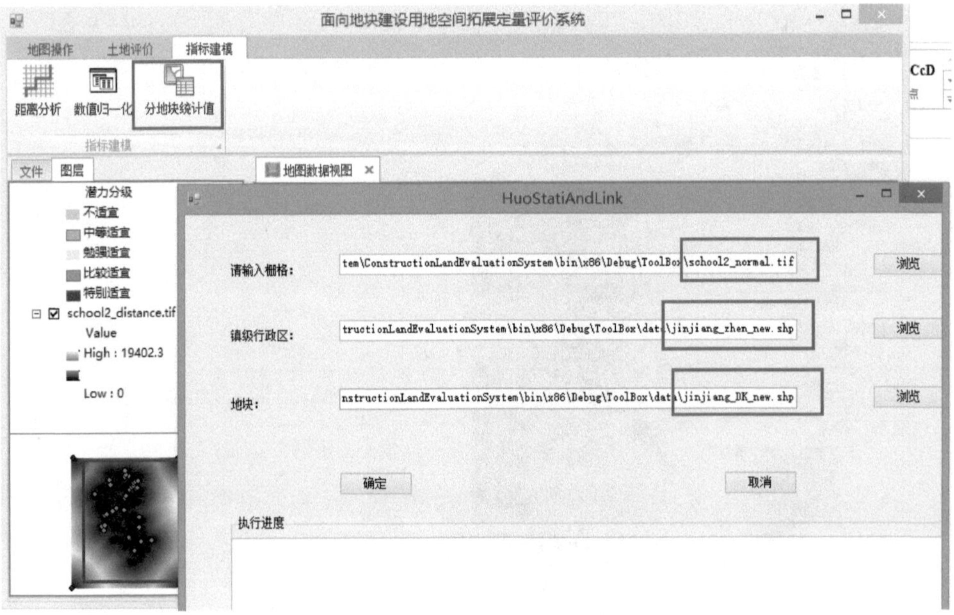

图 7-12　分地块统计各指标潜力值

4. 结果展示与输出

结果展示与输出模块用来对前面得到的评价结果进行展示、查询与输出，提供给用户更直观的结果。提供属性表的浏览与编辑、地图与报表的查询（包括地图查询与属性查询）、评价结果展示与输出（包括地图符号化、地图另存为、属性导出），如图 7-13~图 7-15 所示。

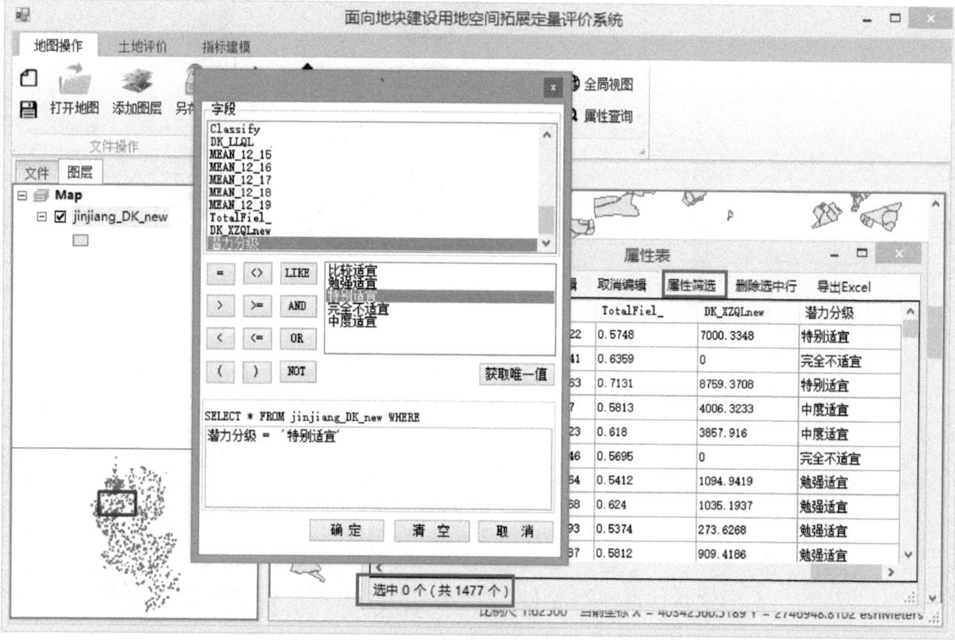

图 7-13　属性查询

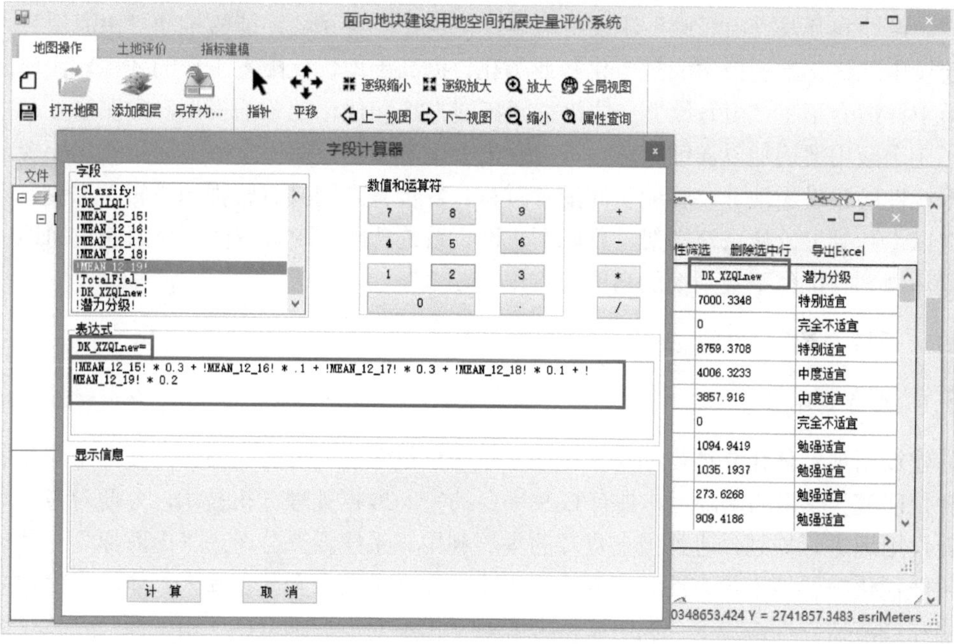

图 7-14　字段运算

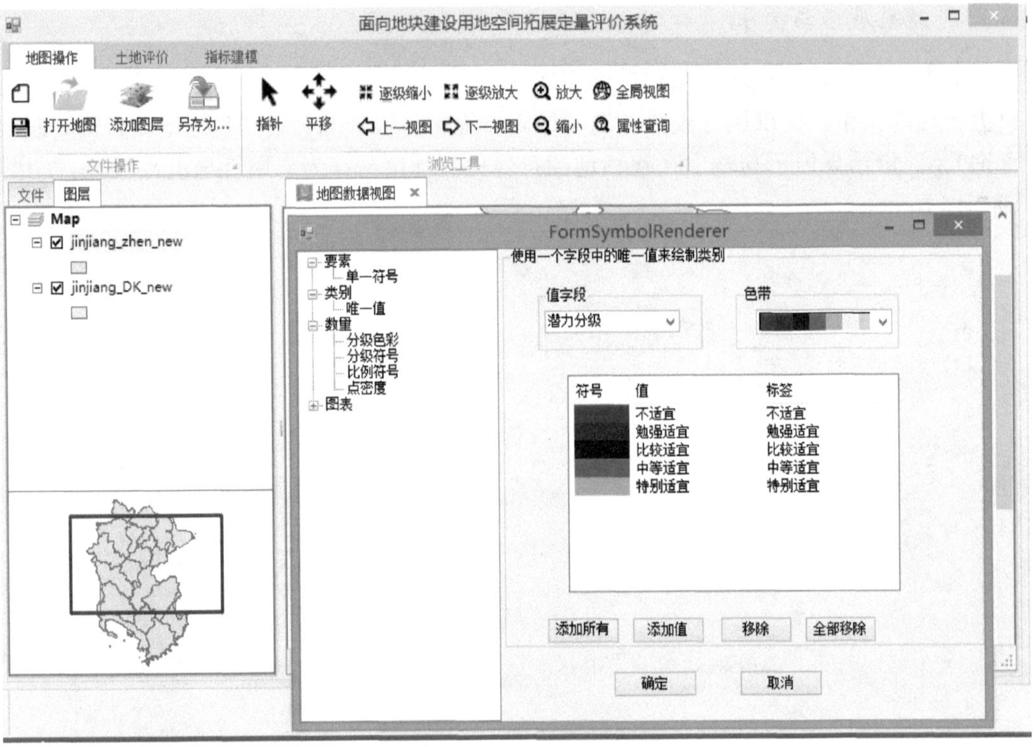

图 7-15　地图符号化

7.2　建设用地一体化立体规划与优化配置系统

随着人类对建设用地“精明式”增长的深入认识，土地资源优化配置日益得到人们重视。设计和开发“山海原”建设用地一体化优化配置系统，能够推动“山海原”一体化建设用地优化配置技术的规范化和业务化，提高土地优化配置工作的效率。在前面的章节中详细介绍了“山海原”一体化空间拓展方法和优化配置的模型，并在第 6 章中列举了 3 个应用案例加以详细阐述，不难看出“山海原”一体化立体规划与优化配置是一个系统性的建设用地开发强度空间配置过程，各步骤之间具有较强的逻辑关联度。本章将在以上基础上，从系统构架、数据库建设、系统功能实现等方面，介绍建设用地一体化立体规划与优化配置系统的功能与实现。

7.2.1　系统介绍

1. 业务需求分析

建设用地一体化立体规划与优化配置系统应继承在“面向地块建设用地空间拓展定量评价研究”成果的基础上，具有 GIS 平台的空间数据处理分析技术，方便对海西地区的建设用地进行规划，达到国土资源的集约利用。系统要充分考虑“山海原”一体化建设用地优化配置技术的方法和步骤，并能够接收规定的专题数据输入，能够在生态安全格局和经济适宜性格局下，利用蒙特卡罗数学模型对实验地区的“山海原”一体化建设用地进行模拟配置，模拟规划未来城市的发展方向，最后还需根据城市未来在经济和生态两方面的模拟发展指数选择最优的配置方案。系统还需具有三维展示、空间漫游、快速制图出图等良好的交互能力。系统应该具有的能力如下。

1）对象建模及数据处理

实现土地资源优化配置所需的各类空间数据/属性数据的编辑、标准化、分类等操作，使数据符合系统条件，为进一步分析做准备。

2）基于算法的智能优化配置

实现基于多目标规划算法计算得到建设用地空间拓展决策因子非劣解方案，计算实现土地资源数量与空间布局的统一，实现土地资源最优规划。

3）建设用地最优配置参数计算

实现在综合考虑区域自然、社会经济、生态等要素的基础上，设定优化模型所需的各种参数，完成以土地资源数量结构最优化为目标的土地资源利用优化方案，获取建设用地最优配置的参数。

4）空间拓展分布模拟

实现基于蒙特卡罗算法的建设用地优化配置模型，同时设定目标函数，对建设用地空间拓展分布进行模拟方案设计。

5）立体规划对象模型编辑及联动功能

实现对象模型创建与添加、对象模型移动与删除、对象模型纹理添加与编辑等功能，以及实现二三维数据显示、场景框架，二维、三维交互，三维、二维联动等功能。实现规划设计对象放大、缩小、旋转、双击跳转，路线设计及沿路线漫游，立体展示及视差调整，同步联动，双视图设计等功能。

6）结果专题图输出

实现将分析、评价、优化、配置和模拟等不同阶段得到的图形、统计分析结果等以屏幕或纸质媒介的方式输出。

2. 系统开发目的

针对以上要求，开发山海原一体化立体规划和建设用地优化配置原型系统。系统研发的目标是要开发一个集专题数据处理、生态适宜性和经济适宜性智能化计算、优化配置模型自动运转、三维展示和制图等多种功能为一体的建设用地扩张空间开发强度优化配置的系统，能够便捷的实现“山海原”一体化建设用地优化配置，为各类用户提供技术支持。

7.2.2 系统总体设计

1. 设计原则

建设用地一体化立体规划与优化配置系统应具备标准化、规范化原则，实用性原则，开放性、扩充性原则，先进性原则，准确性原则和安全性原则。

标准化、规范化原则。在软件设计和研发时，应符合系统开发的国际通用标准及国土规划行业规范，从而使系统的硬件环境、通信环境、软件环境相互依赖减到最小，使其发挥各自的优势，也为以后的二次开发打下基础。

实用性原则。系统能够针对各个地区的需求对特定区域的建设用地空间开发强度进行优化配置，为从事国土空间规划的专业用户提供一个自动的、人机交互式的业务应用软件系统。系统在分析各种实际需求时，需要按照具体应用情况，依据用户界面友好、信息提示通俗、操作方法简易的原则，使系统能被用户接受容纳，提高系统的可操作性，便于推广应用。

开放性、扩充性原则。考虑到信息化建设是一个循序渐进、不断扩充的过程，该系统采用分层设计和构件化开发方法，可以根据业务发展的需要进行灵活、快速的调整，实现信息应用的快速部署，而且新技术的导入、新功能的开发、新业务的增加都能够在不影响系统总体运行的情况下实现，保持系统的开放性。

先进性原则。当今的计算机技术发展日新月异，因此要求选择的方法、技术、工具、设备不仅要保证具有先进性，而且要保证技术方向的正确性和标准化趋势。在建设用地的各种专题数据加工中，充分利用标准和先进的操作系统、平台软件、成熟框架、通用语言开发体系来封装服务以进行相关的业务处理，从而避免由于技术升级而带来的不兼容的影响，同时也可以有效提高数据处理的效率。遵循标准化和先进性的原则可使系统既满足现有功能需求，又保证在未来一段时间内，所采用的技术仍能适应应用发展的需求。

准确性原则。建设用地优化配置结果直接影响着规划师的决策，从而影响着一个地区的土地开发方向。因此，系统应当充分保证数据的准确性、计算过程的准确性、计算结果的准确性。

安全性原则。安全性应包括物理设备安全、逻辑安全和数据安全。应保证系统在建设中采用先进技术，让系统的“标准性、实用性、安全性”相统一。防止日后运行过程中出现大的安全事故，避免数据丢失。

2. 开发与运行环境设计

系统利用 ArcGIS 二次开发功能实现。选择微软公司的 Visio Studio.NET2014 平台，采用 C#开发语言，利用 ArcGIS Engine 组件，实现建设用地优化配置系统的功能；数据库平台采用微软的 Access Database ；系统硬件环境：CPU，Pentium（R） Dual-Core CPU E5800 @2.50GHz 或以上；内存：4GB 或以上；硬盘：120GB 以上；软件环境：Window7 64 位操作系统，Windows framework4.0 级以上。

3. 总体框架设计

本系统按三层架构进行设计，即交互层（UI）、业务逻辑层（BLL）和数据访问层（DAL）三层。系统的交互层包括所有基础数据和优化配置结果数据在地图上的显示，系统提供了影像数据的四种显示方式，分别为二维平面影像显示、三维立体影像显示、二三维联动漫游和制图输出展示。业务逻辑层包括利用 GIS 技术对低效用地范围内的立体空间评价、利用灯光数据评价经济适宜性、综合评价生态安全格局和利用蒙特卡罗算法对低效用地图斑进行优化配置。数据访问层即通过程序的数据访问代码读取所有的影像数据集和经济社会数据，以及对优化配置的建设用地面积进行查看。系统的架构设计图，如图 7-16 所示。

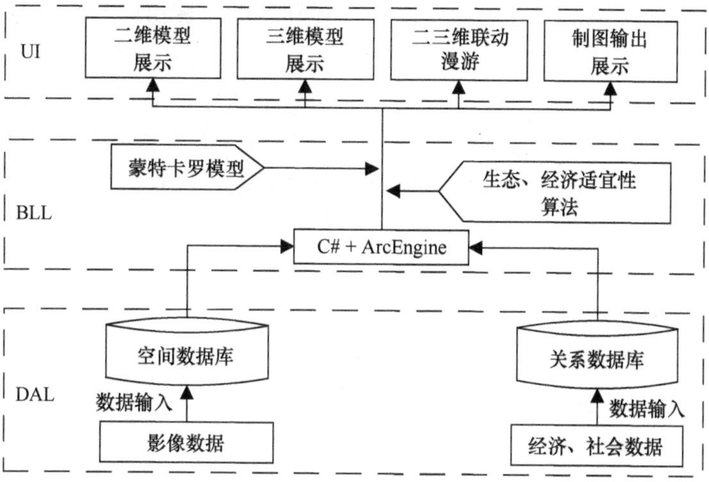

图 7-16　架构设计图

7.2.3　系统功能设计

根据对建设用地优化配置业务需求的分析，本系统结构分为四个部分：第一部分为地图的基本操作，包括栅格、矢量数据的加载，工程的建立、打开、保存，专题图输出，视图的切换、缩放、移动、全局显示，长度、面积的测量，属性信息查看等操作；第二部分为立体规划，包括专题数据的预处理、计算规划地块内的生态灾害安全适宜性、利用灯光数据和经济发展数据评价经济发展适宜性，并提供栅格图像重分类功能；第三部分为优化配置，是本软件的核心功能，包括建设用地优化配置功能和“上山”“下海”“挖潜”结果的查看；第四部分为帮助部分，包括本系统的用户手册、系统信息查看等。本系统详细的技术流程，如图 7-17 所示。

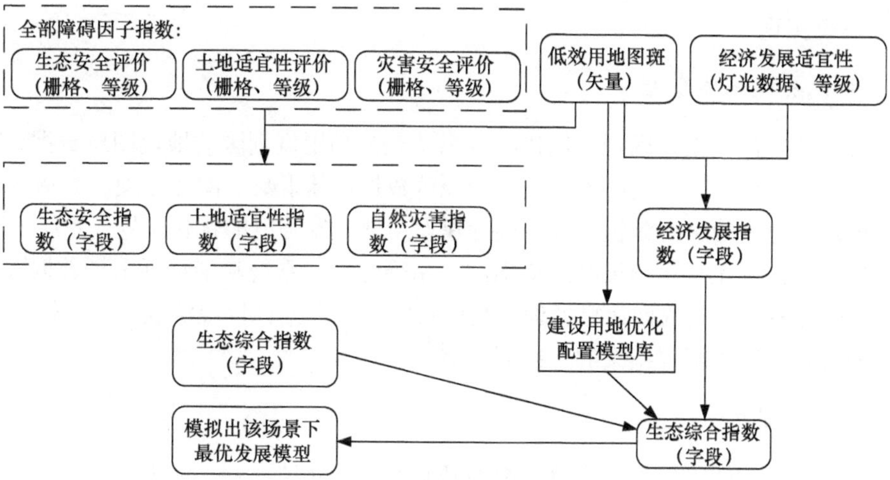

图 7-17　技术流程图

7.2.4 界面设计

系统主界面由工具栏（图 7-18①）、图层管理栏（图 7-18②）、鹰眼展示栏（图 7-18③）和图层显示栏（图 7-18④）四部分组成。工具栏根据系统的功能结构又分为了四个部分：地图基础操作、立体规划、优化配置和帮助。图层管理栏包括平面图层管理和三维图层管理，可以对当前所显示的图层进行开关、符号化、属性表查看等操作。图层显示栏包括三种影像图层显示方式，分别为平面影像显示（用于影像及处理结果的平面查看）、三维立体影像显示（用于影像及处理结果的三维立体查看）和制图输出（用于配置结果制图输出）。鹰眼展示栏可随时查看右侧图层显示栏中的视图在全局图像中的位置。

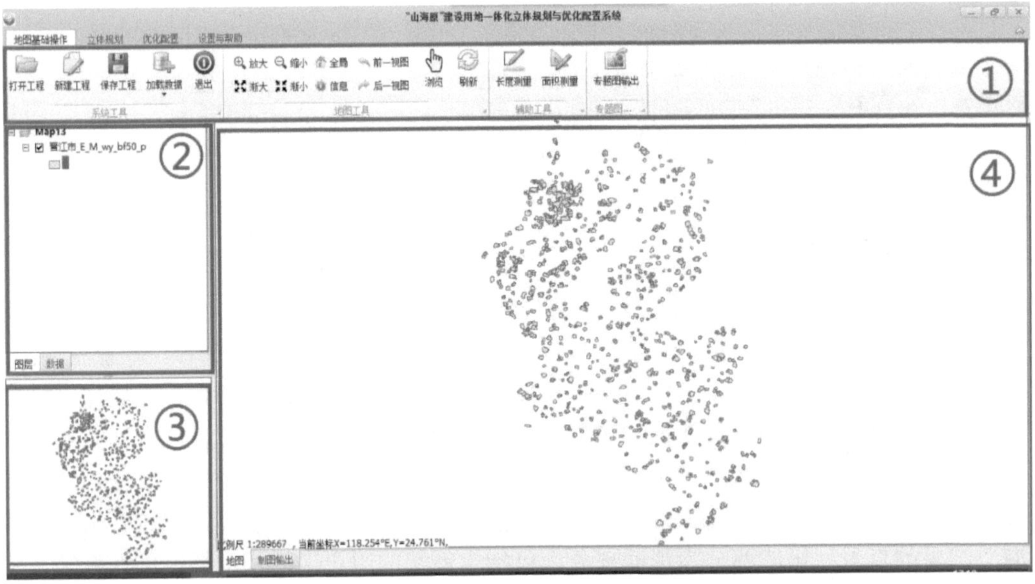

图 7-18　系统主界面

7.2.5 系统实现

1. 系统功能总体介绍

建设用地一体化立体规划与优化配置系统充分利用规划区的地块图斑数据、生态灾害专题数据、经济发展适宜性数据及社会经济数据，基于数字图像处理、遥感专题信息提取及地理信息系统空间分析手段，进行建设用地开发强度的优化配置。系统实现了从专题数据输入到优化配置结果制图输出的一系列过程，系统功能包括多种数据（矢量、栅格）综合显示、专题数据计算处理、利用夜间灯光数据评价经济发展适宜性、基于不同情境的优化配置、配置结果的三维展示等。

2. 主要功能介绍

系统的主要功能可分为四部分：地图基础操作、立体规划、优化配置、三维展示与制图输出。

1）地图基础操作

A. 系统工具

系统采用的是工程管理的概念，每次进行建设用地优化配置工作时，全部的数据都会以工程的形式保存，基于工程的文件管理方案方便了现有工作的管理及对历史工作的追溯，包括新建工程、打开工程、保存工程、工程设置、工程数据加载（矢量、栅格、其他数据）退出工程、本工程的专题图输出等功能。

B. 地图工具

完成地图的所有操作，包括地图的放大、缩小、全局、渐大、渐小、前一视图、后一视图等视图查看功能。提供信息查询功能，能够查询某一矢量图斑的属性、位置等信息，也能够查看某一栅格像元的 DN 值。地图工具还提供了移动视图和刷新视图的操作功能。

C. 辅助工具

由于建设用地是本系统优化配置的对象，那么不可避免地会查询某一地块的长度和面积等信息。辅助测量工具提供了长度测量和面积测量两个功能，并以千米（km）和平方千米（km^2）的度量单位显示。

地图基础操作工具栏如图 7-19 所示。

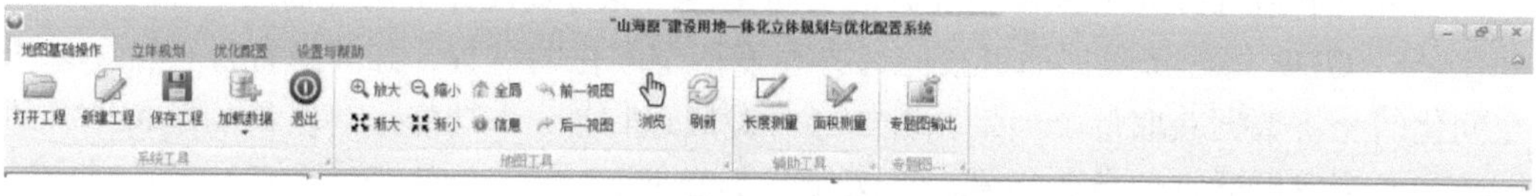

图 7-19　地图基础操作工具栏

2）立体规划

立体规划功能主要是获取“山海原”一体化空间的建设用地优化配置引导因子，本系统初设生态灾害安全适宜性和经济发展适宜性两个引导因子。立体规划功能如图 7-20 所示。

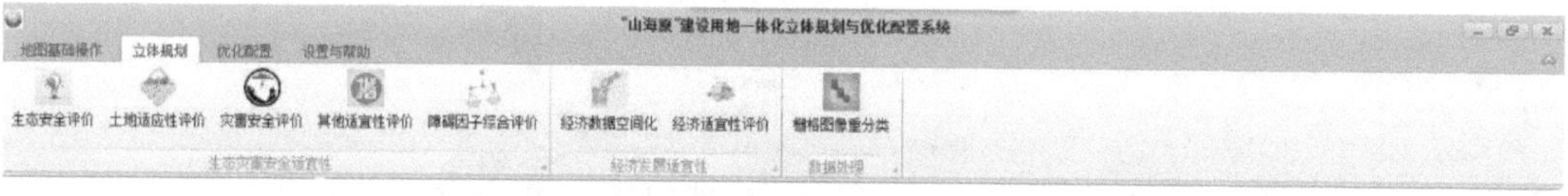

图 7-20　立体规划功能

A. 生态灾害安全适宜性评价

生态灾害安全性评价包含：生态安全评价、土地适宜性评价、灾害安全评价、其他适宜性评价、障碍因子综合评价。主要是将专题数据库中的生态安全、土地适宜性、灾害安全评价三种专题数据，通过设定权重的方法计算成一个综合的生态灾害安全适宜性。其中，生态安全评价、土地适宜性评价、灾害安全评价三个功能是将栅格数据转换为每个评价图版的字段数据。其他适宜性评价是为除以上三种生态灾害因子之外的其他障碍因子的评价留有功能接口。本功能获得的是每个矢量图斑的生态安全适宜性指数字段，其中，生态安全等级评价界面如图 7-21 所示。

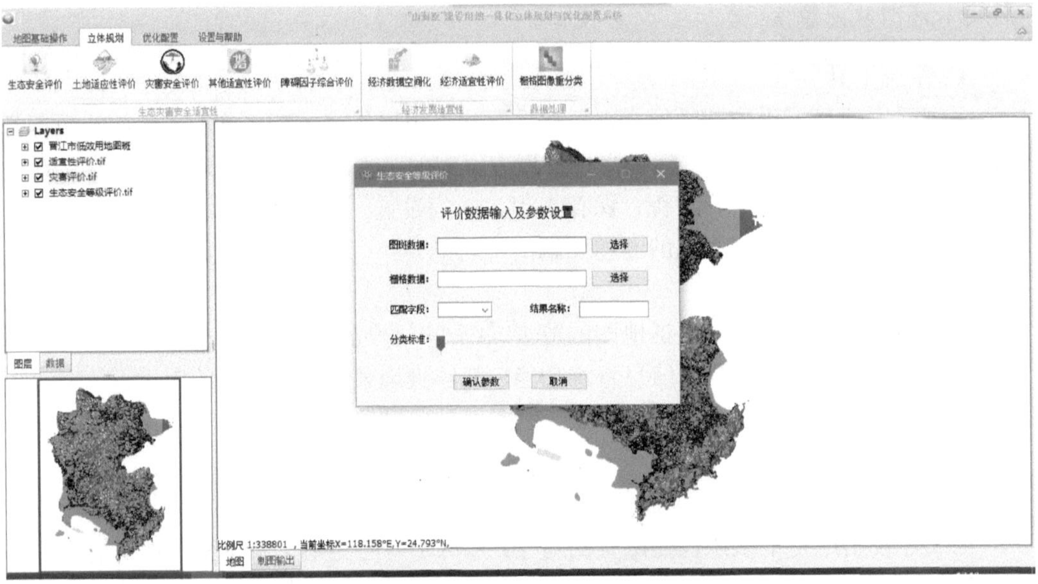

图 7-21　生态安全等级评价

B. 经济发展适宜性评价

经济发展适宜性评价包含经济数据空间化、经济适宜性评价两种功能。经济数据空间化是将 GDP 等经济数据通过夜间灯光亮度值空间化的过程，经济适宜性评价是基于空间化的经济数据获取每个矢量图斑的经济发展适宜性。本功能最终获得的是每个矢量图斑的经济发展适宜性指数字段，界面如图 7-22 所示。

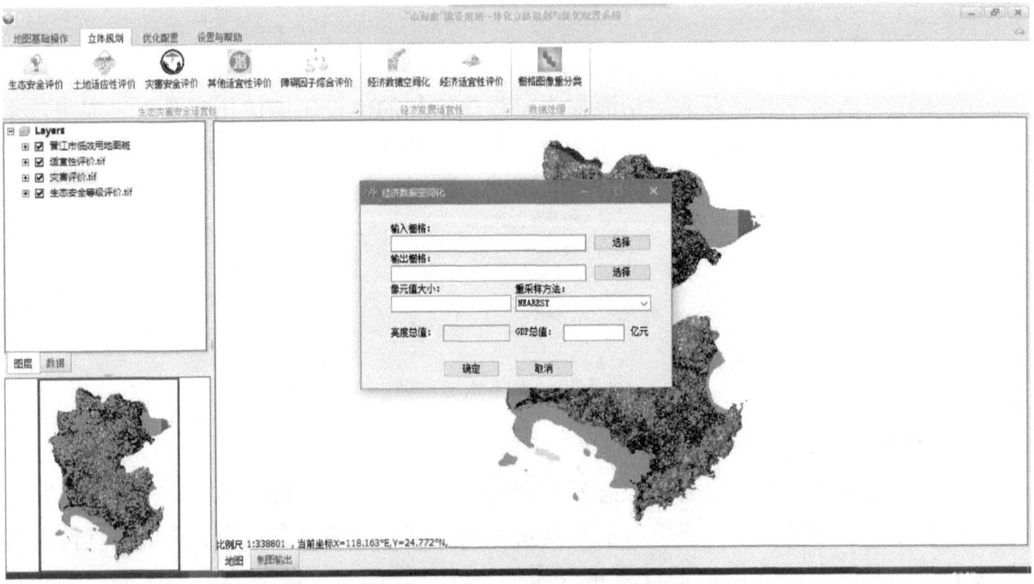

图 7-22　经济数据空间化功能界面

C. 数据处理

为了解决不同的专题数据评价等级不一致的问题，系统设有栅格图像重分类功能，可将不同等级的栅格值进行重新划分，以满足优化配置的需求，界面如图 7-23 所示。

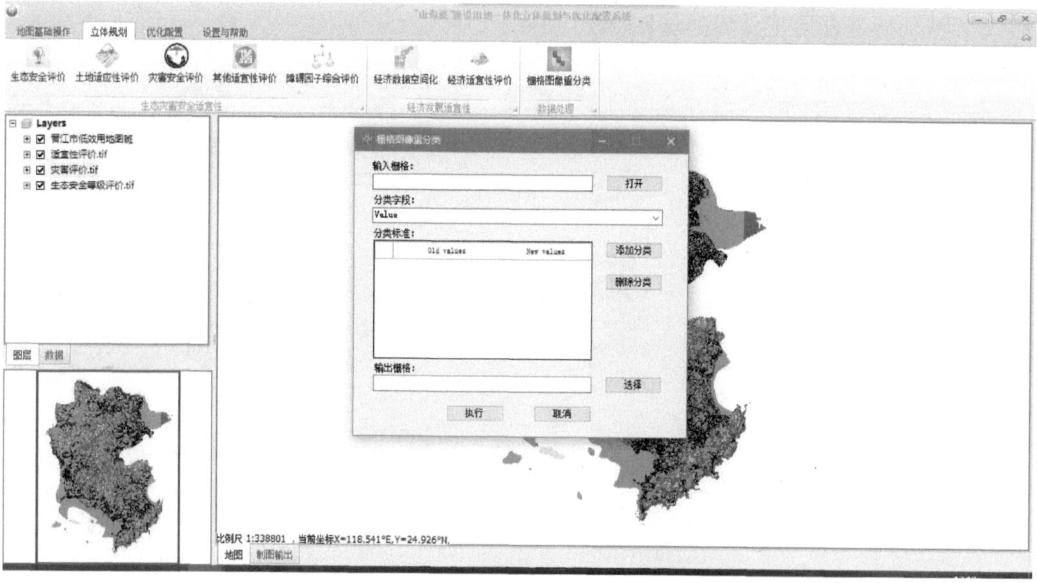

图 7-23　栅格数据重分类功能界面

3）优化配置

A. 优化配置

建设用地优化配置功能是本系统的核心功能，主要是实现第 5 章建立的优化配置模型，并利用蒙特卡罗方法求解，得到最优的优化配置方案。其中的优化配置参数设定界面如图 7-24 所示，经济指数和生态指数设置功能设定如图 7-25 所示。

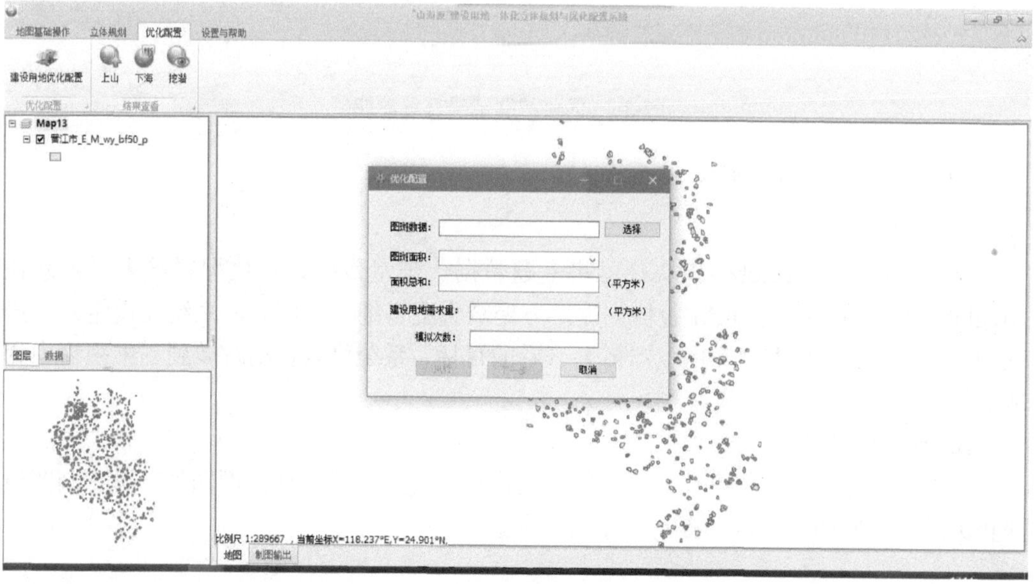

图 7-24　优化配置参数设定界面

B. 结果查看

本功能能够自动的统计规划区域内的“上山”“下海”“挖潜”面积，并以饼状图的形式呈现。结果查看工具界面如图 7-26 所示。

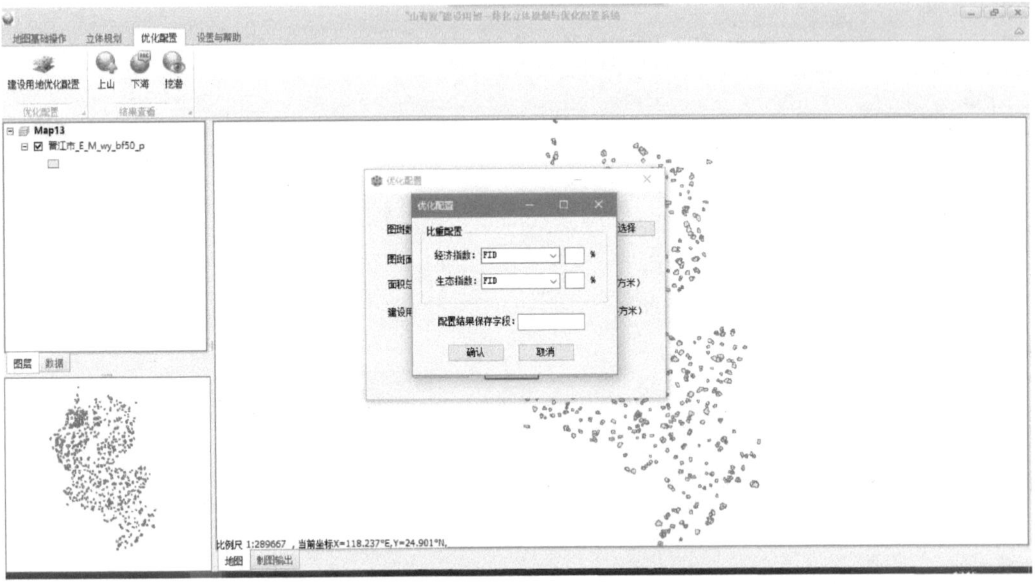

图 7-25　经济指数和生态指数设置功能

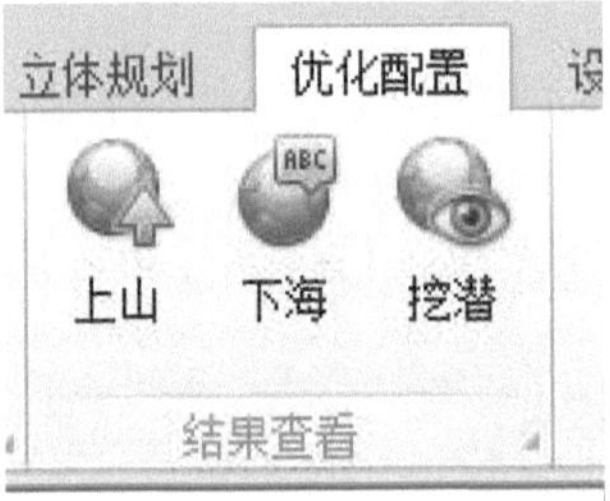

图 7-26　优化配置结果查看功能

4）三维展示与制图输出

A. 三维展示

系统加载了 Arcglobe 模块，可将专题数据、矢量数据、优化配置结果等加载在 Arcglobe 中，通过设定 DEM 拉伸高度，方便查看更多细节。同时，系统还设定二三维联动功能，通过在地图视窗中双击需要查看的目标，系统可以自动跳转到三维视窗中相应的位置。

B. 制图输出

在优化配置结果图标准化后，工程成果将按照统一格式制作专题图件。快速制图模块极大减小了制图工作量，提高了制图效率。